Recursos audiovisuais nas aulas de História

2ª edição

Recursos audiovisuais nas aulas de História

Antonio Fontoura

Rua Clara Vendramin, 58 . Mossunguê . CEP 81200-170 . Curitiba . PR . Brasil
Fone: (41) 2106-4170 . www.intersaberes.com . editora@intersaberes.com

Conselho editorial
    Dr. Alexandre Coutinho Pagliarini
    Drª Elena Godoy
    Dr. Neri dos Santos
    Mª Maria Lúcia Prado Sabatella

Editora-chefe
    Lindsay Azambuja

Gerente editorial
    Ariadne Nunes Wenger

Assistente editorial
    Daniela Viroli Pereira Pinto

Edição de texto
    Monique Francis Fagundes Gonçalves

Capa
    Luana Machado Amaro (*design*)
    Media_Photos, Monkey Business Images, chairoij, Rawpixel.com, The Mogli, denniro, Jag_cz, wavebreakmedia e J. background/Shutterstock(imagens)

Projeto gráfico
    Bruno de Oliveira

Diagramação
    Alfredo Netto

Iconografia
    Regina Claudia Cruz Prestes

Dados Internacionais de Catalogação na Publicação (CIP)
(Câmara Brasileira do Livro, SP, Brasil)

Fontoura, Antonio
    Recursos audiovisuais nas aulas de história / Antonio Fontoura. -- 2. ed. -- Curitiba, PR : Intersaberes, 2024.

    Bibliografia.
    ISBN 978-85-227-1306-6

    1. Comunicação visual 2. História 3. História e linguagem 4. História nos meios audiovisuais 5. Linguagem audiovisual 6. Recursos audiovisuais – História I. Título.

24-188961   CDD-900

Índices para catálogo sistemático:
1. História, narrativas e registros audiovisuais   900

Tábata Alves da Silva – Bibliotecária – CRB-8/9253

1ª edição, 2018.
2ª edição, 2024.

Foi feito o depósito legal.

Informamos que é de inteira responsabilidade do autor a emissão de conceitos.

Nenhuma parte desta publicação poderá ser reproduzida por qualquer meio ou forma sem a prévia autorização da Editora InterSaberes.

A violação dos direitos autorais é crime estabelecido na Lei n. 9.610/1998 e punido pelo art. 184 do Código Penal.

Sumário

9 *Apresentação*

13 *Como aproveitar ao máximo este livro*

Capítulo 1
15 **Recursos audiovisuais e a história**

(1.1)
17 Do texto às imagens no ensino de História

(1.2)
22 Os recursos audiovisuais e o ensino de História

(1.3)
38 Recursos audiovisuais e objetividade histórica

Capítulo 2
55 **A imagem no ensino de História**

(2.1)
57 Imagens, educação e história

(2.2)
75 Trabalhando com imagens em sala de aula

Capítulo 3
113 O som

(3.1)
115 Sons e história

(3.2)
120 O rádio

(3.3)
130 A música e o ensino de História

Capítulo 4
167 O cinema

(4.1)
169 O cinema e a educação histórica

(4.2)
182 Os vários usos do cinema nas aulas de História

(4.3)
204 Estratégias para utilização de filmes nas aulas de História

Capítulo 5
221 A televisão

(5.1)
223 A televisão e a escola

(5.2)
231 Televisão, sociedade e o ensino de História

Capítulo 6
269 *Videogames*, **interatividade e internet**

(6.1)
271 A informática e a educação

(6.2)
277 Jogos digitais e história

(6.3)
298 As possibilidades da internet

315 *Para concluir...*
317 *Referências*
341 *Bibliografia comentada*
343 *Respostas*
345 *Sobre o autor*

Apresentação

Ainda nos dias de hoje, a fala do professor, acompanhada do livro didático e do quadro, formam o trio que compõe os mais comuns recursos utilizados nas aulas de História. Textos continuam sendo a autoridade perante os alunos, que, por sua vez, permanecem na maior parte do tempo passivos diante do conteúdo que deve ser apreendido. Sem terem a possibilidade de participar da construção das próprias concepções a respeito do passado, é comum que a história se torne um amontoado de análises abstratas, desconectadas da compreensão do presente e pouco significativas.

A necessidade de introduzir, no cotidiano escolar, uma multiplicidade de conteúdos históricos não tem como primeiro objetivo colorir as aulas ou apenas torná-las mais atraentes e objetivas. Na verdade, todo conteúdo significativo, independentemente da metodologia didática utilizada, tende a ser atraente. A função de incluir músicas, pinturas, gravuras, quadrinhos, filmes, programas de televisão, jogos de computador, programas de rádio no cotidiano da sala de aula é multiplicar os pontos de vista com base nos quais o passado pode ser pesquisado, apreendido e entendido; é colocar nas mãos dos alunos as nossas tão caras **fontes**, para que eles mesmos possam participar da construção do conhecimento histórico em atividades que lhes sejam significativas; é contribuir para o desenvolvimento de sua própria autonomia em relação ao conhecimento sobre o passado, em suas várias relações com o presente.

Além disso, é permitir que a história participe de forma ainda mais ativa em sua função social de ajudar a compreender o presente, por meio do estudo das diferentes mídias que fazem parte de nossa realidade, em sua constituição histórica, e dos múltiplos papéis que desempenham. Em uma época de digitalização do conhecimento e de inédita interligação entre indivíduos que se correspondem instantaneamente pela internet, é também responsabilidade dos estudos históricos auxiliar os alunos a construir um conhecimento mais ativo e perspicaz das atribuições que as tecnologias desempenham em nossas vidas.

Este livro, portanto, busca atingir este duplo objetivo: permitir que os recursos audiovisuais, das mais diversas origens, auxiliem-no a uma compreensão mais profunda da história e de seus significados para o presente; e, também, permitir que a história participe de uma alfabetização midiática e de uma leitura dos textos não verbais com os quais tão comumente nos deparamos em nosso dia a dia. Os recursos audiovisuais para a história; e a história para os recursos audiovisuais.

Nesse sentido, esta obra está dividida da seguinte maneira. No Capítulo 1, debateremos de que maneira os recursos audiovisuais têm sido tratados na disciplina escolar de História, tanto em sala de aula como em livros didáticos. Trata-se de uma discussão necessária, para que possamos ter claro o que deve ser mantido e o que é necessário modificar na maneira como esses recursos vêm sendo utilizados do ponto de vista pedagógico.

No Capítulo 2, vamos nos aprofundar no estudo das imagens e, no Capítulo 3, dos sons: importantes em si mesmos, esses temas são fundamentais, ainda, para que possamos discutir, de um ponto de vista tanto didático quanto teórico, como são estruturados e como devem ser trabalhados os conteúdos audiovisuais.

Nos Capítulos 4 e 5, trataremos de temas clássicos e tradicionais: o cinema e a televisão. Além de uma discussão sobre a particularidade desses meios, discutiremos maneiras pelas quais a introdução desses recursos, em sala de aula, pode auxiliar na compreensão dos conteúdos históricos por parte dos alunos.

No Capítulo 6, pretendemos discutir sobre tecnologias multimidiáticas que, atualmente, fazem parte do cotidiano da imensa maioria dos alunos: fundadas no desenvolvimento da informática, debateremos a respeito de *videogames*, dos usos da internet, da inserção da tecnologia móvel celular no ambiente escolar, entre outros temas.

Tenha o cuidado de tomar este livro como um primeiro passo. Como uma sugestão ou um convite. A variedade de fontes e recursos audiovisuais certamente foi buscada, mas, nesse amplo universo, não pudemos apresentar senão algumas pequenas pistas, de onde você poderá partir e, sem dúvida, melhorar e se aprofundar. Escute mais músicas, assista mais à televisão, jogue mais *videogames*: leve parte de nossa vida contemporânea para a sala de aula.

Abraços,
ANTONIO

Ah, sim! Ao longo de todo o texto, sugeriremos músicas, trechos de filmes e novelas, programas de rádio ou jogos de computador que se encontram à disposição na internet. Afinal, convenhamos, não faz muito sentido discutir uma atividade a partir do capítulo 71 da telenovela *Beto Rockfeller* se você não tiver como encontrá-lo.

Assim, todas as vezes em que **o texto aparecer em destaque**, os *links* aos quais o trecho se refere estarão disponíveis no seguinte *site*: http://www.recursosaudiovisuais.com.br
Essa estratégia foi escolhida por duas razões. Em primeiro lugar, é muito difícil redigir longos *links* que aparecem impressos em livros. Já acessar o *site* e encontrar o recurso correspondente é bem mais fácil. E, segundo, assim como a internet cria muito conteúdo, é com quase a mesma rapidez que ela os destrói. Dessa forma, se determinado endereço eletrônico for apagado, o livro não se torna desatualizado ou mesmo inútil; atualiza-se o *site* e tudo fica bem.

Esses conteúdos aparecerão nos Capítulos 3, 5 e 6, e se referem a trechos de filmes, programas de televisão e de rádio, além de jogos digitais e *sites* que serão utilizados nas discussões dos capítulos. Você não terá dificuldade em encontrá-los nos *sites*, pois estarão organizados da mesma maneira que constam no livro. Prometo manter os *links* atualizados, na medida do possível – ou seja, enquanto existirem em sua versão digital na internet.

E esse *post scriptum* ficou quase tão longo quanto a própria apresentação. Fico por aqui.

Mais abraços,
ANTONIO

Como aproveitar ao máximo este livro

Este livro traz alguns recursos que visam enriquecer o seu aprendizado, facilitar a compreensão dos conteúdos e tornar a leitura mais dinâmica. São ferramentas projetadas de acordo com a natureza dos temas que vamos examinar. Veja a seguir como esses recursos se encontram distribuídos no decorrer desta obra.

Dica

Nesta seção, aparecerão pequenas sugestões práticas para o uso do conteúdo nas aulas de História.

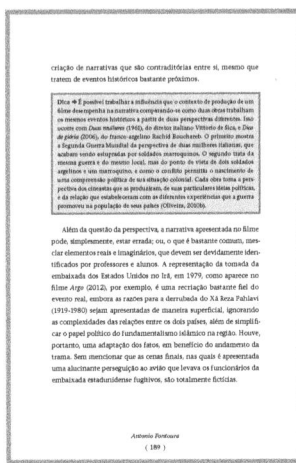

Síntese

Você conta, nesta seção, com um recurso que o instigará a fazer uma reflexão sobre os conteúdos estudados, de modo a contribuir para que as conclusões a que você chegou sejam reafirmadas ou redefinidas.

Atividades de autoavaliação

Com estas questões objetivas, você tem a oportunidade de verificar o grau de assimilação dos conceitos examinados, motivando-se a progredir em seus estudos e a se preparar para outras atividades avaliativas.

Atividades de aprendizagem

Aqui você dispõe de questões cujo objetivo é levá-lo a analisar criticamente determinado assunto e aproximar conhecimentos teóricos e práticos.

Bibliografia comentada

Nesta seção, você encontra comentários acerca de algumas obras de referência para o estudo dos temas examinados.

Capítulo 1
Recursos audiovisuais e a história

A introdução de diferentes recursos nas aulas de História permite que os alunos compreendam o passado com base em múltiplas interpretações, como também participa do processo de alfabetização midiática, tão importante nos dias de hoje. Porém, não basta trazer para as aulas imagens, sons, filmes, *softwares*. É necessário compreender que esses e outros materiais apresentam intencionalidades, defendem valores e ideias e usualmente participam de certo mercado.

Neste capítulo, iremos apresentar uma visão geral das maneiras pelas quais os recursos audiovisuais têm, tradicionalmente, aparecido nos materiais didáticos de História e procuraremos compreender quais estratégias e abordagens devem ser utilizadas para sua adequada utilização na construção, em conjunto com os alunos, do conhecimento histórico.

(1.1)
Do texto às imagens no ensino de História

Dentre as várias correntes de pensamento que defenderam uma renovação nos estudos históricos, a partir do início do século XX, uma das mais influentes no Brasil foi a Escola dos Annales, capitaneada pelos franceses Marc Bloch (1886-1944) e Lucien Febvre (1878-1956). Se para os historiadores tradicionais (os "historizantes", como denominava Febvre) a história era fundamentalmente política e deveria ser produzida com base em fontes escritas e oficiais, a busca pela construção de uma história total desejada pelos historiadores ligados aos Annales exigia o contato com imagens, objetos da cultura material, sons e cheiros, memórias, documentos oficiais ou privados, pequenos ou grandes, duradouros ou efêmeros: "historiadores, sejam geógrafos. Sejam juristas, também, e sociólogos, e psicólogos" pedia Febvre (1989, p. 40), destacando a necessidade de uma formação múltipla aos historiadores, diante da amplitude de seu trabalho.

A busca por uma compreensão histórica integral do ser humano e suas sociedades passava por integrar na prática cotidiana de historiadores todos os vestígios possíveis que pudessem revelar algo sobre o passado. Ao longo do século XX, historiadoras e historiadores perceberam que, se texto e política não deveriam ser esquecidos, era necessário integrá-los a fontes, métodos e abordagens mais abrangentes para se fazer história.

Porém, por razões que passam pela tradição escolar, pelas legislações relacionadas à educação, pela formação dos profissionais, por questões mercadológicas, por dificuldades políticas, pela resistência a modernizações curriculares e, inclusive, pelo tradicionalismo de parte dos próprios estudos acadêmicos de história no Brasil, várias inovações teóricas e metodológicas, discutidas e adotadas no mundo acadêmico, demoraram para atingir os bancos escolares e, mais notadamente, os materiais didáticos. Na verdade, é a influência de outra escola histórica, também francesa e mais antiga, que se fez presente nos livros didáticos de história nacionais: a escola Metódica, cuja influência pode ser notada ainda hoje na definição de temas, na periodização, na centralidade dada à textualidade nos currículos e materiais para ensino fundamental e médio.

Surgida ainda no século XIX, a concepção metódica ou tradicional teve impacto direto na limitação de recursos que professores consideravam adequados para utilizar em aula. Centrando-se nos assuntos políticos e em uma concepção restrita do que seria um "fato histórico", os textos dos livros, cujas informações essenciais seriam repetidas nas provas, deveriam ser memorizados pelos alunos. É essa a origem da longa fama da história ser uma disciplina "decoreba" que persiste de alguma maneira ainda hoje (e não sem razões, diga-se;

mesmo diante de toda a modernização das últimas décadas, as provas vestibulares e os exames do Enem[1] ainda dão um excessivo valor à precisão de datas, nomes e locais). A comprovação do conhecimento histórico pelos alunos estava em sua capacidade de reproduzir, com a maior fidelidade possível, o conteúdo do próprio livro. Era uma espécie de "copiar e colar" mediado pela memória, sendo premiados aqueles que fossem mais precisos.

Figura 1.1 – Páginas da Lição XL do livro *Lições de história do Brasil*, de Joaquim Manoel de Macedo

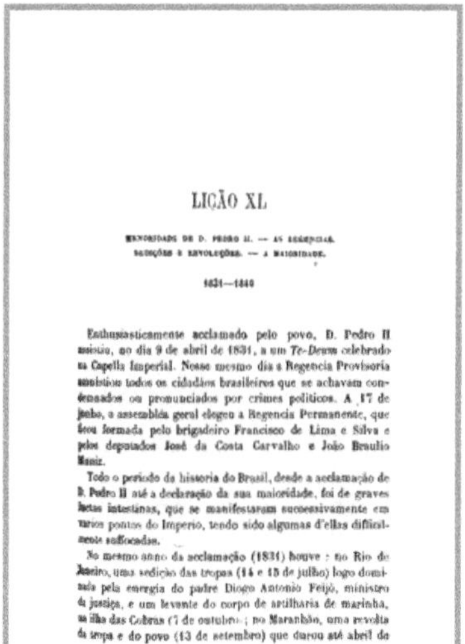

LIÇÃO XL

MENORIDADE DE D. PEDRO II. — AS REGENCIAS. SEDIÇÕES E REVOLUÇÕES. — A MAIORIDADE.

1831—1840

Enthusiasticamente acclamado pelo povo, D. Pedro II assistiu, no dia 9 de abril de 1831, a um *Te-Deum* celebrado na Capella Imperial. Nesse mesmo dia a Regencia Provisoria amnistiou todos os cidadãos brasileiros que se achavam condemnados ou pronunciados por crimes politicos. A 17 de junho, a assembléa geral elegeu a Regencia Permanente, que ficou formada pelo brigadeiro Francisco de Lima e Silva e pelos deputados José da Costa Carvalho e João Braulio Muniz.

Todo o periodo da historia do Brasil, desde a acclamação de D. Pedro II até a declaração da sua maioridade, foi de graves luctas intestinas, que se manifestaram successivamente em varios pontos do Imperio, tendo sido algumas d'ellas difficilmente suffocadas.

No mesmo anno da acclamação (1831) houve : no Rio de Janeiro, uma sedição das tropas (14 e 15 de julho) logo dominada pela energia do padre Diogo Antonio Feijó, ministro da justiça, e um levante do corpo de artilharia de marinha, na ilha das Cobras (7 de outubro) ; no Maranhão, uma revolta da tropa e do povo (13 de setembro) que durou até abril de

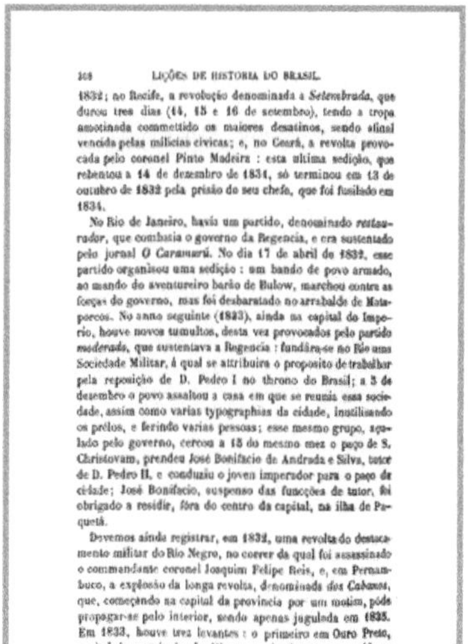

368 LIÇÕES DE HISTORIA DO BRASIL.

1832 ; no Recife, a revolução denominada a *Setembrada*, que durou tres dias (14, 15 e 16 de setembro), tendo a tropa amotinada commettido os maiores desatinos, sendo afinal vencida pelas milicias civicas ; e, no Ceará, a revolta provocada pelo coronel Pinto Madeira : esta ultima sedição, que rebentou a 14 de dezembro de 1831, só terminou em 13 de outubro de 1832 pela prisão do seu chefe, que foi fusilado em 1834.

No Rio de Janeiro, havia um partido, denominado *restaurador*, que combatia o governo da Regencia, e era sustentado pelo jornal *O Caramurú*. No dia 17 de abril de 1832, esse partido organisou uma sedição : um bando de povo armado, ao mando do aventureiro barão de Bulow, marchou contra as forças do governo, mas foi desbaratado no arrabalde de Mata-porcos. No anno seguinte (1833), ainda na capital do Imperio, houve novos tumultos, desta vez provocados pelo partido *moderado*, que sustentava a Regencia : fundára-se no Rio uma Sociedade Militar, á qual se attribuira o proposito de trabalhar pela reposição de D. Pedro I no throno do Brasil ; a 3 de dezembro o povo assaltou a casa em que se reunia essa sociedade, assim como varias typographias da cidade, inutilisando os prélos, e ferindo varias pessoas ; esse mesmo grupo, apoiado pelo governo, cercou a 15 do mesmo mez o paço de S. Christovam, prendeu José Bonifacio de Andrada e Silva, tutor de D. Pedro II, e conduziu o joven imperador para o paço da cidade ; José Bonifacio, suspenso das funcções de tutor, foi obrigado a residir, fóra do centro da capital, na ilha de Paquetá.

Devemos ainda registrar, em 1832, uma revolta do destacamento militar do Rio Negro, no correr da qual foi assassinado o commandante coronel Joaquim Felipe Reis, e, em Pernambuco, a explosão da longa revolta, denominada dos *Cabanos*, que, começando na capital da provincia por um motim, póde propagar-se pelo interior, sendo apenas jugulada em 1835. Em 1833, houve tres levantes : o primeiro em Ouro Preto, capital da provincia de Minas, sendo deposto o presidente

Fonte: Macedo, 1907, p. 367-368.

1 *Exame Nacional do Ensino Médio.*

Observando-se duas páginas do livro *Lições de história do Brasil*, do escritor Joaquim Manoel de Macedo, um dos primeiros manuais nacionais de História e publicado originalmente em 1863, notam-se os longos textos e a inexistência de imagens, que refletiam, visualmente, aquela concepção histórica. Estava lá o texto, que era *produzido* pelos historiadores e deveria ser *estudado* pelos alunos. Imagens nada ensinavam, então eram desnecessárias. Datas, ações de generais, presidentes ou monarcas, estabelecimento de tratados, definições das fronteiras dos Estados, narrativas de ações heroicas: esses eram os "fatos" que deveriam ser memorizados pelos alunos.

Esse modelo de compreensão da história exerceu profunda influência na elaboração de currículos, seleção de temas e, também, na produção de materiais didáticos. Na verdade, até as últimas décadas do século XX, é possível notar a permanência de temas e estratégias metódicas, como o quase exclusivo foco na história política, a centralidade do texto e a valorização da memória em detrimento das explicações analíticas. Assim, enquanto o estudo acadêmico de história procurava repensar seus métodos e suas fontes, buscando uma multiplicidade de modelos explicativos e a adoção de novos temas que fugiam à primazia da história política factual, no ensino escolar, a história permanecia muito associada ao modelo tradicional construído no século XIX.

Os avanços tecnológicos do processo de impressão, durante o século XX, são importante evidência de que o papel subalterno dos recursos visuais nos livros didáticos tem origem na visão de história presente nesses materiais, e não em questões técnicas, pois, com o gradual aumento do número de cores e imagens impressas, a identificação do conhecimento histórico com a ideia de "texto" permaneceu. Em um mercado cada vez mais competitivo, belos livros, coloridos e ilustrados, chamavam a atenção de compradores. Entretanto, os quadros famosos, os retratos de políticos ou generais importantes e, eventualmente, mapas e linhas do tempo, eram meros atrativos visuais, mantinham poucos diálogos com o texto e não faziam parte efetiva do "conteúdo".

Esporadicamente, desde o início do século XX, apenas alguns pioneiros procuraram propor a introdução de novos métodos e tecnologias nas aulas de História. Uma defesa mais sistemática do uso de múltiplos recursos audiovisuais só passou a ocorrer a partir dos anos 1990, particularmente nos livros didáticos. Isso se deu por um amplo conjunto de razões: aproximação da história escolar com a acadêmica, determinações legais, exigências específicas ligadas ao Programa Nacional do Livro Didático (PNLD), demandas curriculares regionais e nacionais, facilidades tecnológicas, necessidades sociais (como a alfabetização para as mídias) e mesmo questões mercadológicas (produtos criados para o mercado educacional são bastante lucrativos).

Documentos históricos e os recursos audiovisuais

Ainda existe certa dissociação entre as concepções acadêmicas de documento histórico e aquelas que são apresentadas nas aulas escolares de História, particularmente nos livros didáticos. Nestes, ainda que os "Manuais do Professor" proclamem a necessidade de modernização da disciplina, os textos continuam sendo os documentos históricos preferenciais, repercutindo a antiga concepção da História Metódica, para quem os documentos escritos, institucionais e oficiais, eram as fontes privilegiadas da produção de conhecimento histórico.

> A inclusão dos mais diferentes recursos audiovisuais no cotidiano escolar, por outro lado, concorda com as formas pelas quais historiadoras e historiadores da atualidade tratam a ideia de "documento histórico". Rejeitando a concepção limitada e estreita de fonte como construída no século XIX, atualmente se considera que todo vestígio humano pode ser importante fonte de informações sobre o passado. Assim, quadros, gravuras, filmes, programas televisivos, jogos de computador, músicas, dentre uma infinidade de dados culturais, têm a capacidade de relevar algo sobre sociedades de outros tempos e lugares.
>
> Ao estimularmos que nossos alunos tenham em mãos algumas dessas fontes, damos a eles condições de construir, nas medidas das possibilidades e objetivos da educação histórica escolar, suas próprias interpretações e análises históricas.

(1.2)
Os recursos audiovisuais e o ensino de História

Em sua definição estrita, o termo *audiovisual* se refere a tudo o que estimula, simultaneamente, a audição e a visão. Programas de televisão, jogos de computadores, peças de teatro e filmes cinematográficos seriam exemplos mais comuns de recursos audiovisuais. Se tomarmos rigidamente esse conceito, revistas em quadrinhos ou letras de música não seriam propriamente "audiovisuais". No entanto, no Capítulo 2 deste livro, abordaremos exclusivamente imagens e, no seguinte, sons. Essa opção, que parece se contrapor à própria definição de "audiovisual", tem duas razões de ser.

A primeira é própria da educação. Os estudos pedagógicos têm, tradicionalmente, tratado os recursos audiovisuais em seu significado disjuntivo (Ferrés, 1996), ou seja, aqueles que integram imagens, ou sons, ou ambos, ao cotidiano escolar. Desde as últimas décadas do século XX, obras pedagógicas comumente citavam o retroprojetor, o episcópio², o flanelógrafo³ ou a utilização de revistas e de gravadores de fita cassete como exemplos de recursos audiovisuais. Mantivemos, nesta obra, parte dessa concepção. A segunda razão é metodológica. A compreensão de recursos multimidiáticos, como o cinema, os *softwares* educativos ou a televisão, exige, antes de mais nada, uma alfabetização para a leitura das imagens e a compreensão da historicidade dos sons. Ainda que os recursos audiovisuais tratados nesta obra devam ter suas partes compreendidas de maneira harmônica (letra e melodia, por exemplo, formam uma canção), faz-se necessária uma análise, tanto para as imagens quanto para os sons, de sua influência, presença social e historicidade.

1.2.1 POR QUE USAR RECURSOS AUDIOVISUAIS NAS AULAS DE HISTÓRIA?

Uma das justificativas mais comuns para a utilização de recursos audiovisuais no ensino de História é a de que tornariam as aulas mais interessantes e divertidas aos alunos. Há algo de verdade nessa afirmação, porém sua extensão não deve ser exagerada: por um lado, uma aula pode ser tediosa e aborrecida mesmo utilizando as mais modernas tecnologias de ensino; por outro, destacar o caráter "divertido" ou "dinâmico" dos recursos audiovisuais pode implicar, por uma contraposição equivocada, que as aulas expositivas seriam,

---

2   O *episcópio é um equipamento que projeta diretamente sobre uma tela ilustrações, fotografias, páginas de livros; funciona de forma semelhante a um projetor de slides. Porém, o episcópio não necessita de slides: a imagem, colocada diretamente sob o equipamento, é refletida com o uso de uma fonte de luz intensa.*

3   O *flanelógrafo é um quadro, usualmente revestido de flanela ou feltro, sobre o qual são fixados recortes, mensagens, desenhos, imagens diversas. Ainda é utilizado especialmente na educação infantil.*

por definição, chatas e aborrecidas – o que não é verdade, pois elas podem ser também estimulantes e instigadoras. Discutir um filme, jogar uma simulação virtual, escutar músicas não visa "salvar" quaisquer aulas e só tem sentido se utilizados como recursos dentro de contextos educativos mais amplos.

Para além, portanto, do mero caráter divertido, são múltiplas as razões pelas quais os recursos audiovisuais devem ser incorporados ao ensino de História.

Para uma alfabetização midiática. Nossos alunos nasceram na era da internet, e muitos se comunicam cotidianamente utilizando-se de equipamentos portáteis que os mantêm em contato quase que permanente. Por meio de *softwares* específicos ou pelas redes sociais, a troca de vídeos, imagens, sons e textos, compartilhados maciça e rapidamente, faz parte do cotidiano de comunicação dos estudantes.

Além disso, a nossa sociedade, já há cerca de um século, é midiática: produzidas e reproduzidas incessantemente e presentes em praticamente todos os momentos de nossas vidas, as imagens – estáticas ou em movimento –, bem como os sons, transmitem-nos informações, são fonte de diversão, apelam à nossa imaginação ou razão. A facilidade para a produção, reprodução e difusão técnica de informações audiovisuais é parte integrante de nossa realidade.

A disciplina de História tem condições de capacitar os alunos, de uma forma mais profunda e menos ingênua, a compreender esses elementos que influenciam nosso cotidiano. Conhecendo o desenvolvimento dessas mídias e contextualizando seus usos e impactos, os alunos terão condições de desenvolver uma autonomia em relação ao consumo dessa mídia ubíqua. Especialmente na era do Photoshop[4],

---

4 Software *de edição que tem a capacidade de modificar e criar imagens, construindo realidades visuais que, originalmente, seriam inexistentes.*

a reflexão a respeito da veracidade das informações que nos chegam deve estar sempre presente.

Há mais, porém: nossos alunos não são apenas usuários das mídias, mas, cada vez mais, são eles mesmos criadores de conteúdo audiovisual, que potencialmente pode ser compartilhado com o mundo inteiro por meio da internet. Não há dúvida de que ainda é possível diferenciar, especialmente considerando-se o amplo mercado cultural, quem são os produtores e os consumidores de conteúdos midiáticos. Entretanto, a fronteira entre esses dois polos já não é mais tão nítida quanto o fora em outros momentos. E discutir com os alunos os impactos e o significado daquilo que criam e divulgam faz parte também dos objetivos da formação escolar.

Para estimular a interdisciplinaridade. São conhecidas as dificuldades próprias do sistema educativo que compartimentaliza as áreas de conhecimento em disciplinas estanques. Ainda que a preocupação com o estímulo à interdisciplinaridade tenha sido uma constante de projetos curriculares e educativos, e inclusive incentivada em materiais didáticos, o fato é que sempre são bem-vindas novas atividades escolares que efetivamente estimulem um trabalho interdisciplinar.

A utilização de recursos audiovisuais permite que a disciplina de História compartilhe ações, métodos e conteúdos em conjunto com outras áreas do conhecimento.

Para ampliar a sociabilidade. A utilização de recursos audiovisuais em sala de aula permite que os alunos troquem ideias sobre o passado e interpretações históricas, debatam a respeito de análises de fontes primárias e, conjuntamente, construam as próprias conclusões. Dessa maneira, não apenas fica reforçada a ideia de que a história não é um conteúdo pronto e acabado, mas, também, estimula-se a construção e reforço de interações sociais entre os alunos.

Antonio Fontoura

Para permitir o contato com dados e situações que, de outra forma, seriam inacessíveis. Ouvir e debater um programa radiofônico dos anos 1940 permite que os alunos conheçam diferentes maneiras, comuns ao passado, de construir relações com a mídia de massa dominante à época, o rádio. Da mesma forma, ao assistirem filmes década de 1980, como *Rocky IV*, entram em contato direto com certas concepções de nacionalismo construídas sob as oposições ideológicas da Guerra Fria. Ainda, utilizando-se de um simulador virtual da tumba da rainha Nefertari, podem conhecer mais sobre a arte e as crenças dos antigos egípcios. Em todos os casos, os recursos audiovisuais permitem a recriação ou simulação de situações que os alunos, por outros meios, teriam dificuldades de experimentar, ampliando em muito as restritas possibilidades da mera descrição textual.

Para apresentar uma abordagem mais diversificada da história. Se a história serve para que possamos entender melhor os recursos audiovisuais, o inverso também é verdadeiro: podemos entender melhor os eventos históricos a partir do uso de uma multiplicidade de recursos em sala de aula.

Em primeiro lugar, vimos como o uso de recursos audiovisuais na educação concorda com as atuais concepções de documento histórico: a incorporação de uma multiplicidade de documentos históricos em nossas aulas estimula a atenção sobre diferentes aspectos da realidade o que permite uma compreensão mais plural das sociedades humanas e de suas vivências.

O uso de diferentes linguagens possibilita ainda que um mesmo conteúdo histórico seja compreendido a partir de múltiplas perspectivas e diferentes interpretações, evidenciando que os fatos históricos não são dados óbvios da realidade, mas conclusões construídas pelos pesquisadores com base em determinadas evidências e análises (Fontoura, 2016a).

No suporte mais tradicional das aulas de História, o livro didático, aquilo que comumente se identifica como o "conteúdo" é usualmente apresentado pelo texto, acompanhado – se for o caso – de algumas imagens. Por exemplo: em um livro para o ensino médio, o Dia D é apresentado da seguinte forma:

> *O Dia D [...] começou com ataques de paraquedistas antes do amanhecer. Navios caça-minas limparam as águas, belonaves e aviões bombardeiros castigavam posições inimigas. Portos flutuantes foram instalados e, às 6 horas e 30 minutos, tropas desembarcaram nas praias. Os soldados venceram os últimos metros de água gelada em tanques anfíbios ou a pé, pularam obstáculos de aço e arame farpado e recapturaram os primeiros pedaços de solo francês. No fim do dia, 155 mil homens tinham desembarcado. Era o começo da derrota nazista.* (Arruda; Piletti, 1999a, p. 376)

Eventualmente, algumas poucas imagens aparecem como complemento ao texto, sejam fotografias ilustrando o evento, sejam mapas mostrando locais de desembarque.

Nesse material há uma maior objetividade do conteúdo, que é apresentado de forma tácita. Nota-se a opção dos autores, que descreveram o evento a partir de uma perspectiva abrangente, estratégica. O aluno tem pouco espaço para questionar o texto, não são apresentadas diferentes perspectivas ou formas alternativas de análise[5]. E esse mesmo conteúdo é solicitado em uma atividade algumas

---

5   *Poderíamos discutir a própria correção das informações, o que não pode ser feito aqui, infelizmente, por questões de espaço. A discussão se estenderia muito. Entretanto, podemos salientar que não existiram "tanques anfíbios" no desembarque de 6 de junho de 1944. Da mesma forma, "o começo da derrota nazista" pode ser localizado, mais adequadamente, na Batalha de Kursk, de 1943. Os autores daquele livro didático adotaram uma perspectiva ocidental, divulgada também em filmes, sobre o desenrolar da guerra, minimizando a fundamental participação do exército soviético no desenrolar dos conflitos.*

páginas adiante, em que é perguntado diretamente "O que foi o Dia D?" (Arruda; Piletti, 1999a, p. 378). A resposta esperada para essa questão, segundo o manual para o professor, é quase uma repetição do texto apresentado: "O Dia D foi o dia da invasão da Normandia por tropas aliadas (6 de junho de 1944), iniciando a retomada do território francês ocupado pelos alemães" (Arruda; Piletti, 1999b, p. 86).

Há razões para que o conteúdo seja apresentado dessa forma: necessidade de apresentação, em um número limitado de páginas, de uma grande quantidade de temas; busca por atender às necessidades dos alunos, que, supõe-se, em breve procurarão prestar concursos que permitem o acesso ao estudo superior; tradição dos conteúdos dos livros didáticos, bem como de seus métodos e estratégias; demandas editoriais e comerciais – entre outros tantos fatores. Livros didáticos não podem ser simplesmente descartados, pois cumprem importante função. Ainda assim, seus limites devem ser conhecidos.

O resgate do soldado Ryan é um filme estadunidense, produzido em 1998, que narra a história de um pequeno grupo de soldados destacado para encontrar e enviar para casa o soldado James Francis Ryan. Uma das primeiras cenas do filme procura retratar justamente o Dia D, mas a partir de diferentes perspectivas. Alternando cenas em primeira e terceira pessoa, e entre planos gerais e fechados, o espectador é levado a testemunhar os acontecimentos do desembarque na Normandia com base em diferentes pontos de vista, individuais e grupais. O caráter estratégico da invasão é informado a partir de planos gerais, e os medos, angústias, ações e dramas pessoais são tratados por meio de planos mais fechados ou *close-ups*. Além disso, ainda que seja privilegiado o ponto de vista dos soldados estadunidenses no combate, eventualmente também são mostradas cenas com base na perspectiva alemã.

Ainda que se deva atentar para o fato de que o filme é um produto artístico e que não tem pretensões de ser uma ferramenta educativa (diferentemente do livro didático), comparações entre ambos podem ser realizadas, destacando, por exemplo, que o filme de 1998 apresenta um número bastante maior de narrativas e perspectivas. Mesmo a atenção do espectador sendo essencialmente dirigida conforme os interesses dos produtores (diretor, fotógrafo, roteirista, por exemplo), o aluno poderá escolher fixar sua atenção em diferentes personagens e ações; além disso, a interpretação do que é assistido pode ser construída por ele, porque seu "conteúdo" não é fornecido de maneira tácita. Diante de uma suposta mesma questão – "O que foi o Dia D?" – os alunos terão diferentes e múltiplas respostas possíveis a fornecer, dependendo da maneira como foram impactados e construíram interpretações a partir do filme.

Comparando-se com o livro, a abrangência da análise, porém, é menor: no filme não é possível entender o desembarque aliado como um todo, mas apenas dentro dos limites impostos pelas cenas.

Já *Medal of Honor: Allied Assault*, produzido em 2002, é um *videogame* de guerra, ambientado na Segunda Guerra Mundial. Trata-se de um jogo em "primeira pessoa"[6] (ou seja, o que é apresentado no monitor representaria aquilo que o personagem estaria vendo) em que são recriadas batalhas do conflito, das quais os jogadores devem participar. Entre elas está o desembarque em Omaha, na Normandia, no chamado "Dia D" (Medal of Honor..., 2002).

Da mesma forma que o filme, o jogo também não é um produto criado com fins educativos, ainda que tenha procurado reproduzir com fidelidade as armas, uniformes, estratégias e equipamentos da

---

6 Essa é a terminologia usualmente adotada na indústria de jogos. É equivalente à "câmera subjetiva" das produções cinematográficas.

época. Como os próprios jogadores são "soldados", toda a experiência é determinada a partir de suas escolhas dentro do ambiente simulado da guerra. Existe um enredo que deve ser seguido, mas ele é bem mais amplo que o de um filme: assim, os jogadores podem escolher não desembarcar, ficar na praia, correr à direita ou à esquerda, manter-se parados, buscar abrigos em diferentes locais. E como, a seu redor, uma quantidade muito grande de cenas ocorre ao mesmo tempo, sua curiosidade pode ser levada a atentar para diferentes eventos.

Comparando-se com as outras duas mídias (livro e filme), o jogo digital caracteriza-se por uma capacidade de imersão e possibilidade de autonomia superiores. Os jogadores definem as próprias ações e tentativas, motivados por suas decisões (e com cujos resultados deverão aprender a lidar) e interesses. Produzindo experiências altamente individualizadas, as respostas à questão "O que foi o Dia D?" com base nos dados do jogo também seriam bastante mais singulares.

Mais do que outras mídias, porém, o uso de um jogo como esse pressupõe uma visão bastante restrita do evento histórico que pretende recriar. Não se transmite uma visão global, analítica, do evento, mas individual, particularizada nas experiências dos jogadores/soldados.

Comparando-se com os textos didáticos, tanto os filmes quanto os jogos apresentam características específicas, particulares vantagens e desvantagens, e devem ser adotados pelos professores em função dos objetivos pretendidos para as aulas. Além disso, cada um envolve questões como acesso a equipamentos e mídias, número de aulas disponíveis, necessidade de produção de materiais complementares e, inclusive, custos. Todos são elementos que devem ser considerados no momento do planejamento das aulas.

E, por último, mas não menos importante, a incorporação de recursos audiovisuais ao ensino de História nos permite compreender a natureza do conhecimento histórico. Trazendo para o cotidiano da sala de aula e, mais importante, para as mãos de nossos alunos, as matérias-primas com as quais o conhecimento histórico é produzido, as fontes poderão ser contextualizadas e analisadas, permitindo a criação de explicações sobre a realidade, tanto do passado quanto do presente. É dessa maneira, também, que se participa da construção da autonomia dos estudantes: no contato direto com as fontes históricas, eles poderão perceber que a história não é um conhecimento pronto e congelado (por vezes, o uso de certos livros didáticos pode transmitir essa impressão), mas algo dinâmico, que se cria ativa e intelectualmente a partir do contato com os mais variados vestígios do passado.

1.2.2 DA PRODUÇÃO À RECEPÇÃO

O teórico canadense da comunicação Marshall McLuhan (1911-1980) certa vez afirmou que "o meio é a mensagem" (McLuhan, 1994). Com isso, o estudioso queria indicar que uma sociedade que se comunica por textos em celulares, que divulga a própria intimidade em redes sociais na internet e que compartilha mundialmente – seja pela televisão, pelo cinema, pelos jornais e pelas revistas é fundamentalmente diferente de uma Idade Média europeia (é um longuíssimo período; vamos dizer, século XI) em que mensagens poderiam levar semanas, ou meses, para alcançar seus destinatários.

Durante milênios, a fala foi a principal maneira de comunicação utilizada pelos humanos. O desenvolvimento da escrita certamente ampliou as possibilidades de comunicação, bem como o tempo de duração das mensagens, que passaram a ser gravadas em argila, pedra, papiros, papéis. No entanto, foi apenas com a criação e o desenvolvimento gradual de sistemas mecânicos, elétricos e, finalmente, digitais de guarda, distribuição e reprodução de dados que foi sendo criado um sistema que hoje costumamos denominar de "comunicação de massa".

Foi o *designer* estadunidense Richard Wurman (nascido em 1935) que afirmou, ainda no final dos anos 1980, que uma única edição impressa de um grande jornal contemporâneo conteria mais informação que uma pessoa na Inglaterra do século XVII encontraria durante toda sua vida (Wurman, 2001). Trata-se de uma afirmação bastante impactante, ainda que seja muito difícil de ser comprovada – certamente temos mais contato com dados escritos, mas como medir o conhecimento sobre plantas, equipamentos, realidade local, dados culturais das pessoas daquele tempo? De toda forma, a frase de Wurman se tornou conhecida porque parece sintetizar uma característica da sociedade em que vivemos: estar mergulhada em uma quantidade quase infinita de informações, recebidas diariamente pelas mais diversas mídias. Não apenas temos condições de acessar filmes, músicas, artigos jornalísticos, *sites* de entretenimento, quase imediatamente, como podemos acompanhar ao vivo acontecimentos dos mais diferentes locais do mundo. Mais e mais nos tornamos uma "aldeia global", teorizada, ainda nos anos 1960, por McLuhan (1994).

A criação desse gigantesco sistema de comunicação de massa, atualmente interconectado, foi o resultado de diferentes e seculares processos. Isso nos interessa aqui por duas razões. A primeira é que cada um dos recursos audiovisuais que estudaremos neste livro tem sua própria história e seu desenvolvimento, dentro de contextos específicos. A segunda é que muitos desses recursos audiovisuais foram desenvolvidos como produtos de um mercado midiático. Nesses casos, muito de seu desenvolvimento relaciona-se ao fato de que originalmente surgiram como mercadorias. E é fundamental para entendermos as intenções e objetivos que cercam sua produção, distribuição e recepção.

Músicas, materiais didáticos e paradidáticos, jogos informáticos, filmes, programas televisivos e radiofônicos estão inseridos em uma lógica mercadológica que não pode ser desconsiderada quando se pretende utilizar esses e outros produtos culturais como recursos educativos.

Mesmo os tradicionais livros didáticos de História, inclusive os distribuídos gratuitamente às escolas públicas nos diversos programas educativos bancados pelo Governo Federal, fazem parte desse mercado e seguem sua lógica. Sendo o governo brasileiro um dos maiores compradores de livros no mundo, o mercado educacional tornou-se atraente para editoras internacionais que, nos últimos anos, vêm investindo no estabelecimento de suas marcas e produtos no mercado nacional (Cassiano, 2007).

Contextualizar os recursos audiovisuais a serem utilizados em sala de aula significa compreender os interesses originais da produção desses materiais, as condições de sua distribuição e suas formas de recepção. Teóricos como Noam Chomsky (nascido em 1928), por exemplo, acreditam que as grandes corporações midiáticas controlam, por motivações tanto financeiras quanto políticas, as informações que são disponibilizadas ao público (Chomsky, 1997). Já uma tradição teórica que parte do marxismo acredita que as diferentes mídias são superestruturas determinadas economicamente e que sua função social é divulgar a ideologia da classe dominante e manter o *status quo*.

> Dentro da tradição marxista, a **ideologia** refere-se a certa visão de mundo que se pretende impor aos demais grupos ou classes sociais. Relaciona-se, nesse sentido, a disputas simbólicas de poder. Quando se afirma que as classes dominantes querem impor sua ideologia, isso significa dizer, tomando o exemplo do capitalismo, que pretendem divulgar valores e ideias tais como a moral positiva do trabalho, o respeito à lei e à ordem, a crença na possibilidade de mobilidade social.

1.2.3 A Escola de Frankfurt

Uma das mais influentes correntes de análise sobre o papel social da comunicação de massa tem inspiração marxista e foi desenvolvida pela chamada *Escola de Frankfurt*. Foram os filósofos alemães Theodor Adorno (1903-1969) e Max Horkheimer (1895-1973) que criaram a expressão "indústria cultural" para designar a criação de produtos culturais massificados e padronizados que teriam como objetivos, segundo sua concepção, manter a sociedade em um estado de passividade e debilitar seu pensamento crítico. Segundo Adorno e Horkheimer, a cultura de massa era utilizada como instrumento de dominação social e, desde sua origem, seus produtos visavam estimular a aceitação da tradição e da dominação.

Um dos textos mais famosos da Escola de Frankfurt foi escrito pelo filósofo alemão Walter Benjamin (1892-1940) e publicado em 1935, com o título "A obra de arte na era de sua reprodutibilidade técnica". Nele, Benjamin procurou analisar como a reprodução técnica de imagens impactava a apreciação de obras de arte. Segundo o filósofo, na era pré-moderna, cada pintura possuía uma determinada "aura", um caráter único e autêntico, que acabou se perdendo com o advento de sistemas técnicos de reprodução de cópias em grandes quantidades (Benjamin, 1994). Apreciar a pintura da Última Ceia, de Leonardo Da Vinci, no convento Santa Maria delle Grazie, em Milão, por exemplo, seria uma experiência totalmente diversa da de observar uma reprodução emoldurada na sala de casa ou mesmo sua versão digital na internet. Para o historiador britânico Peter Burke, a hipótese de Benjamin da perda da "aura" das obras de arte por conta de sua reprodução maciça é interessante, mas difícil de ser testada.

Na verdade, há indícios de que ocorra exatamente o inverso. Observe a Figura 1.2 e note o número de pessoas que se aglomera na tentativa de tirar uma foto da, e com a *Mona Lisa*, de Leonardo da Vinci, exposta no Museu do Louvre, na França. Todos querem se aproximar e deixar registrado que estiveram diante de uma das mais famosas pinturas do mundo. O número de cópias da Mona Lisa existentes não diminuiu a sua aura: muito pelo contrário, só a fez aumentar.

Figura 1.2 – Pequena multidão se aglomera diante da Mona Lisa

A partir desses pressupostos, praticamente toda expressão da cultura de massa foi considerada de baixa qualidade e alienante, com base nos preceitos que os pensadores da Escola de Frankfurt definiam como *críticos*: "o jazz apresenta-se em um estado de completa indigência", afirmava Adorno (2001, p. 119); os quadrinhos levariam as crianças a retroceder a um estado de grunhidos, o cinema corromperia a moral social, a televisão seria alienante, os jogos de computador reproduziriam o *status quo* vigente, a música popular seria de baixa qualidade.

Atualmente, as conclusões dos estudiosos da Escola de Frankfurt tendem a ser consideradas ingênuas e ultrapassadas. Em primeiro lugar, por exagerarem na influência dos fatores econômicos e políticos na determinação dos conteúdos apresentados pelas diversas mídias. E, mais importante que isso, subestimavam a audiência, que tomavam como um grupo de pessoas passivas, incapazes de pensarem por si mesmas; que, como esponjas, absorveriam acriticamente todas as informações midiáticas que recebiam.

Não é assim, porém, que as pessoas recebem os conteúdos midiáticos. Como você irá perceber quando estiver trabalhando com recursos audiovisuais com seus alunos, entre a recepção totalmente passiva e a total confrontação daquilo que recebe, há uma infindável quantidade de diferentes, e por vezes surpreendentes, maneiras de consumo de bens culturais. As pessoas discutem, manipulam, transformam, apropriam-se, deformam, utilizam aquilo que recebem, mais que isso, influenciam o que é produzido – seja por envio de cartas, por dados apresentados em índices de audiência ou, cada vez mais, pela produção dos próprios conteúdos. Na sala de aula, um microcosmo que faz parte da sociedade como um todo, esses fatores devem ser levados em consideração. Quais eram as intenções originais dos materiais disponibilizados aos alunos? Que informações pretendiam, inicialmente, apresentar?

De que maneira eram recebidas? Como se relacionam com o período em que foram produzidas e com o conteúdo que está sendo trabalhado? O trabalho com recursos audiovisuais, particularmente aqueles ligados ao mercado da comunicação de massa, é sempre dialógico.

1.2.4 OS DIFERENTES USOS DE RECURSOS AUDIOVISUAIS NAS AULAS DE HISTÓRIA

São vários os usos que podem ser dados aos recursos audiovisuais em sala de aula: de fonte para produção de conteúdo a um uso meramente estético, diferentes utilizações produzem diferentes impactos nos alunos. A seguir, é proposta uma classificação sobre os diferentes usos possíveis que podem ser dados aos recursos audiovisuais em sala de aula, que nos ajudará no restante da obra.

O primeiro seria o uso **decorativo** dos recursos audiovisuais nas aulas de História. Nesse caso, as imagens, filmes, músicas foram produzidos em períodos diferentes do tema trabalhado e não mantêm relação direta com o conteúdo. São frequentemente anacrônicos, quando não absolutamente errados. Não oferecem qualquer informação complementar ao que está sendo estudado e podem inclusive apresentar informações erradas. O livro didático apresenta, sem qualquer discussão, uma imagem do século XIX para representar eventos da Antiguidade? Uma ilustração contemporânea para representar Colombo? Uma imagem renascentista em um capítulo sobre a Idade Média? Eis alguns exemplos de usos decorativos de recursos audiovisuais.

O segundo seria o uso **ilustrativo**. Nesse caso, os recursos audiovisuais pertencem efetivamente ao período a que se referem e estão corretamente ligados ao tema que está sendo apresentado. Entretanto, ainda que tenham relação com o conteúdo, estão ali, literalmente, para ilustrá-lo: não apresentam informações adicionais, mas apenas o confirmam. O conteúdo continua sendo apresentado, essencialmente, pelo texto, e as imagens, músicas, filmes, jogos não o problematizam. É como comumente são utilizados em livros didáticos.

Os recursos audiovisuais são trabalhados como **fontes** quando o conteúdo histórico é construído com base neles ou em diálogo com eles. Nesse caso, assiste-se a um filme ou programa televisivo, utiliza-se uma imagem, escuta-se uma música não para confirmar o que já se sabe, mas para lançar novas questões, pontos de vista ou mesmo problemas históricos a serem trabalhados em aula. A utilização de recursos audiovisuais como fontes visa desenvolver a autonomia dos alunos na construção de seu raciocínio histórico, pois coloca em suas mãos os materiais com base nos quais o conhecimento sobre o passado é construído. Podem-se utilizar recursos audiovisuais como fontes primárias (documentos históricos) ou fontes secundárias (interpretações e representações sobre o passado).

(1.3)
Recursos audiovisuais
e objetividade histórica

Um dos principais problemas no uso de imagens, filmes, sons, músicas – ou qualquer recurso audiovisual nas aulas de História – está em tomá-los de forma ingênua, como se fossem janelas para o passado, esquecendo-se de que foram produzidos com determinada intencionalidade, sob condições específicas, e visavam atingir certos objetivos. Uma fotografia será sempre um ponto de vista; um filme, uma trama sobre a realidade; uma música salientará certos elementos em detrimento de outros.

Neste livro salientaremos, quase à exaustão, a importância da identificação do contexto nos quais cada um dos recursos aqui discutidos foi produzido. Mesmo aqueles que se pretendem mais objetivos, neutros e imparciais, ou que procuram contar a história de um ponto de vista da "verdade" sobre o passado, produzem interpretações da realidade que apresentam preconcepções, perspectivas particulares, relações com a época em que foram criados.

Podemos, aqui, passar a um exemplo: o filme *O descobrimento do Brasil*, do cineasta Humberto Mauro, lançado em dezembro de 1937. Divulgado e propagandeado à época como o primeiro filme histórico nacional, trata-se de uma interpretação cinematográfica da famosa carta de Pero Vaz de Caminha, com acompanhamento musical composto por Heitor Villa-Lobos. Ele é particularmente interessante à nossa discussão porque uma das principais características dessa obra fílmica é a de buscar autenticidade histórica: houve um cuidado especial na reconstrução das embarcações e do figurino, bem como na recriação dos principais episódios descritos na carta de Caminha. Trechos do documento eram inclusive projetados na tela. Uma preocupação com os detalhes que seria garantida pela "colaboração intelectual e verificação histórica" de historiadores (algo registrado inclusive pelo cartaz do filme).

Por todos esses cuidados e preocupações, fica claro que o diretor Humberto Mauro parecia não desejar apresentar uma interpretação particular dos acontecimentos de abril e maio de 1500, mas filmar "o que realmente tinha acontecido". Tal qual um Leopold von Ranke audiovisual, o próprio Mauro afirmou que seu objetivo era "contar o fato como se fosse um repórter filmando dentro do barco de Cabral" (Andries, 2001, p. 73).

Figura 1.3 – Cartaz do filme e seu detalhe, revelando o destaque à Primeira Missa

Fonte: Cartaz..., 1937, p. 30.

No entanto, por mais neutro ou objetivo que Mauro pretendesse ser, não existe algo que possa ser, realmente, um "túnel do tempo". O diretor de *O descobrimento do Brasil* tinha determinadas concepções sobre a história, de como o passado se ligava ao presente e o que dele era considerado importante ou irrelevante: concepções que, propositalmente ou não, deixou transparecer em seu filme.

Em primeiro lugar, Mauro repercutia uma concepção muito comum no período: a de que o Brasil não dispunha de qualquer história antes da chegada de Cabral e dos portugueses a esta parte do território americano. A ideia de valorizar um "descobrimento" como o momento de surgimento do país já era, em si, a explicitação de certa concepção de história. Mas há mais.

Repare, por exemplo, na imagem em destaque no cartaz do filme. Tendo ao fundo as caravelas, o cartaz destacava a realização da chamada *Primeira Missa*, que teria acontecido em 26 de abril de 1500, celebrada pelo Frade Henrique de Coimbra. O evento foi tomado como historicamente importante, porque representava a chegada do cristianismo e, com isso, de certa ideia de civilização. Era a civilização europeia, capitaneada pelo cristianismo, que chegava ao Brasil e o fazia começar a ter uma história. E se europeus cristãos representavam a civilidade, os indígenas, tomados como selvagens, são representados admirando aquela civilização que desembarcava.

A cena que reproduz esse evento foi, aliás, a mais elaborada do filme. Contando com inúmeros figurantes, nela aparecem religiosos diante de uma grande cruz, erguida na praia, enquanto membros da tripulação seguiam os rituais da missa católica, observados, pouco à distância, por uma grande quantidade de indígenas. Na figura a seguir está reproduzida a tomada principal da cena.

Figura 1.4 – A cena da primeira missa em *O descobrimento do Brasil*

Fonte: O Descobrimento..., 1937a.

A escolha desse evento como o mais significativo do chamado "descobrimento" já revelava certas opiniões de Humberto Mauro sobre o passado, a própria visualidade de como a cena foi recriada nos fornece pistas adicionais sobre as concepções históricas transmitidas pelo filme. O diretor não procurou, ali, seguir as descrições de Pero Vaz de Caminha, mas recriar outro documento histórico, produzido mais de três séculos após a viagem de Cabral: o quadro *Primeira missa no Brasil*, pintado por Victor Meirelles e concluído em 1860, bastante famoso por ter sido reproduzido à exaustão em livros didáticos de história.

Comparando-se a pintura de Meirelles com a cena criada por Mauro, percebe-se que a representação que aparece no filme *O descobrimento do Brasil* não é a busca pela recriação fiel dos acontecimentos como descritos por Caminha, mas sim a adaptação cinematográfica de uma ideia construída no século XIX: uma imagem criada em um momento de busca pela construção de um nacionalismo brasileiro e de certa invenção de uma "história nacional" (Fontoura, 2016c).

Figura 1.5 – Comparação entre o quadro de Meirelles e sua recriação no filme *O descobrimento do Brasil*

MEIRELLES, V. **Primeira missa no Brasil**. 1860. Óleo sobre tela: 270 × 357 cm. Museu Nacional de Belas Artes, Rio de Janeiro.

O DESCOBRIMENTO do Brasil. Direção: Humberto Mauro. Brasil: Distribuidora de Filmes Brasileiros, 1937. 60 min.

Porém, como se desenrolássemos um novelo, as relações produzidas pelo filme poderiam ser estendidas além, pois nem o próprio Meirelles recriou sua cena somente a partir das descrições de Caminha. O artista teve como inspiração (não poucos o acusaram de plágio) uma pintura de 1854, de autoria do francês Horace Vernet, intitulada a *Primeira missa em Cabília* que representa uma missa realizada por colonizadores franceses na Argélia, ocorrida algumas décadas antes. Compare ambas as pinturas.

Figura 1.6 – Comparação entre as pinturas de Meirelles e Vernet

MEIRELLES, V. **Primeira missa no Brasil**. 1860. Óleo sobre tela: 270 × 357 cm. Museu Nacional de Belas Artes, Rio de Janeiro.

VERNET, H. **Primeira missa em Cabília**. 1854. Óleo sobre tela: 194 × 123 cm. Museu Cantonal de Belas Artes, Lausanne.

Mais ainda poderia ser dito: a imagem inicial do filme é o brasão da República, sobre o qual apareciam os textos "Ministério da Educação e Cultura" e "Ince"[7], revelando a vinculação institucional e política do filme. Uma das características do Estado Novo de Vargas (estabelecido cerca de um mês antes da estreia de *O Descobrimento do Brasil*) foi a busca pelo aproveitamento dos meios de comunicação de massa para a transmissão de seus ideais políticos e sociais. O rádio foi um de seus mais importantes instrumentos, mas o cinema não foi esquecido.

É interessante perceber como o conteúdo do filme dialoga com as concepções políticas próprias da ditadura de Getúlio Vargas (1882-1954). Discursando sobre a unidade do Brasil, poucos anos depois do lançamento do filme, Vargas afirmou:

> *temos um destino a realizar, possuímos um vasto território, temos a mesma origem racial, falamos a mesma língua, temos a mesma história, a mesma religião, a mesma formação social, o mesmo sentimento de unidade de pátria. Precisamos povoar, trabalhar, educar, construir, formar riqueza, desenvolver a cultura, fortalecer a consciência nacional.*
> (Machado, 2007, p. 193)

As ideias de unidade racial, unidade de língua, "mesma religião" e "mesma história" são defendidas também no filme de Mauro, ainda que de maneira implícita. O destaque aos portugueses chegando ao Brasil e supostamente iniciando a história nacional, somada à ideia de um cristianismo que marcaria o início da civilização do país, concordavam com as visões políticas de Vargas. Nesse sentido, o filme também dialogava com o momento político do país, pela semelhança de suas ideias.

---

7   Sigla para Instituto Nacional do Cinema Educativo: criado em 1936, foi um órgão público para a criação de películas educativas. Voltaremos a falar sobre ele no Capítulo 4.

Temos, então, uma obra cinematográfica que se pretendia neutra e objetiva, mas que elegeu como momento primeiro da história nacional o chamado "descobrimento"; que, nesse descobrimento, destacou a chegada da civilização, caracterizada como a religião cristã; que recriou visualmente os eventos a partir de uma pintura do século XIX, sendo que ela mesma era a representação de um evento francês ocorrido na Argélia; que defendia, intencionalmente ou não, concepções semelhantes àquelas propostas pelo governo Vargas.

Ao longo dos próximos capítulos, procuraremos discutir maneiras pelas quais podemos apresentar os recursos audiovisuais aos nossos alunos sem que sejam interpretados como "verdades tácitas" sobre o passado, mas sim como documentos a serem interpretados. Essa é uma mudança importante, inclusive do processo de construção do conhecimento: a história deixará de ser algo pronto que os alunos devem simplesmente saber e passará a ser algo dinâmico, um conhecimento que os próprios alunos ajudarão construir.

Síntese

A utilização de recursos audiovisuais nas aulas de História não se refere apenas a uma adição de tecnologias ou mídias, mas também a uma busca de uma integração com os objetivos próprios da educação de uma forma geral, e da educação histórica, mais especificamente. Isso significa afirmar que a utilização de pinturas, esculturas, músicas, programas de rádios, filmes cinematográficos, programas de televisão, vídeos produzidos para a internet – enfim, toda a gama de linguagens e mídias que podem ser aproveitadas no ensino histórico – deve estar adequada à concepção histórica que se pretende desenvolver em sala de aula e à formação cidadã mais ampla dos alunos. Os recursos audiovisuais não visam meramente colorir as aulas, mas tornar múltiplas as formas de abordagem e as conclusões possíveis.

Antonio Fontoura

Além disso, os professores devem estar conscientes de que cada recurso exige uma técnica e abordagem específicas, de modo a permitir tanto o desenvolvimento autônomo do conhecimento histórico quanto uma consciência em relação às mídias tão presentes em nossa sociedade. Só assim os recursos audiovisuais superarão seu uso como mera decoração ou confirmação de conteúdos apresentados de outras maneiras (como, especialmente, o texto didático), para se tornarem, efetivamente, instrumentos de reflexão, problematização e pesquisa.

Atividades de autoavaliação

1. Um dos mais importantes objetivos da utilização de recursos audiovisuais em sala de aula é o desenvolvimento de uma alfabetização midiática dos alunos, construída em conjunto com as discussões históricas. Sobre esse objetivo, é correto afirmar:

    a) Os recursos audiovisuais auxiliam no entendimento dos conteúdos históricos, ao mesmo tempo que a história participa da alfabetização para a compreensão desses recursos.

    b) Os recursos audiovisuais são instrumentos objetivos de transmissão do conteúdo, ao contrário dos textos presentes em livros didáticos, que são propensos a apresentar ideologias.

    c) É função do professor de História ensinar os alunos a serem profissionais de mídia, pois, atualmente, apenas os conteúdos escolares tradicionais são inadequados para uma completa formação.

    d) O principal objetivo da história é o trabalho com textos, por isso, as imagens, os sons, os filmes etc. devem ser tratados como elementos ilustrativos, pois não fazem parte do conteúdo didático.

2. A presença dos questionários tradicionais em materiais didáticos de História – lista de questões objetivas que deveriam ser completadas pelos alunos – mantinha estreita relação com a concepção de história daqueles livros. Sobre a presença dos questionários e a concepção de história dita *tradicional*, é correto afirmar:

a) Como a história era compreendida como sendo um conhecimento objetivo e finito, o aluno não teria outras obrigações senão memorizar os principais fatos e datas.

b) Ao procurarem desenvolver a autonomia intelectual dos alunos em relação à história, os questionários buscavam problematizar as diferentes perspectivas históricas.

c) Os recursos audiovisuais eram fundamentais nos livros didáticos que se utilizavam de questionários, pois apresentavam uma pluralidade de visões adequadas aos alunos.

d) Os questionários estavam associados à escola histórica dos Annales, pois procuravam construir uma história total a partir de uma multiplicidade de fontes históricas.

3. Analisando-se a história dos livros didáticos de História no Brasil, percebe-se que, de materiais compostos apenas por textos, no século XIX, gradualmente foram recebendo mais imagens, cores e efeitos visuais em suas obras ao longo do século XX. Sem dúvida esse processo está relacionado ao desenvolvimento do setor gráfico de uma maneira geral e do mercado de livros didáticos em particular. Entretanto, em relação à apresentação visual dos materiais e sua concepção de história, é correto afirmar:

a) As imagens não trazem informações importantes sobre o passado e, por isso, são desnecessárias em livros sérios de História.

b) Os livros didáticos eram escritos sobretudo por autores franceses, que traziam para o Brasil concepções mais modernas de história e de apresentação visual.

c) Foi a tecnologia utilizada para impressão dos livros didáticos que determinou a utilização de imagens como recursos pedagógicos em História.

d) A maior presença de recursos audiovisuais nos materiais didáticos não significou que fossem abandonadas as concepções tradicionais de história.

4. É correto dizer que a utilização de uma ampla gama de recursos audiovisuais em sala de aula concorda com a atual concepção de fonte histórica, porque:

a) em sendo os textos a fonte histórica primordial dos trabalhos históricos na atualidade, os filmes e músicas auxiliam os alunos a memorizar, com mais facilidade, o conteúdo histórico.

b) a história trabalha com uma grande diversidade de fontes históricas, como imagens, sons, filmes, representações teatrais que podem ser trazidas para sala de aula na forma de recursos audiovisuais.

c) os alunos, na atualidade, não têm condições de manter atenção em textos por se distraírem muito facilmente e, em sendo assim, necessitam de recursos dinâmicos para que se concentrem nas aulas.

d) tanto os documentos históricos quanto os recursos audiovisuais concordam com a visão metódica de história, centrada na ação dos "grandes homens", na política e nos documentos oficiais.

5. É correto afirmar a respeito do conceito de indústria cultural, segundo as concepções da Escola de Frankfurt:
   a) Permite a democratização do conhecimento e, em sendo assim, é um instrumento a favor da liberdade e da democracia.
   b) A produção maciça de bens culturais visa à homogeneização dos gostos e a uma maior facilidade de dominação social.
   c) Não afeta os materiais didáticos que são bens pedagógicos e, dessa maneira, não influenciados pelo mercado.
   d) Caracteriza-se por uma visão positiva do capitalismo, ao se contrapor às concepções marxistas do filósofo Walter Benjamin.

Atividades de aprendizagem

Questões para reflexão

1. A sua própria experiência como estudante no ensino fundamental e médio é importante para sua formação como professor ou professora de História. Você certamente teve contato com bons e maus professores, aulas interessantes e outras aborrecidas, temas apaixonantes e outros que você, ainda hoje, pode não conhecer bem. Considerando essa sua experiência, procure avaliar o uso de recursos audiovisuais com os quais você entrou em contato em suas aulas de História, ao longo de sua vida como estudante. Quando e quais recursos foram utilizados, durante sua formação? Você acredita que foram adequados? Se você pudesse voltar no tempo, que sugestões ofereceria a seus próprios professores de modo que aperfeiçoassem a utilização de recursos audiovisuais?

2. Já no século XVIII podem ser encontradas as primeiras experiências de ensino à distância, uma forma de educação que vai se ampliar de maneira gradual e tornar-se bastante comum no século XX. No Brasil, os primeiros exemplos desse modelo de ensino foram realizados por correspondência: o aluno recebia os materiais didáticos e as provas, e as enviava, pelo correio, para serem corrigidas pelos professores. O desenvolvimento tecnológico foi fundamental para o aperfeiçoamento dos métodos, como a ampliação de seu alcance da educação, já no século XX, com a utilização do rádio e, posteriormente, da televisão. Na atualidade, os cursos de educação à distância (usualmente abreviada EaD) estão submetidos a controle governamental e, com o desenvolvimento da informática, sua influência e popularização cresceu enormemente.

Exatamente por conta das possibilidades tecnológicas, os cursos de EaD costumam oferecer uma pluralidade de recursos a serem utilizados pelos alunos, como maneiras de substituir as interações que seriam comuns no modelo tradicional de educação, os chamados *cursos presenciais*.

Em primeiro lugar, pesquise, na internet, instituições que oferecem cursos de EaD e procure se informar das tecnologias oferecidas por esses cursos em suas aulas. São utilizados apenas textos? O curso apresenta vídeos, interações via *chat*, programas de rádio? Que tipos de recursos são oferecidos aos alunos? Como são utilizados?

Feita essa pesquisa, procure discutir se o curso de EaD pesquisado por você se utiliza adequadamente dos recursos audiovisuais e apresente propostas de melhorias no aproveitamento da tecnologia em benefício da formação de professores de história.

Atividade aplicada: prática

1. Se, até as últimas décadas do século XX, os livros didáticos tendiam a trazer imagens apenas ilustrativas de conteúdos (e, mesmo assim, muitas vezes descontextualizadas), atualmente eles procuram integrar uma pluralidade de recursos. Especialmente aquelas obras avaliadas e aprovadas para serem utilizadas em instituições públicas (por meio do PNLD, por exemplo) costumam trazer sugestões de filmes, músicas, jogos, *sites*, com o objetivo de complementar o conteúdo apresentado pelo texto didático.

Escolha um tema histórico qualquer, de sua preferência, e encontre três livros didáticos do ensino fundamental II – 6º ao 9º anos – de diferentes autores. Para o tema que você escolheu, quais recursos audiovisuais os livros apresentam? Analisando-os em seu contexto didático, você acredita que foram integrados adequadamente ao tema – ou seja, são trabalhados pelos autores – ou são apresentados de maneira apenas decorativa?

Capítulo 2
A imagem no ensino
de História

Ainda que as imagens possam ser utilizadas como recursos atraentes e instigadores e que levantem inúmeras questões sobre como o passado pode ser lido e entendido, não apenas professores, mas também historiadores têm dificuldades em trazer toda sua potencialidade para o conhecimento do passado. Muitas vezes relegada a simples decoração ou a uma mera confirmação dos dados obtidos de outras fontes, as imagens têm sua própria capacidade para comunicar, informar sobre a realidade de outros tempos e ser importante ferramenta para a construção do conhecimento, inclusive no ambiente escolar.

Neste capítulo, buscaremos abordar algumas características importantes relacionadas às imagens nos estudos históricos e, especialmente, no ensino de História para o ensino fundamental e médio. Procuraremos salientar como um adequado uso de recursos imagéticos em sala de aula não apenas permite que o aluno tenha uma compreensão mais ampla do passado, como participa de determinada alfabetização para a imagem, tão importante na formação dos alunos dos nossos dias.

(2.1)
IMAGENS, EDUCAÇÃO E HISTÓRIA

Os livros de história estão repletos de reproduções de rostos que, muitas vezes, olhamos de forma tão apressada que sequer nos perguntamos com qual precisão refletem pessoas reais que viveram há séculos. Veja, por exemplo, o retrato do Cardeal Carlos de Médici, que viveu na região em que hoje é a Itália, pintado em 1640. Será que, se fôssemos contemporâneos dele, o reconheceríamos, apenas a partir da pintura que o representava?

Figura 2.1 – Retrato de Carlos de Médici

SUSTERMANS, J. **Retrato do Cardeal Carlos Fernando de Médici**. ca. 1640. Óleo sobre tela: color.; 83 × 69 cm. Museu Poldi Pezzoli, Milão.

Somos educados em uma sociedade em que a imagem tem uma prevalência e uma presença bastante diferentes daquela europeia do século XVII. Nosso mundo é o da alta definição, o das imagens que se reproduzem quase infinitamente em cinemas, computadores, celulares, *outdoors*, cartazes; é a sociedade dos televisores de dezenas de polegadas, dos cinemas IMAX® e 3D, da realidade virtual. Bastante diferente do mundo em que o artista Justus Sustermans (1597-1681), nascido na Antuérpia (parte da atual Bélgica), procurou reproduzir, com a maior fidelidade possível (supomos), o rosto do Cardeal.

É bastante provável que aquele quadro fosse visto apenas por pessoas que já conhecessem Carlos de Médici, pois deveria se tratar de um retrato privado. Outra diferença importante do nosso mundo para aquela época é a popularização das imagens: possuir uma pintura como aquela era possível apenas a uma determinada elite e era um símbolo de *status*. Assim, não deveria haver confusão entre a identificação da pessoa com o retrato: era bem provável que, se uma pessoa estivesse diante da pintura, não estaria muito longe do próprio Cardeal.

A pergunta ainda permanece: a pintura certamente o representava, mas seria *parecida* com ele? A dúvida faz sentido, especialmente se compararmos com a seguinte gravura, produzida em 1657, que representaria – você adivinhou – o Cardeal Carlos de Médici.

Figura 2.2 – Gravura com retrato do Cardeal Carlos de Médici

Fonte: De Rossi, 1658, p. 11.

Há 17 anos de diferença entre as duas imagens, o que é significativo. Entretanto, a gravura não se parece simplesmente com uma versão mais idosa do rosto que surge na pintura; de alguma forma, parecem ser duas pessoas parecidas, mas não idênticas – e, talvez, se não tivéssemos nossa atenção despertada, poderíamos não imaginar se tratarem do mesmo indivíduo. Trata-se de retratos suficientemente diferentes a ponto de podermos afirmar: ou Carlos de Médici se parecia com uma imagem, ou com outra – ou com nenhuma.

Cabe salientar que a história das produções de imagens não é necessariamente uma história da imitação da realidade. Certas épocas e estilos utilizavam-se das imagens, e inclusive de retratos, para produzir representações que eram significativas dentro de seu contexto histórico e cultural. E, por vezes, isso não coincidia com a busca pela imitação da realidade. O mais popular exemplo, embora certamente não o único, são os retratos produzidos no Antigo Egito.

Figura 2.3 – Baixo relevo de Hatshepsut e alto relevo de Ramsés II

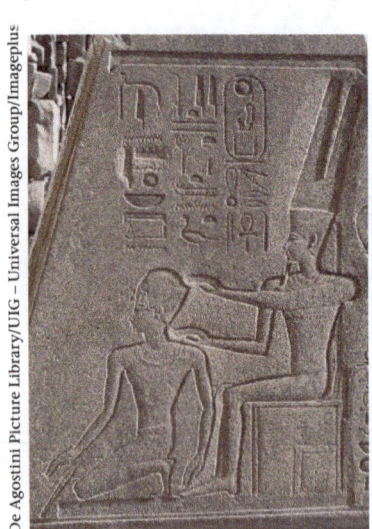

Observando as duas imagens apresentadas, é impossível distinguir particularidades que diferenciem os rostos de Hatshepsut (1507 a.C.-1458 a.C.) e Ramsés II (1303 a.C.-1213 a.C.). Claramente, não são

representações que buscavam apresentar os rostos ou traços corporais com fidelidade, mas encaixar a realidade em determinada visão altamente rígida e idealizada do que os egípcios entendiam como uma estética ideal. Esse descompromisso egípcio com a imitação da realidade fica ainda mais evidente se lembrarmos que, embora ambos fossem faraós, Ramsés II era homem, e Hatshepsut, mulher: algo que não é possível identificar a partir das imagens.

Figura 2.4 – Flautista representada na tumba de Nebamum e representações de leões

UM BANQUETE para Nebamun. ca. 1350 A.C. 1 color.: pintura em gesso, 88 × 119 cm. Museu Britânico, Londres.

Antonio Fontoura

E não que os egípcios sofressem de alguma incapacidade artística estrutural qualquer. A imagem de uma flautista na tumba de Nebamum[1], rompendo com as convenções de representação e apresentando-a com o rosto visto de frente, demonstra que os artistas conheciam formas diferentes de pintar a realidade. Em outras palavras, conheciam outras maneiras de recriar imageticamente o mundo, mas escolhiam não utilizá-las, pois a imitação simplesmente não era o objetivo de suas pinturas. O baixo relevo de um leão seguia os padrões rígidos da tradicional arte egípcia; mas uma escultura, em que o animal é apresentado de uma maneira bem mais naturalista, evidencia que não havia qualquer comprometimento cognitivo dos egípcios, mas apenas uma escolha cultural: pinturas e relevos seguiam certas regras que não visavam à imitação do mundo.

Se os egípcios não procuravam a representação fiel da realidade com seus retratos, com qual objetivo os criavam? Para produzir imagens que se encaixassem em um determinado ideal de beleza eterna, de fundamento religioso, e considerado imutável: é por isso, aliás, que as representações egípcias apresentam características específicas que permaneceram extraordinariamente estáveis em seus mais de dois mil anos de existência.

Por outro lado, quando já vivia sob a dominação e influência romanas, o Egito importou dessa cultura a busca artística pela representação fiel da natureza, e, com isso, sua arte foi modificada radicalmente. Isso fica evidente nos chamados "retratos de Fayum", imagens pintadas em madeiras e colocadas junto às múmias. As figuras são um híbrido cultural: mesclavam a antiquíssima prática egípcia de representação de imagens da pessoa falecida nas tumbas e sarcófagos

---

1   Nebamun foi um escriba e alto funcionário do governo, tendo vivido em cerca de 1350 a.C. Não se sabe muito sobre ele, a não ser o que aparece registrado em sua tumba – uma das mais ricamente decoradas do Antigo Egito que sobreviveram até nossos dias.

com o estilo greco-romano de imitação da realidade. Uma junção de tradições que nos legou imagens bastante realistas de egípcios que viveram entre os séculos I a.C. ao II d.C.

Figura 2.5 – Alguns dos retratos de Fayum

| RETRATO de jovem mulher. século II d.C. Encáustica sobre madeira. 42 × 24 cm. Museu do Louvre, França. | RETRATO funerário de um homem. final do século I d.C. Encáustica sobre madeira. 39,4 × 20,5 cm. Museu de Arte Walters, Mount Vernon-Belvedere, Baltimore, Maryland, U.S. | RETRATO funerário, homem com barba. século II d.C. Encáustica sobre madeira. 40 × 20 cm. Coleção Myers, Colégio Eton, Windsor, Inglaterra. |

Partindo de Carlos de Médici, passando por Hatshepsut e pelos retratos de Fayum, podemos chegar a uma importante síntese: algumas culturas, historicamente, procuraram a representação fiel da realidade a partir da arte, enquanto outras simplesmente não tinham essa preocupação. No que voltamos ao Cardeal: qual das duas imagens parecia mais com ele?

Há uma possível e curiosa resposta para essa dúvida. O escritor e colecionador inglês John Bargrave (1610-1680) certa vez adquiriu uma série de gravuras de cardeais; como conhecera pessoalmente vários, preocupou-se em avaliar as imagens com base na semelhança que guardavam com os retratados. No caso da imagem de Carlos de Médici, foi enfático ao analisar o desenho de 1687: "eu vejo ele com muita frequência, e estou certo de que esta gravura é muito parecida com ele" (Bargrave, 1867, p. 10). Infelizmente não conhecemos nenhum documento de alguém que tenha avaliado a verossimilhança da pintura; então, provisoriamente, damos a vitória à gravura, como aquela que mais fielmente representava o Cardeal.

Dentro da cultura europeia do século XVII, portanto, a imitação da realidade era fator de avaliação qualitativa de uma obra de arte; quanto mais próxima do real, melhor o artista, e superior a obra.

Nossos olhos, em certo sentido, estão já destreinados para compreender esses detalhes do passado. Acostumados que estamos ao fotorrealismo, podemos nos esquecer de que as imagens de outros tempos tinham importantes significados e que poderiam ser vistas, inclusive, como fiéis à realidade que representavam (mesmo que não as vejamos dessa forma). E que essa nossa maneira de enxergar as imagens, de avaliá-las em função de sua capacidade de *mimese*, ou seja, de imitação, é o resultado de um processo histórico. Felizmente, podemos, com o auxílio das fontes históricas, vislumbrar um momento particularmente significativo desse processo.

Figura 2.6 – O Paço Imperial em 1840, fotografado por Louis Compte

Fonte: De volta..., 2003, p. 18.

Quando o abade francês Louis Compte chegou ao Rio de Janeiro em 1840, tirou algumas das mais antigas imagens fotográficas conhecidas do país, como a do Paço Imperial. Tratava-se, mais especificamente, de um daguerreótipo: uma das primeiras técnicas para produção de fotografias, em que as imagens ficavam impressas em uma placa de cobre tratada quimicamente.

Por um instante, quero que você tente se colocar na mente dos brasileiros que viveram aquele momento e viram pela primeira vez uma imagem como aquela. A fotografia era ainda uma arte iniciante, e certamente Compte foi um dos primeiros – senão o primeiro – a praticá-la no Brasil. Sem nunca terem visto fotografias, os brasileiros daquela época dispunham como únicas referências de representações visuais as que provinham especialmente de pinturas e ilustrações, em uma tradição que remontava aos inícios da arte ocidental, que já possuía séculos de idade, da qual participavam os retratistas de Carlos de Médici. Ou seja, eram pessoas que tinham uma maneira de perceber a relação entre as imagens e a realidade que necessariamente passava pelas mãos de um artista, que poderia, fielmente ou não, representar a natureza.

No Rio de Janeiro em 1840, portanto, a realidade jamais havia aparecido retratada com a fidelidade proporcionada por uma câmara fotográfica, ainda que fosse, aos nossos olhos, a partir de um equipamento razoavelmente simples. Qual era a expectativa daquelas pessoas que iriam presenciar, pela primeira vez, uma imagem fotográfica? Teriam a exata noção do impacto que a invenção causaria? Ficariam impressionadas com a capacidade de imitação da fotografia ou não a compreenderiam dessa forma, já que conheciam apenas pinturas e desenhos? Segundo o *Jornal do Comércio*, de 17 de janeiro de 1840, muitos brasileiros estavam ansiosos para ver, pela primeira vez, uma imagem fotográfica:

> *Finalmente passou o daguerreótipo para cá os mares, e a fotografia, que até agora só era conhecida no Rio de Janeiro por teoria, o é atualmente também pelos fatos que excedem quanto se tem lido pelos jornais quanto vai do vivo ao pintado. Hoje de manhã teve lugar na hospedaria Pharoux um ensaio fotográfico interessante, quanto é a primeira vez que a nova maravilha se apresenta aos olhos dos brasileiros.* (Notícias..., 1840, p. 1)

Após a demonstração de Compte, ficou claro, para os brasileiros que viam os resultados daquele invento pela primeira vez, que não se tratava apenas de uma forma diferente de representar a realidade, mas de replicá-la com uma fidelidade que os impressionava.

É preciso ter visto a coisa com os seus próprios olhos para se fazer ideia da rapidez e do resultado da operação. Em menos de 9 minutos, o chafariz do Largo do Paço, a Praça do Peixe e todos os objetos circunstantes se achavam reproduzidos com tal fidelidade, precisão e minuciosidade, que bem se via que a coisa tinha sido feita pela mão da natureza, e quase sem a intervenção do artista. (Notícias..., 1840, p. 1)

O espanto daqueles brasileiros do século XIX que viam fotografias pela primeira vez abre-nos uma janela para um mundo que, de maneira inédita, passava a ter contato com a reprodução mecânica da realidade. As pessoas imediatamente percebiam que a fotografia era superior a outras formas de imagem para uma representação fiel do mundo. E esse efeito teve um impacto fundamental na maneira pela qual nossa sociedade, hoje, compreende as imagens.

Podemos estabelecer algumas conclusões importantes a partir desse nosso diálogo sobre as imagens e sua historicidade. Em primeiro lugar, constatamos que nem todas as representações imagéticas buscaram, ou buscam, uma reprodução fiel da realidade: isso significa que o papel das imagens, seu significado, seus objetivos e usos, devem ser buscados no **contexto cultural e histórico** em que foram produzidas. Sem essa perspectiva, corremos o risco de simplesmente não compreender por que uma imagem, ilustração ou pintura foi criada. Ou julgá-la por meio de parâmetros que não eram os da época, como não faz sentido avaliar os retratos produzidos no Egito Antigo pela fidelidade com os retratados.

Segunda conclusão: **as imagens são resultado de certo passado**, ou seja, consequência de determinadas tradições e desenvolvimentos. O que identificamos como o estilo de uma época é o produto de mudanças, permanências, alterações de significados e técnicas.

Antonio Fontoura

Figura 2.7 – Imagens de D. Pedro II

MOREAUX, F.-R. **O imperador D. Pedro II, sua esposa Teresa Cristina e suas filhas, princesas Isabel e Leopoldina**. óleo sobre tela: color.; 1857.

HEES, O. **Família imperial**. PB; 1889.

Repare nessas imagens de D. Pedro II: a primeira, uma pintura de 1857; a segunda, uma fotografia de 1889. Não foram produzidas em épocas muito diferentes – apenas pouco mais de 30 anos as separam. Porém, trata-se do período em que ocorreu a popularização e barateamento da produção fotográfica no Brasil. A comparação entre as imagens demonstra como a invenção da fotografia não alterou, de forma instantânea, as maneiras de representar a realidade. Tanto na pintura quanto na foto foram utilizados arranjos, poses e temas que tinham origem em uma tradição das artes plásticas. Significando sua autoridade, D. Pedro II é representado em pé e, em ambas as imagens, é a figura mais alta e de maior destaque – como significado de sua maior importância, afinal, ele é o Imperador. Repare que nós, que observamos as imagens, estamos abaixo de sua linha visual; em ambos os casos, ele nos olha a partir de cima. A Imperatriz, sua companheira, por sua vez, é representada sentada a seu lado. Em ambas as imagens, sua filha mais velha, Isabel, é quem aparece imediatamente à sua direita. D. Pedro II é inclusive apresentado, em ambas as fotos, com a mão por dentro da casaca, gesto que, à época, significava autocontrole e firmeza nas decisões. Em outras palavras: a fotografia não reiniciou do nada a estética dos retratos, mas buscou se sustentar em uma tradição já existente das artes plásticas.

De onde tiramos uma terceira conclusão: a **tecnologia importa**, ainda que não determine, as representações. Técnicas, equipamentos, materiais, condições são dados que dialogam com as imagens produzidas, mas não impõem formas e significados.

Um amplo conjunto de elementos dialogará com esses pressupostos: a influência dos estilos, o impacto nos destinatários, a importância da divulgação e da intencionalidade das imagens, as ideias de verdade que apresentam. Trata-se, a bem da verdade, de uma tarefa por demais grandiosa procurar apreender toda a dimensão de fatores que envolve a produção, distribuição e consumo de imagens. Afinal, quando falamos historicamente delas, pensamos também em ilustrações, gravuras, pinturas, relevos, mosaicos, ícones, ilustrações; deveríamos abordar obras-primas e rascunhos, imagens famosas e pequenos rabiscos; considerar técnicas, tecnologias, diferentes contextos e funções; tudo dentro de um espaço temporal que parte de antes das pinturas na tumba de Nefertari (que, apesar de muito elaboradas, eram produzidas supostamente para não serem vistas por ninguém), e alcança os pequenos ícones ("emoticons", "emojis") da atualidade que, presentes nos aparelhos móveis, participam ativamente de nosso processo de comunicação ☺. Devemos, ainda, lembrar que as pinturas contam comum a determinada tradição, estudada no campo da arte; que as fotografias utilizadas no mundo jornalístico têm características diferentes daquelas artísticas, ou das pornográficas; que as técnicas que os egípcios utilizavam não eram as mesmas das dos renascentistas – tampouco seu estilo, os objetivos, os temas, as motivações.

E, de todo esse universo, o presente capítulo terá condições de abordar apenas uma ínfima parcela.

2.1.1 IMAGENS E HISTÓRIA

"Jan Van Eyck esteve aqui, 1434", registrou o pintor holandês Jan Van Eyck (1390-1441) ao fundo do *Retrato de Arnolfini*, fazendo com que a pintura, que registra provavelmente o enlace matrimonial do casal Arnolfini, servisse não apenas como uma representação visual do evento, mas também um registro de que o artista o testemunhara pessoalmente.

Figura 2.8 – O quadro *Retrato de Arnolfini* e o detalhe da inscrição de Van Eyck ("Johannes de eyck fuit hic 1434")

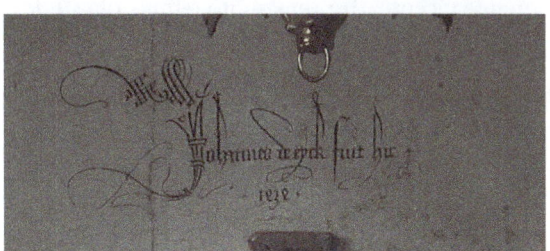

EYCK, J. V. **Retrato de Arnolfini**. 1434. Óleo sobre madeira: 81,8 × 59,7 cm. National Gallery, Londres.

Essa pintura de Van Eyck tornou-se um dos mais comuns exemplos de como as imagens podem ser utilizadas como evidências históricas. Afinal, temos determinado evento, uma data e a garantia de que o próprio pintor fora testemunha do episódio. Nem todas as imagens, porém, oferecem detalhes tão precisos do que retratam; e, mesmo aquelas em que os autores afirmaram ter sido testemunhas oculares, deve-se confirmar, com base em uma adequada crítica das fontes, a veracidade ou não das afirmações.

Pinturas, esculturas, fotografias, vídeos são importantes evidências históricas. Têm a potencialidade de apresentar tanto detalhes concretos de uma época (a partir de uma pintura de Eyck, por exemplo, podemos aprender sobre vestimentas, decoração do interior de domicílios, e inclusive apreciação por animais domésticos, no norte da Europa do século XV), mas, também, são uma porta interessante para entrarmos em contato com experiências não verbais, como sonhos, fantasias, desejos, religiosidades de outros tempos e culturas. Registros que devem ser lidos, obviamente, com a adequada contextualização, interpretação dos elementos simbólicos, identificação de objetivos e interesses dos criadores da imagem.

Apesar de sua riqueza comunicativa, o uso de imagens como documentos históricos por parte de historiadoras e historiadores é relativamente recente. Durante muito tempo, os estudos históricos acadêmicos não consideraram utilizar, seriamente, imagens em seus estudos. E isso era consequência direta das concepções históricas da chamada *Escola Metódica francesa* do século XIX. Para os *metódicos*, assim denominados porque defendiam a utilização de métodos rigorosos para alcançar o que acreditavam ser uma história objetiva e científica (Fontoura, 2016c), as imagens eram consideradas, quando muito, complementares ao conhecimento obtido por meio dos textos, e eventualmente estudadas dentro das chamadas "ciências auxiliares" ou "ciências satélite" da história, como a heráldica ou a numismática[2]. Não tinham valor em si, mas apenas quando contrapostas a alguma informação escrita. Contavam apenas com algum eventual destaque em campos específicos com a história da arte, considerada à época um gênero inferior de estudos históricos.

Foram esporádicos os historiadores que, a partir do século XIX, distanciaram-se desse modelo tradicional e utilizaram imagens como fontes primárias. Foi justamente por não abordarem a política, mas a cultura, que tanto o suíço Jacob Burkhardt (1818-1897), ao estudar o Renascimento, quanto o holandês Johan Huizinga (1872-1945), ao pesquisar o fim da Idade Média, tomaram as pinturas como fontes primárias de seus estudos. No Brasil, Gilberto Freyre (1900-1987), em suas análises a respeito da formação do Brasil, destacou-se no pioneirismo na utilização de pinturas e fotografias como documentos históricos, como em seu clássico *Casa Grande & Senzala*, de 1933.

Foi necessária uma mudança na concepção histórica como um todo para que outros documentos, além dos textos oficiais, fossem integrados aos estudos históricos. Ainda assim, e apesar de sua potencialidade documental, pode-se afirmar que mesmo hoje as imagens continuam subutilizadas nos estudos históricos. Muitas das críticas que podem ser feitas aos materiais didáticos de História em relação às imagens – que as tratam como decorações, são trabalhadas superficialmente nos livros, consideradas secundárias ao conteúdo dos textos etc. – podem ser, com alguma segurança, estendidas às historiadoras e historiadores de uma maneira geral. Ainda que durante o século XX mudanças importantes na história tenham ampliado as abordagens e os temas históricos, e a consulta a novos tipos de

---

[2] Heráldica é o estudo de brasões e emblemas; numismática, o estudo de moedas e medalhas.

fontes fosse estimulada, o fato é que as imagens demoraram a ser incorporadas ao definitivo ofício do trabalho cotidiano em história, o que viria a acontecer, de maneira mais efetiva, apenas a partir dos anos 1980 (Burke, 2004).

2.1.2 A ALFABETIZAÇÃO PARA A IMAGEM E A HISTÓRIA

"Uma imagem vale mais do que mil palavras", diz o ditado. Ainda assim a imagem foi, durante um longo período, excluída do processo educativo como um todo, e mais particularmente das aulas de História. O recorrente desprezo que a educação dedicou à imagem (que, em certa medida, ainda permanece) fundamentava-se na concepção de que ela não seria portadora de conteúdo significativo: produto de uma cultura de massa, seria mero entretenimento, não tendo valor no austero ambiente do aprendizado escolar. Assim, seu papel como ferramenta de auxílio ao ensino foi, quando muito, o de coadjuvante, ilustração do conteúdo verbal, subordinada ao texto que, acreditava-se, realmente transmitia aquilo que se considerava conteúdo.

Uma alfabetização imagética, fundamental em nossos dias, tem como objetivo capacitar o aluno a compreender os significados explícitos ou implícitos das imagens. Como todo processo de alfabetização, a leitura e decodificação competente de imagens também são resultado de treinamento, desenvolvimento de habilidades e experiência. Só assim os alunos poderão desenvolver sua capacidade de julgar as informações visuais que recebem, interpretando-as adequadamente em seus contextos. Objetiva-se, com isso, evitar uma lacuna em sua formação: o risco de tomar dados imagéticos como reflexos da realidade, e não como o resultado de representações, de mensagens produzidas sob certas condições e criadas com determinados sentidos.

A utilização de imagens nas aulas de História tem, portanto, que conjugar tanto o conhecimento das representações visuais como vestígios significativos do passado como um processo amplo de alfabetização para a leitura de imagens.

(2.2)
TRABALHANDO COM IMAGENS EM SALA DE AULA

Por que uma determinada imagem existe? Nossos alunos estão tão envolvidos em um mundo permanente de imagens, produzidas de maneira tão fácil e imediata, compartilhadas e divulgadas à exaustão ao custo de poucos cliques, que podem se esquecer de que, em outros tempos e culturas, produzir fotografias, ilustrações, pinturas exigia recursos, tempo, pessoas especializadas, objetivos bem definidos.

É o que ocorre com essa foto de uma mulher da Bahia, produzida no século XIX por um dos primeiros e mais famosos fotógrafos do Brasil, Marc Ferrez (1843-1923). Faz parte de uma coleção de imagens registradas em estúdio: exigiam uma extensa preparação com figurino, equipamentos, cuidados de iluminação; as pessoas que posavam para as fotos certamente não estavam acostumadas com câmeras e não contavam com repertórios de como se portar diante de uma máquina fotográfica; a indumentária, os apetrechos e o cenário, por sua vez, foram cuidadosamente planejados para que a fotografia rendesse seu objetivo: explorando o caráter exótico da população nacional, Ferrez vendia as imagens a estrangeiros, uma de suas fontes de renda (Fernandes Junior; Lago, 2002).

Figura 2.9 – "Mulher negra da Bahia"

FERREZ, M. **Negra da Bahia**. ca. 1885. 1 fot., p&b: papel; gelatina; prata. 24 × 18 cm. Domínio público.

Permitir que nossos alunos utilizem imagens como fontes passa por compreender o contexto em que foram produzidas. É por isso que um exercício de análise imagética é um diálogo entre a história e a imagem: aprende-se mais sobre o período a partir da análise da imagem, da mesma forma que se aprende mais sobre a imagem estudando a época em que foi produzida.

Diz-se que as imagens são polissêmicas, ou seja, possuem vários significados. Não é o objetivo, nas aulas de História, buscar compreender a todos, e talvez isso sequer seja possível; afinal, sempre novas perspectivas podem ser lançadas às representações. Mas a elaboração de determinadas questões, em função do objetivo que se quer atingir em aula, permite que os alunos analisem de maneira menos ingênua os objetivos, métodos e interesses que sustentam as representações visuais.

2.2.1 ESTRATÉGIAS DE TRABALHO COM IMAGENS

Como uma imagem deve ser trabalhada em sala de aula? Que questões devem ser abordadas, quais temas analisados, que informações são imprescindíveis para que retratos, gravuras, ilustrações, fotografias deixem de ser meras decorações ou ilustrações e se tornem, efetivamente, fontes para o ensino? As informações, aprofundamentos e abordagens metodológicas discutidas a seguir visam apresentar, de uma forma abrangente, alguns dos principais aspectos que devem ser tomados em consideração quando da análise de imagens em sala de aula.

- A identificação **da época e do local de produção da imagem** é o primeiro passo para que seja possível realizar uma análise imagética.

A datação é elemento fundamental. Sem uma data, ainda que aproximada, as análises serão altamente conjunturais e de pouco valor, quando não absolutamente equivocadas. Na imagem a seguir tem-se, à esquerda, uma representação da rainha egípcia Nefertari (a esposa preferida de Ramsés II); mas não se trata de uma produção original do Antigo Egito, e sim de uma cópia dos dias atuais. A identificação da data de produção evidencia que a imagem não teria utilidade para se estudar, diretamente, as características da antiga arte egípcia. Talvez, pudesse ser aproveitada para se compreender a atual produção maciça de representações destinadas a turistas. Ou, ainda, analisando a aparência desproporcional da figura e os hieróglifos mal reproduzidos, evidenciar, por comparação, as características da arte egípcia tradicional (apresentada à direita).

Figura 2.10 – À esquerda, uma representação atual de Nefertari; à direita, uma versão produzida no Antigo Egito

- Identificar **a autoria de uma imagem** auxilia a compreensão de suas intenções e significados.

Outra das ações iniciais que devemos realizar junto a nossos alunos é identificar a autoria de uma imagem. Isso nem sempre é fácil: sem dúvida, não há qualquer problema em relacionar Picasso à *Guernica*, mas não há possibilidade de recuperar o nome do artista (ou dos artistas) responsável pelas pinturas das tumbas egípcias antigas. Porém, caso não se possa resgatar um nome preciso, já será significativo compreender a posição social ou as relações institucionais mantidas pelo autor: a leitura da imagem será diferente se identificarmos seu autor como ligado uma instituição religiosa, ao governo, ou ao exército; se for membro da elite ou escravo; se homem ou mulher.

- Compreender a situação imediata das **condições de criação da imagem** pode revelar muito sobre o período em que foi produzida, bem como seus usos e significados.

O polonês Wilhelm Brasse (1917-2012) foi um prisioneiro no campo de concentração de Auschwitz, durante a Segunda Guerra Mundial. Como era fotógrafo profissional, acabou sendo designado para fotografar várias atividades diferentes do campo e, inclusive, retratar os prisioneiros que chegavam. Em entrevista datada de 2005, Brasse recordava um retrato específico, tirado em 1942 ou 1943, da menina polonesa Czesława Kwoka, de 14 anos.

Figura 2.11 – A menina polonesa Czesława Kwoka quando de sua chegada em Auschwitz

CZESŁAWA Kwoka, vítima de Auschwitz. PB. Fotografada por Wilhelm Brasse, em 1942 ou 1943; foto exibida no Museu do Estado Auschwitz-Birkenau.

Ela era tão nova e amedrontada. A menina não entendia porque ela estava lá e não podia entender o que lhe diziam. Então, essa mulher Kapo (uma prisioneira vigia) pegou um pau e bateu no rosto dela. Essa mulher alemã estava apenas expressando sua raiva na menina. Uma menina tão bonita e jovem, tão inocente. Ela chorou, mas ela não podia fazer nada. Antes da fotografia ser tirada, a menina enxugou as lágrimas e o sangue do corte nos lábios. Para falar a verdade, eu senti que eu mesmo estava apanhando, mas eu não podia interferir. Teria sido fatal para mim. (Taylor, 2011)

Muitos de nossos alunos são ávidos produtores de imagens. Com as facilidades proporcionadas por aparelhos celulares e a internet, muitos compartilham *on-line* vários momentos de sua vida. Têm um alto grau de liberdade, podendo escolher os momentos, temas, eventos, horários que desejam fotografar.

Já o caso do fotógrafo de Auschwitz, Wilhelm Brasse, é o exato oposto desse processo. Para ele, não havia qualquer liberdade na criação de suas imagens. O registro da aflita Czeslawa Kwoka foi feito porque Brasse era obrigado a produzir as fotografias, pois era um prisioneiro e sua vida estava em risco caso se recusasse. Além disso, sendo também prisioneira, existia a obrigatoriedade da presença de Czeslawa, e eram prefixadas as vestimentas e as poses, independentemente dos desejos do fotógrafo ou da fotografada. Trata-se, portanto, de uma imagem praticamente isenta de qualquer tipo de ação livre.

Diante de uma imagem, os alunos devem ser estimulados a pensar sobre as condições de sua criação entre esses dois extremos: a total liberdade e sua completa ausência. Por que uma determinada imagem existe? Que circunstâncias levaram à sua criação? Em quais detalhes pode ser notada a espontaneidade do produtor da imagem e em que elementos podemos identificar as restrições e limites?

> **Discutindo a liberdade de criação de imagens**
>
> O aprofundamento dessa questão em sala de aula pode partir de um debate sobre as imagens produzidas pelos próprios alunos, hoje tão comuns com a popularização de aparelhos celulares que contam com câmeras fotográficas. Por que os alunos produzem as imagens? O que podem e o que não podem fotografar? Que imagens produzem cotidianamente? Eles são livres para produzir qualquer imagem?
>
> Partindo-se das respostas dos alunos a essas questões, pode-se realizar uma comparação com as condições de produção de determinada imagem que usamos como recurso em sala de aula, a partir de questões como as seguintes.
>
> - Nós sabemos qual o objetivo que a pessoa tinha em mente quando criou a imagem? Qual era sua intenção?
> - A pessoa tinha liberdade para criar a imagem que desejasse ou era submetida a certas regras? Ela poderia ter feito a imagem de outra forma? Por quê?
> - A pessoa era treinada para produzir imagens (era um pintor ou um fotógrafo profissional) ou a imagem foi produzida por um amador?
> - A pessoa que criou a imagem estava ligada a alguma instituição religiosa, partido político, ou era membro do governo? A imagem que ela produziu tem relação com essas ligações? Que elementos da imagem denunciam isso?
>
> Pode-se, ainda, incentivar os alunos a imaginar o passo a passo da criação de determinada imagem, o que estimula discussões sobre o uso das técnicas, o comportamento do autor e das pessoas retratadas, o tempo para sua produção, entre outras características da produção das imagens.

- **A tecnologia**: equipamentos, materiais e técnicas podem ser explorados para que se possa entender melhor a sociedade em que uma imagem foi produzida.

A própria técnica possui, nela mesma, determinados significados. Vimos, no capítulo anterior, que, para o estudioso da comunicação Marshall McLuhan, "o meio é a mensagem": isso significa dizer que analisar a instantaneidade de uma imagem fotográfica, que, em nossos dias, pode ser transmitida para todo o mundo, diz muito sobre a sociedade em que vivemos; contrapondo-se, por exemplo, às famosas imagens de Michelangelo na Capela Sistina, que demoraram cerca de quatro anos para serem concluídas, exigiram um artista altamente hábil em seu ofício, e foram produzidas para serem visualizadas por um número bastante restrito de pessoas.

Tecnologia e as imagens

Pode-se iniciar o debate sobre esse tema em sala de aula, discutindo-se de que maneira as imagens que os alunos veem em seu dia a dia são produzidas. Que equipamentos foram necessários para criá-las e publicá-las? Quando tais equipamentos teriam sido inventados? Todas as pessoas têm acesso àqueles equipamentos? E no passado?

E, na análise histórica de uma imagem, pode ser utilizada a seguinte estratégia:
- Qual a técnica utilizada na imagem? A pessoa poderia ter escolhido outra técnica ou tecnologia, se desejasse?
- Quantas cópias foram feitas: era uma única imagem ou teria sido produzida em grande quantidade?
- Se a mesma imagem fosse produzida com outra técnica diferente, a mensagem transmitida seria a mesma?
- Atualmente, possuímos imagens digitais e programas de computador que nos permitem editar as imagens da forma que desejarmos: como as pessoas em outras épocas alteravam as imagens? Como poderiam corrigir erros? Mudar sentidos?

- Deve-se discutir com os alunos, ainda, questões relacionadas às **imagens e à ideia de verdade**: fotografias, pinturas, gravuras não são reflexos neutros do mundo, e mesmo aquelas que parecem representar fielmente a realidade são resultados de construções, mais ou menos intencionais e objetivas.

Por capturar mecanicamente (ou, na atualidade, digitalmente) a luz que entra no equipamento, as imagens fotográficas guardam um paralelo bastante próximo com aquilo que retratam. Por essa razão, é tentador pensar que são representações que exprimem a verdade do que mostram, que são objetivas ou neutras. Porém, não é esse o caso. Como afirmou o sociólogo e fotógrafo estadunidense Lewis Hine (1874-1940), "ainda que as fotografias não mintam, mentirosos podem fotografar" (citado por Burke, 2004, p. 25): ou seja, assim como qualquer outro documento histórico, também as imagens devem ser analisadas com rigor, pois não são reflexos objetivos ou puros do mundo ou dos eventos que retratam. Circunstâncias imediatas, objetivos do fotógrafo, detalhes do equipamento, contexto da fotografia, seleção de imagens, são variáveis que participam do processo de construção de uma imagem e sua divulgação.

Figura 2.12 – *A Harvest of Death* (*Uma colheita da morte*)

O'SULLIVAN, T. **A Harvest of Death**. 1853. 1 fot.: PB; 30,4 × 39,7 cm.

A fotografia de O'Sullivan, produzida em 1863, foi tirada três dias depois da batalha de Gettysburg, dentro da Guerra de Secessão dos Estados Unidos. A imagem, que estaria mostrando corpos em decomposição, provocou profundo impacto na opinião pública do período. Afinal, a foto explicitava o caráter violento do conflito e apresentava um contraste impactante com as pinturas com temas de guerras que frequentemente produziam representações romantizadas e heroicas.

Porém, atualmente se acredita que o fotógrafo Timothy O'Sullivan não tenha capturado uma paisagem totalmente espontânea após a batalha. Em sua série de fotos, determinados corpos se repetem, indicando que ele manipulou a paisagem, movendo pessoas falecidas ou utilizando-se de pessoas vivas, de modo a criar um conjunto que, em sua opinião, fosse suficientemente dramático.

Isso não significa, porém, que a imagem de O'Sullivan deva ser descartada como sendo, simplesmente, "mentirosa". Em primeiro lugar, ela reproduz aspectos do campo de batalha de Gettysburg, ainda que alterado; além disso, sua imagem foi importante na criação de novos imaginários visuais sobre a guerra civil nos Estados Unidos, provocando um importante efeito sobre como o conflito era percebido.

> **A verdade da imagem em sala de aula**
>
> Uma forma de sensibilizar os alunos para as ideias de "verdade" e "mentira" nas representações imagéticas está em trabalhar visões estereotipadas de pessoas ou grupos. São imagens em que mais obviamente pode-se apontar a falsidade de sua representação, ao mesmo tempo que se destaca sua importância como documento histórico. Vamos tomar, por exemplo, um cartaz do filme *Der Ewige Jude (O judeu eterno)*, produzido no ano de 1940, na Alemanha nazista. Antes da análise da imagem, é interesse contextualizar, com seus alunos, o Holocausto e o antissemitismo do período.

Figura 2.13 – Cartaz do filme *Der Ewige Jude* (*O judeu eterno*)

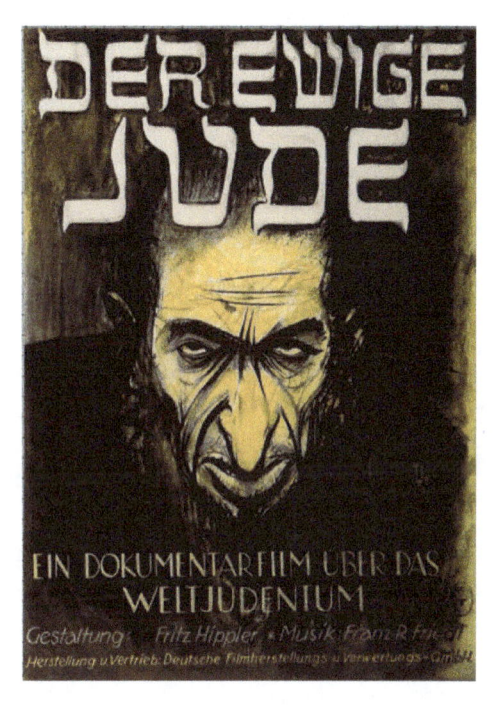

DER EWIGE Jude. Berlim: Hans Herbert Schweitzer Offestdruck, 1940. 1 cartaz: color.

Na análise histórica de uma imagem, pode ser utilizada a seguinte estratégia:
- Considerando o nome do filme ao qual pertence, quem aparece representado no cartaz?
- O cartaz apresenta uma visão positiva ou negativa da pessoa representada? Indique elementos da imagem que justifiquem a sua resposta.
- Que elementos do rosto da pessoa aparecem aumentados ou exagerados? Que mensagem essa caricaturização procurava transmitir?
- Se pudéssemos separar os personagens do filme em "heróis" e "vilões", a pessoa representada estaria mais próxima a qual figura?

> - O nome do filme é *O judeu eterno* e, na parte de baixo do cartaz, está escrita a frase: "Um documentário sobre os judeus do mundo". O que significa a palavra *documentário*? A que esperamos assistir quando vemos um "documentário"?
> - Você acha que o cartaz revela como os judeus realmente eram? Por quê?
> - Você considera que a imagem apresenta uma visão verdadeira ou falsa dos judeus? Que elementos da análise da imagem justificam sua resposta?
> - Você conhece outras imagens que pretendem divulgar ideias irreais ou falsas? Procure citar exemplos (podem ser de propagandas ou de montagens fotográficas comuns em redes sociais).
> - O que a imagem nos informa sobre o antissemitismo nazista nos anos 1940?
>
> Pode-se concluir a atividade discutindo se a imagem apresenta uma visão verdadeira ou falsa – e tudo dependerá da perspectiva dos alunos. É falsa, considerando-se que não é uma representação adequada dos judeus ou do judaísmo; porém, para muitos alemães do período era uma representação verdadeira. É igualmente verdadeira, no sentido de que apresenta uma visão real do antissemitismo nazista e, nesse sentido, importante como documento histórico.

- Nas maneiras de representar o mundo, as imagens participam da tradição de sua própria época, revelando **a importância do estilo**.

Não é difícil percebermos que as imagens do Antigo Egito, por exemplo, parecem-se muito entre si; e teremos a mesma noção se compararmos representações medievais europeias, pinturas japonesas tradicionais, ou quadros renascentistas. Essa estética comum, que faz com as que as imagens de um período se pareçam, compõe um determinado estilo.

Porém, para o historiador da arte austríaco Ernst Gombrich (1909-2001), mais do que técnicas de representação, os estilos influenciavam a forma como a própria realidade era vista e compreendida (Gombrich, 1995). Vamos tomar como exemplo a seguinte imagem:

Figura 2.14 – Desenho de um leão, século XIII

HONNECOURT, V. de. **Portfolio of Villard de Honnecourt**. ca. 1235. Manuscript. Web Gallery of Art, Bibliothèque Nationale, Paris.

Trata-se de um leão, desenhado por um mestre de obras do século XIII, Villard de Honnecourt, que viveu ao norte da região em que hoje é a França. Ao lado da imagem, Honnecourt fez questão de afirmar: "saiba que esse leão foi desenhado ao vivo" (Honnecourt, ca. 1235, p. 76). Não se trata, portanto, de um desenho produzido a partir de descrições ou de cópia de outras imagens. Para Honnecourt, sua anotação visava deixar claro que se tratava de uma reprodução, tão fiel quanto possível, de um leão de verdade.

Honnecourt seria um mau desenhista? Longe disso. Sua caderneta de desenhos e anotações, que sobreviveu até nossos dias, demonstra que era bastante hábil. Tampouco tinha quaisquer problemas de visão

Antonio Fontoura

(pelo menos até onde se sabe) que o impedissem de observar um leão adequadamente e reproduzi-lo. Por que, então, a nossos olhos, seu desenho se parece tão pouco com um leão "desenhado ao vivo"? Aqui entraria o "enigma do estilo", como definiu Gombrich (1995). As pessoas veem a realidade não apenas com seus próprios olhos, mas, também, com os olhos do estilo de sua época. O que Honnecourt fez foi utilizar esquemas de representação, das convenções de desenhos e de sua experiência com outras imagens de sua época, para produzir sua própria versão de leão. Em outras palavras, Honnecourt dominava o estilo de representação de objetos e animais de seu tempo; e era por meio desse estilo que ele lia a realidade e a reinterpretava. Era o seu filtro.

Um filtro que todos nós temos. Se a Figura 2.14 é, para nós, uma representação mais realista de leão do que aquela de Honnecourt, isso se deve ao fato de que estamos mais acostumados a ver leões em desenhos, pinturas, filmes, vídeos; em imagens estáticas e em movimento; em simulações 3D; de forma caricata ou realista. Nosso filtro do estilo conta com um conjunto muito mais completo de informações sobre o que significa ver "a representação de um leão ao vivo". E, para nós, tal imagem – ainda que seja uma representação artística em duas dimensões da cabeça de um leão – é mais próxima aos leões reais.

Figura 2.15 – Ilustração contemporânea de um leão

ArtsyBee/Pixabay

Os alunos devem perceber que todas as imagens, de todas essas épocas, apresentam esse filtro do estilo. Um estilo caracteriza os esquemas, os padrões e as convenções pelas quais as pessoas de determinada época liam e representavam seu mundo. E é por essa identidade entre leitura e representação que as imagens de uma mesma época e local tendem a se parecer tanto umas com as outras.

> **Dica** ⇨ A melhor maneira de desenvolver esse tema junto aos alunos é trazer para aula um estilo que seja facilmente reconhecido, como o da arte egípcia antiga. Com base na identificação das características essenciais das representações egípcias antigas, pode-se discutir, junto com os alunos, de que maneira os artistas egípcios liam a realidade para adaptá-la àquele estilo.

- Os alunos devem analisar quem eram as pessoas para quem as imagens eram dirigidas, ou seja, os **destinatários da imagem**.

Uma imagem criada para ser vista por uma ou poucas pessoas (ou nenhuma, caso de muitas representações funerárias do Antigo Egito) apresentará significados diferentes de outra que é maciçamente reproduzida.

Discutindo a recepção

Na análise histórica de uma imagem, a identificação dos destinatários pode ser realizada por meio de um conjunto de questões que levem os alunos a considerar a relação entre a imagem e sua recepção. Pode-se, por exemplo, trabalhar com o seguinte conjunto de questões:
- Para qual propósito a imagem foi criada?
- Era vista quando e por quais pessoas? Todas as pessoas poderiam ver a imagem ou apenas indivíduos selecionados? Havia algum privilégio especial em ver a imagem?
- Em que condições a imagem deveria ser vista? Era acessível em todo o tempo, ou apenas em momentos específicos?
- Qual o tamanho da imagem, e a qual distância as pessoas ficariam dela para observá-la? O tamanho da imagem provocava algum impacto específico? Qual?

- Os **significados da imagem**: as imagens procuram transmitir informações, comunicar valores, sentimentos, dados. Identificar seus elementos e relacionar com a sociedade à época que foi produzida é a melhor maneira de descobrir seus significados.

A interpretação dos diversos significados é a tarefa mais complicada no processo de leitura de uma imagem. E isso não apenas para professores e alunos, mas também para especialistas. A compreensão dos diversos significados é impactada pela posição social de quem a produziu, suas concepções sobre a sociedade, a mensagem que procurou transmitir, os símbolos que utilizou, o contexto imediato em que foi produzida.

De certa maneira, essa interpretação une os vários elementos de análise que vimos aqui: a autoria, as condições de produção, o público a que se destinava, as técnicas empregadas. Todos são dados que ajudam a comunicar algo, a transmitir a mensagem desejada. A esses elementos, associam-se outros: O que o autor procura transmitir? Que elementos simbólicos são utilizados para construir a mensagem?

O pintor holandês Albert Eckhout (1610-1666) fazia parte da comitiva de Maurício de Nassau, no século XVII, quando da ocupação holandesa no nordeste do Brasil, e sua função era retratar tanto a natureza quanto a população local. Entre suas obras estão pinturas de indígenas que viviam no Brasil à época, que utilizaremos para descobrir como os vários elementos de análise que vimos até aqui se unem na compreensão dos significados das imagens.

Você irá notar como as concepções de colonização de Eckhout estão presentes em suas imagens. À esquerda, a mulher Tupi representa o indígena que foi colonizado: assim, aparece vestida (mesmo que parcialmente) e é representada em seu papel de mãe. Está ao lado de uma bananeira, planta que provia alimentação à população europeia que chegava ao Brasil, e encontra-se diante de uma fazenda, onde é possível notar a natureza domada e organizada em plantações. Trata-se, portanto, de uma representação positiva do indígena aliado ao projeto colonizador holandês.

Antonio Fontoura

Figura 2.16 – À esquerda, uma mulher Tupi; à direita, uma mulher "tapuia"

EKCHOUT, A. **Índia Tupi**. 1641.
1 óleo sobre tela: color.; 274 × 163 cm.
Museu Nacional da Dinamarca,
Conpenhagen.

ECKHOUT, A. **Mulher tapuia**.
1641. 1 óleo sobre tela: color.:
264 × 159 cm. Museu Nacional
da Dinamarca, Copenhagen.

À direita, por sua vez, é representada uma mulher "tapuia"[3]. Trata-se da representação de uma pessoa que não está integrada ao processo colonizador e, por isso, Eckhout a apresenta com traços negativos: segurando uma mão decepada, e tendo um pé também decepado em seu cesto, indicando canibalismo; não está vestida, e apenas algumas folhas impedem uma total nudez; a mata que a

---

3 *"Tapuias" eram grupos que não falavam tupi; eram considerados agressivos pelos colonizadores.*

cerca é selvagem, não apresentando qualquer elemento que auxilie à colonização. Tanto a mulher quanto a natureza são, assim, representadas como agressivas (Raminelli, 1996).

A posição social de Eckhout como pintor em uma missão colonizadora de fundamento econômico; a utilização de elementos disponíveis característicos do estilo da arte de sua época, bem como suas concepções culturais; a produção de imagens direcionadas a pessoas que concordavam com o processo de colonização holandês; a liberdade de produção limitada por sua posição junto ao projeto colonial. Unindo esses vários elementos, o artista contrapôs, nessas duas imagens, uma visão positiva a outra negativa do processo de colonização.

Os significados das imagens

A análise dos significados de uma imagem exige conhecimento tanto sobre o período quanto sobre os símbolos utilizados para comunicar mensagens. As questões que se seguem permitem que você e seus alunos consigam descortinar alguns significados que poderiam não estar tão evidentes após uma primeira leitura da imagem.
- A imagem conta com algum título? Qual? O que esse título revela sobre a mensagem que a imagem pretende transmitir?
- A imagem pretendia passar alguma mensagem específica: seja de religiosidade, nacionalismo, consumo, informação?
- Em geral, o tema mais significativo de uma imagem aparece centralizado. Há algo representado ao fundo, ou às margens, da imagem? Como esses elementos dialogam com o tema principal?
- Quem são as pessoas que aparecem retratadas na imagem?
- Quais são os objetos representados? É possível reconhecer todos os objetos?
- A imagem apresenta algum tipo de ação ou evento? O que ele está representando? As pessoas estão fazendo algo específico?
- A imagem parece transmitir algum ponto de vista? Ela favorece algum grupo étnico, raça, nação, ideia, concepção religiosa? Quais elementos da imagem permitem identificar esse(s) aspecto(s)?
- Os conteúdos poderiam ser apresentados de outra forma (um herói poderia ser representado como bandido; uma vitória poderia ser apresentada como uma derrota)? Como?

Antonio Fontoura

2.2.2 Linhas do tempo e mapas

A maior parte do conjunto de imagens históricas com as quais os alunos entram em contato está nos livros didáticos. Deve-se compreender como esses materiais se apropriam das imagens e as reproduzem dentro de seus objetivos tanto pedagógicos quanto técnicos e comerciais. Não é raro que imagens apareçam apenas de maneira decorativa e ilustrativa – o que pode, inclusive, gerar confusões, quando não erros, em relação a seu significado.

Dois tipos de imagens específicas, características dos livros didáticos de História, estão de tal forma presentes na formação de nossos alunos que muitas vezes esquecemos de questionar suas particularidades e especificidades. Trata-se das linhas do tempo e dos mapas.

Uma das mais icônicas imagens presentes em materiais didáticos de História, as linhas do tempo transportam eventos e temporalidades para uma representação visual, o que permite aos alunos avaliar a extensão dos acontecimentos, bem como localizá-los em um diagrama de construção e entendimento relativamente simples. Porém, como qualquer outra imagem, também as linhas do tempo contam com determinados pressupostos e transmitem mensagens específicas, que devem ser consideradas pelos professores e alunos.

No início de um livro para o 9º ano, os autores se preocuparam em organizar visualmente os conteúdos apresentados na obra: "veja a seguir a linha do tempo do Período Republicano, que estudaremos neste volume" (Azevedo; Seriacopi, 2015, p. 20). O que essa linha do tempo nos diz?

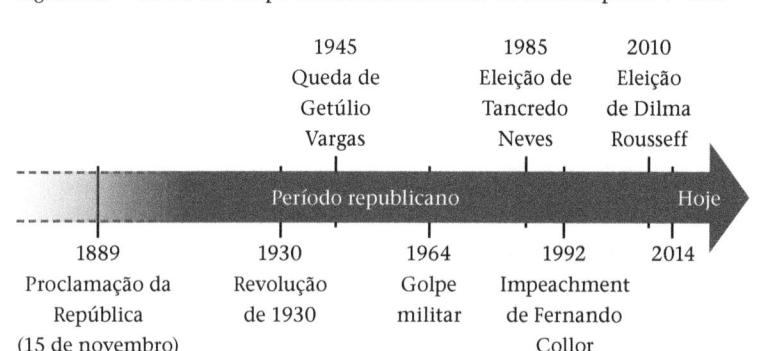

Figura 2.17 – Linha do tempo em material didático de História para o 9º ano

	1945	1985	2010
	Queda de Getúlio Vargas	Eleição de Tancredo Neves	Eleição de Dilma Rousseff

Período republicano — Hoje

1889	1930	1964	1992	2014
Proclamação da República (15 de novembro)	Revolução de 1930	Golpe militar	Impeachment de Fernando Collor	

Fonte: Elaborado com base em Azevedo; Seriacopi, 2015, p. 20.

Uma linha do tempo é, antes de mais nada, o resultado de uma escolha: por algum critério, são selecionados os eventos que aparecerão representados. No caso da linha do tempo da Figura 2.17, repare como foram selecionados apenas eventos políticos, refletindo uma concepção tradicional da história, ainda inspirada no modelo metódico do século XIX, centrada nos chamados "grandes homens", presidentes ou generais, que "faziam a história". A linha do tempo apresenta, portanto, uma perspectiva bastante clara do que acredita ser a história, tanto a partir daquilo que inclui (basicamente, crises políticas) quanto do que exclui – tudo o que não for uma história política centrada nas ações dos governantes.

Entretanto, além de apresentar uma determinada seleção, as próprias linhas do tempo, por suas próprias características, criam certas concepções históricas. Elas tendem a criar uma ideia de necessidade (os eventos seguem sempre em uma mesma direção, na mesma velocidade, e inflexível), de continuidade (os eventos são ligados uns aos outros, sem quebras, retrocessos ou crises) e de progresso (os últimos eventos são sempre consequências dos anteriores) (Fontoura, 2016b). E isso entra em conflito como que sabemos do tempo histórico: as mudanças podem ocorrer em diferentes velocidades, continuidades convivem com descontinuidades e rupturas, e certamente não há, necessariamente, uma melhoria ou progressos nos eventos históricos.

> **O trabalho com linhas do tempo**
>
> Considerando-se essa discussão, como é possível trabalhar com linhas do tempo em sala de aula?
> - Para aquelas que estão presentes nos materiais didáticos, deve-se procurar descobrir, em conjunto com os alunos, qual processo de seleção permitiu que determinados eventos fossem representados e quais foram deixados de fora. É possível compreender, dessa forma, o que os autores consideram importante e o que veem como irrelevante ou secundário no desenvolvimento histórico.
> - Pode-se solicitar que os alunos criem suas próprias linhas do tempo, começando com aqueles eventos que considerem importantes em sua própria biografia: que dados de sua vida consideraram importantes e dignos de serem representados? Que eventos não foram escolhidos? Como a seleção foi feita?
>
> Dessa maneira permite-se que o aluno comece a perceber que também as linhas do tempo, aparentemente tão objetivas, são construções que trazem em si certas concepções de sociedade e história.

Um segundo conjunto de imagens tradicionalmente utilizado como recurso pedagógico é o dos mapas. Utilizados para os mais diferentes propósitos – indicar localização dos eventos, demonstrar a evolução de processos, contextualizar temas – estão presentes em praticamente todos os capítulos de todos os livros didáticos de História.

Não devemos esquecer que os mapas são, também, imagens, e, da mesma forma, devem ter seus sentidos, pressupostos e objetivos analisados e conhecidos, tanto por nós, professores, quanto pelos alunos. Mapas não são representações isentas ou objetivas da realidade:

são resultados de escolhas, refletem concepções das pessoas que o elaboraram e também procuram transmitir mensagens e valores específicos.

Mapas como imagens

Considerando-se, portanto, que os mapas são imagens que devem ser trabalhadas e analisadas e que estão bastante presentes em livros didáticos de História, como devemos utilizá-los em nossas aulas? Algumas questões a serem discutidas com os alunos podem ajudar:
- Qual o título do mapa? Que informações pretende transmitir aos alunos?
- Quem produziu o mapa? Há referência de quem foi seu autor?
- Que convenções o mapa apresenta? De que maneira o uso de diferentes pressupostos poderiam mudar as informações transmitidas?
- Que informações adicionais o mapa fornece sobre o tema que está sendo trabalhado?

2.2.3 REVISTAS E QUADRINHOS

A análise de imagens presentes em revistas, jornais, cartazes, panfletos, pôsteres – e mesmo aquelas dos livros didáticos – deve ser feita com cuidados especiais, afinal, em geral as mensagens são apresentadas de forma que textos e figuras se reforcem. Em publicações contemporâneas como essas, as discussões feitas anteriormente sobre as imagens permanecem: é necessário obter seus dados essenciais, compreender sua contextualização, realizar uma análise de seus significados. Porém, atentando que estão ligadas à cultura de massa e são publicadas com base em um determinado ideal de sociedade, tanto do autor quanto da própria editoria da publicação.

Um outro tipo de material que se utiliza de textos associados às imagens, e bastante populares entre os alunos, é a fonte de personagens como Batman, Superman, Capitão América, Surfista Prateado, O Quarteto Fantástico, Homem de Ferro, Homem-Aranha, e também Mônica, Cebolinha, Cascão, Magali, Franjinha, Bidu, além de personagens como Sakura, Naruto, Cavaleiros do Zodíaco, Goku – de mangás japoneses. Esses são apenas alguns dos muitos personagens que fazem parte da cultura popular na atualidade e que tiveram sua origem nas histórias em quadrinhos – nos quais, aliás, muitos permanecem fazendo sucesso. Sua expansão para o cinema e a televisão comprova a empatia que eles construíram junto a seus milhões de leitores em todo o mundo, bem como demonstra o sucesso dos quadrinhos como um produto cultural de massa na contemporaneidade.

Sua imensa popularidade entre os jovens, ao longo do século XX, foi acompanhada de uma desconfiança: lançados no Brasil nos anos 1930, os quadrinhos foram objeto de intenso debate político, moral, médico e legal. Afinal, as revistas foram acusadas de perverter a juventude, por apresentar monstruosidades e imoralidades, incentivar a estupidez e fazer com que as crianças substituíssem a profunda leitura de longos textos por monossílabos grosseiros sem significado (Gonçalo Junior, 2004). Essa desconfiança, que se repetiria com outras mídias de massa, dificultou a entrada dos quadrinhos no mundo escolar, fosse como recurso para tornar os conteúdos mais acessíveis, fosse, no caso particular de disciplinas como História ou Língua Portuguesa, como objeto de estudo e análise.

Atualmente os quadrinhos são considerados objetos culturais cujo conhecimento deve ser valorizado também pela escola. E, para o nosso caso, importa dizer que são também importantes fontes históricas, pois estimulam uma visão diferente do passado por intermédio de uma linguagem que é, na grande maioria dos casos, dominada por nossos alunos. Aliás, o Programa Nacional Biblioteca da Escola (PNBE), mantido pelo Governo Federal e que objetiva promover a leitura nas escolas, adquire também revistas em quadrinhos, em conjunto com outros materiais, para serem incorporados às bibliotecas.

Mas o que são as histórias em quadrinhos? São uma forma de narrativa, que se utiliza de imagens e textos em vários quadros, de modo a apresentar sua trama específica. Na definição clássica do quadrinista estadunidense Will Eisner (1917-2005), trata-se de uma "arte sequencial" (Eisner, 1999). E, diferentemente de um quadro ou uma gravura, em que a mensagem se esgota em si mesma, uma história em quadrinhos deve construir uma narrativa pela continuidade e pela relação entre os vários quadros. E, para isso, palavras e imagens aliam-se procurando, em cada cena, apresentar todas as informações necessárias da forma mais sintética possível.

Os populares quadrinhos franceses *Asterix*, bem como as tiras de *Hagar, o terrível*, são dois exemplos comuns de quadrinhos presentes nas aulas de História. São usualmente utilizados como pretextos para discutir, no primeiro caso, a Roma Antiga e, no segundo, a Europa Medieval, especialmente dos *vikings*. Quando desse tipo de uso, deve-se deixar bastante claro para os alunos a distância temporal que existe entre o período histórico a ser estudado, e o momento da produção de sua representação.

As histórias em quadrinhos, porém, podem ser utilizadas como documentos históricos. Ainda que tenham surgido no Brasil nos anos 1930 (Gonçalo Junior, 2004), revistas infantis como *Tico-Tico*, dos primeiros anos do século XX, já traziam pequenas histórias que se utilizavam das imagens sequenciais características dos quadrinhos. Uma dificuldade em seu uso está no fato de que, ao contrário de outros periódicos, poucas revistas antigas estão disponíveis *on-line* para serem utilizadas, e não é muito fácil encontrá-las em arquivos ou museus.

Síntese

A utilização de imagens como recurso didático participa tanto de uma alfabetização imagética, importante a nossos alunos na atualidade, como de uma compreensão mais profunda do passado. Amparados por uma visão menos ingênua e mais inquisitiva das representações pictóricas, os alunos podem visualizar o que as imagens representavam, pretendiam informar, desejavam esconder, e sob quais condições foram produzidas. Utilizando-se de recursos e estratégias adequados, o estudo visual do passado torna-se uma ferramenta ainda mais significativa para a compreensão do presente e de nossa própria realidade.

Atividades de autoavaliação

1. A seguir encontramos algumas fotos simples de três pessoas diferentes, uma mulher e duas crianças. Que tipo de informações você consegue extrair das imagens, apenas observando-as? Comparando-as com outras que você conhece, quais os possíveis usos que, em sua opinião, essas fotografias poderiam ter tido? Você consegue extrair alguma pista das circunstâncias que envolveram a sua produção?

Fotos de três pessoas

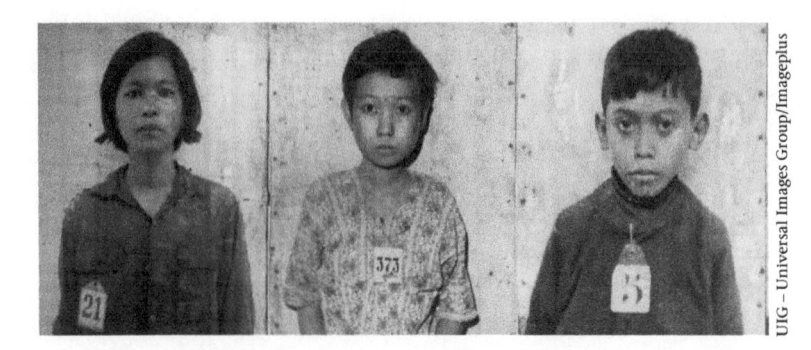

Nenhuma evidência humana – seja textual, imagética, material – apresenta significados intrínsecos. Dizendo-se de outra forma, todas as coisas que os seres humanos criaram, transformaram ou usaram, e que eventualmente podem ser utilizadas enquanto documentos históricos, só são compreendidas dentro do amplo contexto em que foram produzidas e utilizadas.

O mesmo acontece com essas fotos. Sem outras informações, parecem apenas retratos, talvez oficiais – quem sabe necessários para emissão de documentos em algum órgão público? A contextualização é importante para que possamos investigar seu significado. No caso, trata-se das fotos de três prisioneiros da Prisão de Segurança 21, no Camboja, sob o governo do Partido Comunista de Kampuchea, que dominou aquele país de 1975 a 1979. Os membros do Khmer Vermelho (forma pela qual eram também conhecidos os membros do partido) instituíram um regime brutal e genocida e foram responsáveis pela morte de cerca de dois milhões de pessoas. Na Prisão S 21, na qual aquela mulher e as três crianças estavam encarceradas, foram assassinadas aproximadamente 20 mil pessoas.

Os membros do Khmer Vermelho exigiam que todos os prisioneiros tivessem suas imagens registradas no momento de sua entrada: por isso muitas fotos foram preservadas, embora a maioria dos nomes tenha se perdido. Acredita-se que apenas 12 pessoas tenham sobrevivido àquela prisão. As fotos apresentadas não representam nenhuma delas.

Conhecendo-se o contexto, muda-se o significado das fotos, evidentemente. Analise atentamente as fotos e,

Antonio Fontoura

considerando-se o que você estudou neste capítulo sobre as imagens como documentos históricos, é correto afirmar:

a) As imagens, ao contrário dos textos, não produzem nenhuma informação por elas mesmas e, por isso, servem apenas para ilustrar eventos do passado, já que não conseguem construir de forma autônoma qualquer conteúdo que possa ser estudado.

b) Ao contrário dos filmes, que permitem que se contextualizem as imagens a partir da relação que se estabelece entre os vários elementos presentes em uma cena, uma fotografia sozinha não pode ser utilizada como documento histórico.

c) Ainda que as fotografias possam ser utilizadas como documentos históricos, aquelas de Tuol Sleng não são úteis aos historiadores, pois não retratam personalidades importantes do país, mas apenas pessoas comuns que foram presas e mortas.

d) Como qualquer documento histórico, as imagens devem ser inseridas no contexto em que foram produzidas, permitindo-se que se explique a fotografia com base nos detalhes da época, e que se conheça mais sobre a época a partir das informações da fotografia.

2. A utilização de linhas do tempo em sala de aula exige cuidados específicos por parte dos professores. O que é correto afirmar sobre seu uso em sala de aula?

a) Apenas os aspectos políticos devem ser apresentados em linhas do tempo, excluindo-se fatos culturais.

b) As linhas do tempo não podem ser consideradas imagens, pois incluem textos informativos.

c) As linhas do tempo revelam fatos que foram selecionados com base em determinados pressupostos.

d) Trata-se de uma técnica adequada à Geografia, que lida com o tempo sem a intervenção humana.

3. No texto discutimos John Bargrave (1610-1680), escritor e colecionador inglês que escreveu anotações pessoais a respeito das imagens de cardeais do século XVII que havia conhecido pessoalmente, avaliando quais eram realmente parecidas com as pessoas que representavam.

Sobre as análises feitas por Bargrave e a importância de sua avaliação para a história e sua relação com as imagens, assinale a alternativa correta:

a) No século XVII, as pessoas não conheciam fotografias e, por isso, não podiam avaliar se uma imagem era ou não parecida com uma pessoa.

b) É possível utilizar os comentários de Bargrave para discutir como os artistas do século XVII procuravam representar fielmente a fisionomia das pessoas.

c) Os comentários feitos por Bargrave não revelam nada sobre como os destinatários das imagens as compreendiam, no século XVII.

d) Apenas com o advento da reprodução mecânica das imagens, por meio da fotografia, é que os artistas procuraram representar fielmente a realidade.

4. Joseph Ducreux (1735-1802) foi um pintor francês, responsável pela criação de alguns dos mais conhecidos retratos da família do Rei Luís XVI. Em seu retrato de Maria Antonieta, representado à esquerda, pode-se apreciar o estilo formal de

sua composição: a postura quase rígida só é quebrada pelo braço que se apoia em almofadas; seu rosto apresenta uma serenidade que é própria do estilo dos retratos do século XVIII: seu olhar, dirigido ao observador do quadro, é acompanhado por um sorriso quase imperceptível. As roupas, bem como a maquiagem e o penteado, são característicos do nível social ao qual Maria Antonieta, representada aqui com 14 anos, pertencia. Trata-se, em todos os seus detalhes, de um retrato com estilo bastante característico das pinturas francesas do século XVIII.

Retrato de Maria Antonieta (1769); retrato do artista sob a aparência de um gozador (cerca de 1793)

DUCREUX, J. **Maria Antonieta.** 1769. Óleo sobre tela: color.; 64,8 × 49,5 cm. Palácio de Versalhes, Paris.

DUCREUX, J. **Retrato do artista como se fosse um gozador.** ca. 1793. Óleo sobre tela: 91 × 72 cm. Museu do Louvre, Paris.

Entretanto, Ducreux era fascinado pelas diferentes possibilidades de representação da fisionomia humana e, por conta disso, foi também o criador de obras artísticas que diferiam, em muito, do estilo formal próprio dos retratos de sua época. Em seu *Retrato do artista como se fosse um gozador*, de 1793, por exemplo, ele aponta e ri, como se zombasse do observador do quadro.

Analisando-se as duas pinturas, e as discussões realizadas no capítulo a respeito da questão do estilo, é possível afirmar:

a) O estilo direciona tanto as formas pelas quais a realidade é analisada quanto as formas pelas quais as pinturas são produzidas, mas determinados indivíduos podem produzir obras que escapam do estilo de representação de sua época ou até mesmo a contradizem.

b) O estilo determina a forma pela qual a realidade é compreendida e, em sendo assim, é algo inescapável, razão pela qual as obras de artistas como Joseph Ducreux, a despeito de suas tentativas, sempre produziam suas obras dentro de um mesmo modelo.

c) Cada artista enxerga a realidade de maneira particular e, em sendo assim, procura reproduzir a realidade da maneira mais fiel possível, razão pela qual os estilos de pintura de uma determinada época não existem em si e são criações de historiadores.

d) Em sala de aula, os alunos devem compreender que os estilos de pintura próprios de um determinado período só eram executados pelos artistas mais habilidosos, que criavam as obras que atualmente costumamos denominar de "obras-primas".

Antonio Fontoura

5. Em seu edital de convocação para o processo de avaliação de obras didáticas dentro do PNLD, o governo federal institui um conjunto de regras bastante explícitas sobre como as imagens devem ser tratadas pelos autores dos livros didáticos das diversas disciplinas. Essas regras devem ser estritamente seguidas, caso contrário a obra será eliminada do processo e não será oferecida aos professores e alunos das escolas públicas. Leia, a seguir, algumas dessas regras, segundo o edital de 2015:

Quanto às ilustrações, devem:
1. ser adequadas às finalidades para as quais foram elaboradas;
2. quando o objetivo for informar, devem ser claras, precisas e de fácil compreensão;
3. reproduzir adequadamente a diversidade étnica da população brasileira, a pluralidade social e cultural do país;
[...]
6. trazer títulos, fontes e datas, no caso de gráficos e tabelas;
7. no caso de mapas e imagens similares, apresentar legendas em conformidade com as convenções cartográficas. (Brasil, 2015, p. 44-45)

Com base nos dados do edital e considerando o que você leu nesse capítulo, avalie as seguintes afirmativas.

- a) O Governo Federal não parece ter preocupação com a qualidade das imagens presentes em livros didáticos.
- b) Preconceitos de gênero, de raça, sociais, religiosos, não são um problema que possam aparecer em imagens.
- c) Não é necessário que mapas e linhas do tempo sigam as regras determinadas pelo edital para as demais imagens.
- d) O edital procura desencorajar o uso de imagens descontextualizadas nos livros didáticos.

Atividades de aprendizagem

Questões para reflexão

1. As capas dos livros, na atualidade, têm uma função mercadológica: objetivam atrair os leitores, tornando a obra visualmente mais atraente. No caso dos livros didáticos, têm o objetivo adicional de transmitir determinada ideia de como o conteúdo da disciplina será abordado e a relação que mantém com a sociedade: é por isso que muitas capas procuram, atualmente, transmitir noções de dinâmica, modernidade, tecnologia, dentre outras ideias e valores.

Livro *Minha pátria*, de 1930.

Fonte: Silva, 1930.

Analise os elementos presentes na capa deste livro didático. Quais são as imagens que aparecem na capa? Por que, em sua opinião, as imagens foram escolhidas? Que ideia a respeito do Brasil e de sua história pretendiam transmitir aos alunos? Qual a relação entre o título da obra com as imagens?

Pesquise capas de livros didáticos de História que você tenha utilizado enquanto estudante, seja do ensino fundamental, seja do ensino médio. Qual o tema das capas? Quais seus elementos? Que mensagem sobre a história procuravam transmitir?

2. Algumas das maiores tragédias humanas do último século não deixaram (ou deixaram muito poucos) vestígios fotográficos; restaram apenas memórias, além de pinturas e ilustrações feitas por pessoas que as testemunharam ou, mesmo, foram suas vítimas.

É o caso, por exemplo, do pintor francês **David Olère** (1902-1985), prisioneiro dos nazistas em Auschwitz, durante a Segunda Guerra Mundial; do pintor cambojano **Vann Nath** (1946-2011), prisioneiro do Khmer Vermelho em Tuol Sleng; de **Kim Hye-Sook** (nascida em 1955), presa política, com apenas 13 anos de idade, nos campos de prisioneiros da Coreia do Norte.

Pesquise, na internet, imagens produzidas por esses três sobreviventes e procure saber mais sobre seus testemunhos e, inclusive, os temas que abordaram e o contexto em que as produziram. Em seguida, produza um texto discutindo as possibilidades e limites de seu uso enquanto fontes primárias. O que podemos saber a partir delas? O que não podemos saber? Como demonstramos sua confiabilidade?

Atividade aplicada: prática

Esse é o momento de você elaborar o primeiro projeto de uma aula de História, utilizando uma imagem como recurso[4]. Procure seguir o modelo apresentado abaixo, mas sinta-se livre para adicionar ou modificar elementos conforme achar mais adequado. O preenchimento dos diversos itens é importante porque esclarece, inclusive para você, os passos, objetivos e estratégias a serem utilizados.

Tema da aula: descreva, de forma bastante objetiva, qual o tema que você pretende abordar com sua aula.	**Exemplos**: "A participação feminina na Revolução Francesa", ou "As ideias de nacionalismo presentes nas pinturas de Victor Meirelles".
Por quê (ou seja, a justificativa): explique, aqui, por que o tema é importante para os alunos; procure deixar claro, ainda, as vantagens de se utilizar imagens para a abordagem do tema.	**Dica**: Nesse momento, você já deve ter escolhido (ou ao menos pré-selecionado) a imagem ou as imagens que pretende trabalhar em aula. Tenha em mente sua escolha no momento de construir a justificativa para sua aula.

(continua)

---

4 *É comum que atividades como essa durem várias aulas. Aqui, apresentamos apenas a sugestão de uma aula, para simplificar a realização dessa atividade.*

Antonio Fontoura

(continuação)

Como (ou seja, o desenvolvimento): detalhe as estratégias a serem utilizadas em sua aula. Você pode detalhar esse item em: • *Preparação*: contextualização do tema que será discutido com os alunos. Essa preparação pode ser a leitura de um trecho do livro didático ou de uma reportagem, pequena apresentação expositiva, um diálogo com os alunos, entre outras estratégias. • *Desenvolvimento*: com os alunos de posse da imagem, detalhe os processos que levarão à análise em sala de aula. Não esqueça de apresentar os dados de contextualização (tipo, autoria, data e local; localização do acervo em que atualmente se encontra etc.). • *Conclusão*: como você pretende construir um encerramento para a sua aula? Você pode sugerir aos alunos que preparem um texto com as discussões realizadas, que pesquisem outras imagens sobre o tema, que discutam as repercussões no presente daquele evento, e, inclusive, que ilustrem – a partir do novo ponto de vista – o tema da aula.	**Exemplos de preparação**: para uma análise da participação feminina na Revolução Francesa, você pode sugerir a leitura, seguida de uma discussão, do texto *Revolução Francesa e feminina*, de Tania Morin[5]. **Dica de preparação**: lembre-se de pensar em como viabilizar o texto e as imagens que serão analisadas pelos alunos. Você trará cópias para todos? Utilizará imagens do livro didático? Realizará a aula em laboratório de informática, utilizando-se da internet? Recorrerá a recursos como retroprojetor? *Exemplos de desenvolvimento*: vamos supor que utilizamos a imagem *Marcha das mulheres a Versalhes*[6]. A análise pode ser estimulada a partir de questões como: Quem aparece representado? Quantas são as mulheres e quantos os homens? Por que há uma preponderância de mulheres? O que elas estão carregando? Pelo que carregam, o que que pretendiam fazer? À esquerda uma mulher de classe mais pobre parece puxar uma mulher com roupas mais ricas: o que essa diferença social pode significar?[7]

---

5 Disponível em: <https://goo.gl/7972bx>.

6 Também conhecido como Dias de Outubro, tratou-se de uma revolta contra a escassez de alimentos, organizada especialmente por mulheres, que acabaram marchando e cercando o Palácio de Versalhes, residência real à época.

7 Além de uma questão de gênero (a participação feminina), essa imagem também traz uma crítica social: a ideia de que as mulheres mais pobres estavam interessadas em mudanças sociais profundas, que não era necessariamente de interesse das mulheres (e das pessoas, em geral) mais socialmente privilegiadas.

(conclusão)

Ilustração da *Marcha das mulheres a Versalhes*, ocorrida a 5 de outubro de 1789. A imagem é do mesmo ano.
MARS des femmes à Versailles. 1789. 1 gravura, água-forte, 18 × 28 cm. Biblioteca Nacional da França, Paris.

Para quê (ou objetivo da atividade): apresente, em essência, os objetivos que você pretende atingir com sua aula, procurando deixar claro por que o uso da imagem apresenta-se como um recurso valioso para a obtenção desse objetivo.	

Antonio Fontoura

Capítulo 3
O som

Antes do advento da manipulação elétrica e eletrônica da voz, atores, políticos, religiosos destacavam-se por seus talentos e ideias e, também, pela capacidade de transmiti-los de forma clara a públicos de tamanhos variáveis, utilizando-se apenas da própria voz. A preocupação acústica na arquitetura dos antigos teatros gregos é uma demonstração dessa especificidade histórica e cultural em relação ao som.

Neste capítulo procuraremos construir mais um degrau em nosso caminho para a discussão de recursos audiovisuais em sala de aula: a importância e a historicidade dos sons, em algumas de suas diversas manifestações. Iniciaremos a discussão com uma breve consideração sobre a qualidade histórica da sonoridade e como as sociedades, de diferentes tempos e lugares, estão associadas a certos barulhos, gritos, cantos, tons de voz. Em seguida, procuraremos nos aprofundar em duas formas específicas do mundo do áudio: o rádio, considerando seu impacto como mídia de massa no Brasil e, a seguir, as músicas.

(3.1)
SONS E HISTÓRIA

Em 6 de fevereiro de 1878, o *Jornal do Recife* assim procurava explicar a seus leitores as características de uma nova invenção do estadunidense Thomas Edison (1847-1931):

> *Conta um jornal estrangeiro que o americano Thomas A. Edison acaba de inventar um mecanismo destinado a perpetuar a voz humana, fixando os sons em uma tira de papel, que colocada em um aparelho reproduz em qualquer tempo e com exatidão os sons que nele se estiverem fixado. Daqui por diante nunca mais deixaremos de ouvir a poderosa voz dos tribunos célebres: os gorjeios da Patti e Nelson soarão por todo o sempre aos nossos ouvidos; as harmonias de Liszt e Thalberg brotarão do*

aparelho prodigioso; os filhos e os netos ouvirão a voz de seus antepassados etc. etc. (Esta é de vulto, 1878, p. 1)

Trata-se de uma das primeiras menções, na imprensa brasileira, do aparelho que logo a seguir seria denominado de *fonógrafo*, cujas várias possibilidades de utilização já eram antecipadas pelo *Jornal do Recife*. Na verdade, o próprio escritor do artigo, em um tom jocoso, chegou a prever o uso do aparelho como método de prova nos tribunais.

No futuro, veremos no tribunal o seguinte diálogo:
— Sr. Juiz, o Sr. F. fez-me promessa formal de casamento.
— Ele: Não é verdade.
Juiz (a ela): Tem provas do que alega, senhora?
— Sim, senhor, conservo a voz do Sr. F. numa caixinha.
E em seguida abrirá o aparelho que repetirá em tom amoroso e com a mesma voz de roedor de cordas um juramento dos mais ternos.
Vejam só que instalação! Bem pensado o caso, seria talvez melhor não inventar tão indiscreto instrumento! Justamente a vantagem que tinham as palavras era levá-las o vento; se agora a ciência fixa-as, estamos bem aviados. (Esta é de vulto, 1878, p. 1)

Acostumados que estamos à qualidade dos sons digitais, podemos nos espantar como as pessoas no final do século XIX acreditavam serem reproduções perfeitas do som original, aquelas gravações repletas de ruídos. Porém, tratava-se da primeira vez que, como diziam os periódicos da época, ocorria a captura da voz humana.

O desenvolvimento e a difusão de equipamentos de gravação sonora, além de todos os impactos para a sociedade, dotaram os estudos históricos com um amplo conjunto de documentos históricos. Uma história da música poderia ser construída para além das partituras, descrições de apresentações, pinturas de instrumentos; poderiam ser recuperadas vozes de pessoas do passado; tornava-se possível o registro de depoimentos, conservando os detalhes da enunciação original; a sonoridade de eventos, locais ou momentos particulares poderiam ser armazenados para estudos posteriores.

A sensibilização para a historicidade dos sons

Se eu parar de escrever este capítulo e me concentrar nos sons que me rodeiam, o que escuto? O pequeno ventilador de meu computador é o barulho mais próximo; ouço, também, mais baixo, um programa de televisão, que está sendo ouvido por alguém no apartamento ao lado. O tráfego de carros da rua mais próxima pode ser ouvido ao fundo, um pouco mais baixo que alguns pássaros que cantam nos quintais vizinhos. Posso, ainda, perceber a aproximação de um carro que anuncia a venda de ovos. Mais alguns esporádicos latidos, passos no andar de baixo, um carro que passa com um som mais alto pela rua. Creio que é só.

Quais desses sons são típicos da sociedade em que vivo? Quais são comuns a outras épocas e lugares?

Uma primeira atividade de sensibilização que pode ser realizada junto com os alunos é estimulá-los a perceber quais sons chegam a seus ouvidos em determinado momento. Sons que, por vezes, são ignorados, de tão presentes que estão em nosso cotidiano, mas que podem revelar muito sobre a sociedade, o grupo social e o local em que a pessoa se encontra.

Após uma conversa sobre esses sons, e o que indicam sobre o mundo em que os alunos vivem, estes podem comparar suas conclusões com as seguintes descrições de Juvenal, um poeta romano que viveu entre os séculos I e II d.C. Em suas sátiras, Juvenal descreveu alguns aspectos da vida cotidiana na Roma que, em seu tempo, era uma grande cidade com cerca de um milhão de habitantes. Leia o trecho a seguir, em que são revelados alguns aspectos da sonoridade do cotidiano romano do período.

Muitos morrem em Roma, doente de passar noites sem dormir [...].
Bem, o que permite o sono em um apartamento alugado? Na cidade
que está dormindo ao largo da costa de um monte de dinheiro. O trá-
fego sem fim nas estreitas e tortuosas ruas, e os palavrões ao gado
empacado [...]. Há centenas de comensais, cada um seguido por sua
própria cozinha [...].

Antonio Fontoura

> Enquanto isso, alheias, as pessoas da casa estão lavando os pratos e avivando o fogo. [...]. Os bêbados e briguentos sofrem os castigos [...][O bêbado] deita-se agora em sua face, e então, vira-se de costas: já que é o único modo dele cansar a si mesmo; leva uma luta de dias para levá-lo ao sono. (Juvenal, 1996, 148-152, tradução nossa)
>
> Considerando-se a descrição de Juvenal, que sons são próprios daquela época e não existem, ou são incomuns, aos dias de hoje? Por outro lado, em que os barulhos próprios da cidade romana antiga se parecem com partes movimentadas de nossas cidades? Estabelecer tais comparações permite que os alunos comecem a compreender as características históricas dos próprios sons.

Muitas vezes não percebemos como a sonoridade participa da construção das sociedades. Escolas, hospitais, concertos de música são locais que se diferenciam por seus objetivos, público, função social, profissionais envolvidos, importância sociocultural, mas, também, por seus sons. O tipo de sonoridade que nos chega aos ouvidos é parte constituinte da realidade e carrega consigo informações.

Ainda que muitas vezes não tenhamos plena consciência disso, muito da monumentalidade que percebemos de uma Igreja é dada por sua arquitetura, que faz com que os sons à nossa volta ecoem e ressoem de maneira específica. E não é necessário lembrar o quanto a música desempenha papel fundamental nas experiências religiosas, acompanhando eventos como a Consagração em um ritual católico ou participando do estímulo aos transes na Umbanda. E se a animação de um jogo de futebol é compartilhada principalmente pelos altos sons que partem da torcida, um concerto orquestral deve ser acompanhado do silêncio de quem assiste.

Em épocas em que não havia a reprodução ou ampliação mecânica do som, havia uma preocupação especial com a projeção da voz ou a qualidade da estrutura arquitetônica de um anfiteatro, para que fossem ouvidos atores, cantores ou, mesmo, discursos. Já o povo

Ashanti, da região de Gana, utilizava-se de "tambores falantes" para comunicações a grandes distâncias: cada toque realizado com certa força e em um local específico do tambor, compunha diferentes mensagens (Hendy, 2013). Os sons, ainda, poderiam participar do controle do tempo: as horas sendo indicadas pelo badalar dos sinos ou os modernos despertadores alertando qual o momento de ir para a escola. Sinais sonoros indicam início e fim dos horários de trabalho nas fábricas. Diferentes estações do ano produzem sonoridades específicas, pois se é no verão que as cigarras cantam com força, é na umidade da época das chuvas que os sons dos sapos se multiplicam.

Pequenas cidades soarão diferentes das metrópoles; a cidade de Manchester durante a Revolução Industrial do século XVIII tinha uma sonoridade diferente de uma região rural da mesma época; uma vila quilombola soaria diferente de uma cidade-Estado grega. As sonoridades, resultados de construções sociais e opções culturais, são também históricas, compondo, assim, parte importante da própria realidade e das experiências.

Isso sem mencionarmos a música. A produção musical de um determinado período histórico liga-se de maneira profunda a outros elementos da sociedade. A música relaciona-se ao gosto do período e, também, aos instrumentos usados e sua produção; ao contexto de exibição das músicas: onde eram exibidas, em que momentos, sob quais circunstâncias, para quais pessoas; associa-se à formação de um determinado público – contexto religioso em alguns momentos, exclusivo para certas camadas sociais, em outros –, bem como a existência de um grupo de consumidores, algo que passará a existir a partir do século XVIII. Relaciona-se à tecnologia, pois com o desenvolvimento de equipamentos de gravação e reprodução tornou-se possível escutar uma música que não era mais produzida ao vivo, mas mecanicamente. E essa tecnologia relaciona-se, ainda, ao modo de apreciação: no século XVIII era apenas ao vivo e em companhia de outras pessoas, sendo, portanto, uma atividade social; a experiência da música torna-se cada vez mais individualizada, alcançando o *Walkman* dos anos 1970 e continuando nos reprodutores de MP3 e nos telefones celulares da atualidade.

Na educação, o som desempenha um papel importante como recurso pedagógico, a começar pela própria voz de nós, professores – a principal ferramenta de comunicação com nossos alunos. Nas demais páginas deste capítulo, procuraremos discutir algumas maneiras pelas quais o som é utilizado enquanto ferramenta e objeto de estudo.

Iniciaremos essa discussão debatendo as mudanças provocadas na sociedade brasileira pelo rádio, sua utilização como ferramenta educativa e as maneiras pelas quais seus programas podem ser estudados enquanto documentos históricos. Finalizaremos discutindo a música, procurando compreender como sua historicidade pode ser utilizada como fonte de pesquisa e objeto de estudo nas aulas de História.

(3.2)
O RÁDIO

Os anos 1920 assistiram à implementação e ao desenvolvimento de um meio de comunicação de massa, o rádio, que efetivamente conseguia unir pessoas das mais diferentes localidades e classes sociais, que ouviam em transmissões ao vivo noticiários, entretenimento, anúncios publicitários e, eventualmente, programas educativos. Mas, comparativamente, enquanto nos Estados Unidos a expansão do número de emissoras e de abrangência dos sinais foi bastante rápida, no Brasil o processo se deu de maneira bem mais gradual. Em abril de 1923, havia sido fundada a Rádio Sociedade do Rio de Janeiro; entretanto, em 1930, o país contava ainda com apenas 16 emissoras, um número bastante baixo em relação à sua extensão territorial (Cabral, 1993).

Figura 3.1 – As mudanças nas propagandas revelam a gradual integração do rádio no ambiente doméstico dos brasileiros em anúncios de 1925 e 1930

Ainda assim, a presença do rádio na cultura nacional se deu de maneira rápida. No início da década de 1920, o rádio não era mais do que um *hobby* de alguns poucos aficionados e não parecia produzir qualquer impacto significado na vida cotidiana das pessoas. Já em 1925, como pode ser observado na propaganda, rádios poderiam ser adquiridos completos, mas o anúncio ainda achava importante ensinar quais seriam suas utilidades. Em 1930, não se fazia mais necessário explicar por que comprar um rádio era importante e a transição estava praticamente completa: não mais um equipamento meramente técnico, havia se transformado em um item da residência, uma verdadeira peça requintada de mobiliário, e perfeitamente integrado ao ambiente doméstico.

Antonio Fontoura

Em 1936, quando as irmãs Carmen e Aurora Miranda gravaram "Cantoras do rádio", o rádio já ocupava um importante espaço na sociedade brasileira: "Nós somos as cantoras do rádio, levamos a vida a cantar / De noite embalamos teu sono / de manhã nós vamos te acordar. / Nós somos as cantoras do rádio / nossas canções cruzando o espaço azul / Vão reunindo num grande abraço corações de Norte a Sul" (Babo; Barro; Ribeiro, 1936).

De fato, o rádio participou da construção da "comunidade imaginada" do Brasil durante o século XX, com sua crescente capacidade de unir, em um grande abraço sonoro, corações de norte a sul do Brasil. Personagem importante em várias das mudanças pelas quais passou o país, o rádio auxiliou na divulgação da música popular, e sua institucionalização como orgulho nacional, com cantoras e cantores se tornando, pela primeira vez, verdadeiras estrelas nacionais; foi fundamental para a política, como meio de oficial de divulgação de ideias, estratégias, objetivos; estabeleceu-se como o grande primeiro sistema de jornalismo efetivamente nacional.

> A ideia de **comunidade imaginada** foi pensada pelo historiador Benedict Anderson (1936-2015) para descrever como a ideia de "nação" ou de "pátria" é uma criação imaginária. Ou seja, as pessoas de diferentes partes de uma região, mesmo que jamais tenham se visto na vida, acreditam fazer parte de uma mesma "nacionalidade" e ter determinadas características em comum, que as faz ser "brasileiras" ou "inglesas", ou "suecas" (Anderson, 2008). A mídia desempenharia um papel fundamental na construção dessa comunidade imaginada.

Mas o rádio não é apenas uma mídia "do passado". Quase 90% das pessoas, nas principais regiões metropolitanas do país o escutam, buscando notícias, entretenimento, serviços religiosos, esportes (Book de Rádio, 2016). Se não conta com o protagonismo de outros tempos, certamente trata-se de uma mídia que desempenha uma influência importante na sociedade brasileira da atualidade.

Para a utilização como recurso pedagógico em História, porém, há um problema bastante importante: a ausência de fontes, especialmente da chamada "Era de Ouro" do rádio no Brasil, que se inicia com seu firme estabelecimento no Brasil – anos 1930 – até o início da concorrência com a televisão – a partir de meados dos anos 1950. Os arquivos das principais emissoras, como a Rádio Nacional, a mais importante do país naquele período, encontram-se em acervos privados, que não os disponibilizam, ou o fazem apenas parcialmente (ou apenas mediante pagamento); em Museus da Imagem e do Som, que não parecem ter, atualmente, estrutura para divulgar seus acervos na internet, o que permitiria a sua perpetuação e democratização; e nas próprias emissoras, muitas ainda em funcionamento, que não dispõem de projetos de divulgação de seu acervo.

3.2.1 RADIONOVELA E RADIOTEATRO

As interpretações dramáticas que fizeram tanto sucesso nas épocas áureas do rádio são um dos estilos de programas que mais explicitam as características da programação radiofônica antes do advento da televisão. Lançada em 1951, a novela de origem cubana *O direito de nascer* tornou-se um dos maiores sucessos da Rádio Nacional, permanecendo quase três anos na programação da emissora. Tratava-se de um drama romântico que, posteriormente, seria adaptado à televisão.

As radionovelas e os radioteatros em sala de aula

Para o estudo de história, dois objetivos podem ser interessantes de serem trabalhados em sala de aula utilizando-se esse gênero de programa radiofônico, típico da chamada "Era de Ouro" do rádio brasileiro: os temas específicos próprios do período, que são abordados nas tramas, e as diferentes maneiras das pessoas se relacionarem com aquela específica mídia de massa, em comparação com a televisão, por exemplo.

Antonio Fontoura

- **Áudios para a atividade:** 1. Trecho curto, de 1951, da novela **O direito de nascer**[1]; 2. Episódio do radioteatro **Que o céu me condene**, programa do mesmo ano que apresentava tramas de suspense repletos de valores morais.
- **Sensibilização:** comece discutindo com seus alunos sobre como seria construir uma novela apenas para o rádio. Como informações que a televisão, por exemplo, apresenta visualmente seriam construídas apenas utilizando-se dos sons. Descubra se seus alunos já conhecem algo sobre radionovelas.
- **Atividade 1:** apresente o áudio 1 e explore com seus alunos o provável estranhamento causado pelo exagero das interpretações e o cuidado com a pronúncia (deve-se lembrar que, usualmente, eram textos falados ao vivo). Como eles imaginam os personagens? Como os descreveriam? Em que lugar estariam? Como os sons ajudam a ambientar a trama?
 Em seguida, apresente o áudio 2, com o episódio "Que o céu me condene". Estenda as discussões anteriores também para esse programa, mas procure conversar com seus alunos as maneiras pelas quais eles deveriam ser ouvidos. Chame a atenção a necessidade de atenção por um longo período. Destaque com eles, também, que se fazia necessário todos os membros da família estarem em silêncio, e próximos ao rádio, para acompanhar o desenvolvimento da trama. Descubra que outras observações eles podem ter por meio do material e as diferenças em relação à obras de ficção de televisão e cinema que eles conhecem.
- **Atividade 2:** com base no áudio 2, explore com seus alunos os dilemas morais lançados pelo programa. Quais os problemas apresentados na trama? Esses seriam problemas relevantes de nossos dias?
 O objetivo dessa atividade é destacar, com seus alunos, que o rádio, além de abordar gostos e preocupações próprias do período, influenciava certos comportamentos domésticos: o aparelho era usualmente colocado em um ambiente em que todos pudessem acessá-lo, e havia certo comportamento a ser mantido (não há pistas visuais caso não se escute, por um momento, o que foi dito). Além disso, as pessoas organizavam parte de seu cotidiano em função de seus programas preferidos – nesse sentido, de forma similar ao que ocorrerá com a televisão.

---

1   Os elementos destacados no livro podem ser acessados em recursosaudiovisuais.com.br.

3.2.2 O RÁDIO E A POLÍTICA

Ao centro de um cartaz, produzido na Alemanha, em 1937, está um aparelho de rádio, para onde toda uma multidão aparece voltada: "Toda a Alemanha ouve o *Führer*". Produzido durante o período nazista, a propaganda dos aparelhos populares Volksempfänger deixava bem clara a importância política que o rádio, como meio de comunicação de massa, passou a exercer.

Figura 3.2 – "Toda Alemanha ouve o *Führer* com Volksempfänger"*, 1937

*Nota: *Ganz Deutschland hört den Führer mit dem Volksempfänger.*

Se os nazistas foram os primeiros a se utilizar de forma sistemática de técnicas de propaganda e dos meios de comunicação de massa como ferramentas políticas, não demorou para que elementos de sua técnica fossem apropriados por outros governos, inclusive o do Brasil. Subindo ao poder em 1930, Getúlio Vargas rapidamente organizou uma estrutura política de modo a melhor utilizar o novo meio de comunicação em seu próprio benefício, instituindo o Departamento de Imprensa e Propaganda (DIP) que, dentre outras atividades, produzia programas radiofônicos de interesse do governo. O que recebeu mais destaque, e que perdura ainda nos dias de hoje, foi *A hora do Brasil*, criado em 1935, atualmente denominado *A voz do Brasil*. Passou a ser transmitido obrigatoriamente pelas estações de rádio a partir de 1938 às 19:00 horas, prática que persiste ainda nos dias de hoje.

> **A voz do Brasil: poucas mudanças, muitas permanências**
>
> É interessante que os alunos comparem uma edição antiga de *A Voz do Brasil*, com outras mais recentes. Comparando-se uma **edição de 1978** com outra atual, é possível constatar permanências no formato da atração, como seu caráter formal, o caráter cerimonioso na apresentação por parte dos apresentadores, a manutenção dos modelos de notícias, e inclusive a semelhança entre os temas musicais.
>
> É importante discutir com os alunos as razões pelas quais esse programa ainda existe, e de uma forma bastante semelhante àquela em que foi criado. Se foi o produto de um regime ditatorial, por que foi mantido? Seu caráter de obrigatoriedade é algo democrático? Quem se beneficia dessa obrigatoriedade?

As discussões, em sala de aula, da utilização do rádio como instrumento político podem abordar, ainda, a comparação de músicas de propaganda de candidatos, hoje bastante comuns e parte de *jingles* de campanhas políticas. São bastante famosas, por exemplo, **Retrato**

do Velho, de Ataulfo Alves, que celebrava a eleição de Getúlio Vargas, em 1951, ou **Varre, varre, vassourinha**, utilizada pelo então candidato Jânio Quadros nas eleições de 1960.

A importância do rádio na política continua grande, reflexo da grande penetração da mídia entre a população. Indício disso é que os candidatos não se negam a participar de programas radiofônicos de entrevistas, pois têm consciência da influência dessa mídia na divulgação de seu nome e suas ideias.

Esse é, aliás, um tópico que pode ser investigado pelos alunos. Pode-se organizar pesquisas de programas políticos, da atualidade, que tenham sido produzidos especificamente para o rádio. Contrastar as diferenças em relação aos programas televisionados é uma maneira produtiva de perceber as diferenças nas formas entre as mídias, bem como possíveis mudanças em relação ao conteúdo dos próprios discursos, considerando-se que podem ser dirigidas a públicos diversos.

3.2.3 O RADIOJORNALISMO

Um dos principais campos impactados pelo rádio foi o do jornalismo. Desenvolvendo-se em uma era em que as comunicações entre os diferentes locais do mundo se tornavam mais rápidas e fáceis, e tendo a possibilidade de informar os ouvintes de manchetes importantes a qualquer momento do dia, o rádio aproximou a notícia da ideia de instantaneidade. Não era mais necessário aguardar os jornais do dia seguinte para tomar conhecimento, por exemplo, da **morte de Adolf Hitler** ou da **renúncia de Getúlio Vargas**.

O programa mais influente do radiojornalismo foi o *Repórter Esso, o primeiro a dar as últimas,* transmitido inicialmente pela Rádio Nacional do Rio de Janeiro e, a partir da popularidade do programa, por outras emissoras. Tendo ficado no ar entre 1941 e 1968, destacou-se por apresentar notícias de maneira rápida e dinâmica, a partir de uma locução cuidadosa de manchetes curtas (Lenharo, 1995). Foi também transformado em telejornal, mas sem obter, na televisão, o sucesso que conheceu no rádio. O nome do programa já deixava claro, além disso, a aliança entre notícias e publicidade, uma questão ética importante inclusive ainda no jornalismo dos dias de hoje.

Praticamente todas as emissoras de rádio da atualidade possuem programas voltados a notícias, e há inclusive aquelas que são especializadas em noticiários.

> **O fim do *Repórter Esso***
>
> A linguagem específica dos radiojornais pode ser estudada pelos alunos com a audição do **último programa do Repórter Esso**, que foi ao ar em 31 de dezembro de 1968. Pode-se explorar, com os alunos, as formas específicas de apresentação das notícias, comparando-se com os radiojornais da atualidade. Note, ainda, que o programa apresenta algumas das mais importantes notícias apresentadas em toda a existência do radiojornal.
>
> Além disso, o caráter emotivo da apresentação do último programa pode ser destacado com os alunos, por representar a ligação que acabou sendo estabelecida entre aquele radiojornal e seu público, e seu impacto na cultura e memória nacionais. O cancelamento do programa estava relacionado com a ascensão da televisão no Brasil, e a crescente importância dos telejornais.

3.2.4 RÁDIO E A MÚSICA POPULAR

O rádio criou os primeiros artistas conhecidos nacionalmente e que se tornaram verdadeiras estrelas do mundo do entretenimento. Na chamada "Era de Ouro", as emissoras estabeleciam contratos exclusivos com alguns dos artistas mais populares e jornais e as revistas especializadas glamorizavam a vida de cantoras e cantores. Falsas e verdadeiras rivalidades artísticas eram amplificadas, de modo a render discussões, interesse do público, além de mais audiência. Os programas de auditório, em que artistas se apresentavam acompanhados de orquestras, eram especialmente populares: transmitidos ao vivo, eram a comprovação da popularidade de certos cantores ou da credibilidade de um apresentador.

> **Dica** ⇨ Em 1951, Orlando Silva, "o cantor das multidões", voltava a ser um cantor exclusivo da Rádio Nacional. Em programa daquele ano, é possível perceber sua importância para a emissora, bem como a busca pela construção de um mito musical. **Escutando-o**, pode-se ter uma noção de como os mitos musicais do período foram construídos. Alguns elementos desse programa podem ser trabalhados em sala de aula. O primeiro é como o narrador faz questão de engrandecer Orlando Silva, destacando sua importância. Um segundo elemento é a linguagem utilizada, que hoje nos parece exagerada. E, por fim, a presença de outro célebre cantor do rádio, Francisco Alves, participando da recepção a Orlando Silva – participação que valorizava ambos os cantores, e a própria reputação da Rádio Nacional.

Além disso, a rádio tornou-se o principal instrumento de solidificação de uma "música nacional" ou "popular" que seria nacionalmente reconhecida. Em virtude de seu sucesso em todo país, os programas radiofônicos ajudaram a tornar músicas, estilos, compositores, canções, de diferentes origens.

> *Exemplo: Em 1956,* a **Rádio Nacional completava 20 anos** *e realizou uma apresentação especial, e ao vivo, de cerca de duas horas de duração. Ouvindo-se um trecho de cerca de 30 minutos daquela apresentação, pode-se iniciar um debate, com nossos alunos, sobre quais músicas foram escolhidas como "representativas" da história do Brasil.*

O que chamamos, portanto, de uma *tradição musical brasileira* foi construída com ajuda dos programas de rádio e de seus artistas, que difundiram certas vozes, canções e ritmos a todo território nacional.

Antonio Fontoura

> **Dica** ⇨ O sucesso da televisão foi uma das razões que explicam a decadência do modelo clássico dos programas radiofônicos. A partir de 1960, as emissoras procuravam inovar nas maneiras de manter ou ampliar seu público, com novas músicas e novos estilos de apresentação. Um desses inovadores foi o apresentador Big Boy, que atuou em emissoras do Rio de Janeiro e São Paulo. Utilizar **trechos de seus programas**, levados ao ar nos anos 1970, permite que os alunos percebam as diferenças no estilo de apresentação, especialmente quando contrastados com a formalidade dos antigos apresentadores. Procure relacionar esse estilo com as características do novo público da rádio que estava sendo conquistado: os jovens, que naquele momento tornavam-se também consumidores culturais e estavam em busca de novos estilos e músicas.

(3.3)
A MÚSICA E O ENSINO DE HISTÓRIA

Há alguns anos, professores têm buscado integrar, por meio de diferentes estratégias e visando a específicos objetivos, músicas nas aulas de História. Trata-se de iniciativas que visam aproveitar o caráter lúdico da música, sua capacidade de motivação e integração, bem como sua expressividade de modo a estimular a compreensão de eventos e processos históricos. Não apenas ouvindo, mas, quando possível, cantando em conjunto com os alunos, a música como fonte e recurso didático constrói diferentes perspectivas de se compreender o passado.

Gradualmente, os livros didáticos também vêm incorporando a análise de músicas em sugestões, atividades ou como parte do próprio texto base. Porém, por suas próprias características, e muitas vezes também por problemas de direitos autorais (o que impede, por exemplo, que os livros sejam acompanhados de versões originais da grande maioria das músicas citadas na obra), o uso desse recurso é limitado. Não é incomum que cantores, compositores ou canções tornem-se meros fatos citados ao longo do texto, sem aprofundamento. Além disso, o mais comum é que, quando canções são trabalhadas, apenas a letra é analisada, esquecendo-se de sua relação com a melodia, o que compromete a compreensão da música em sua totalidade. E, por fim, é frequente que sejam descontextualizadas e tratadas de maneira anacrônica.

Partes integrantes de um período, presente em ações populares, rituais religiosos, formas de entretenimento, pretexto para relações de sociabilidade, as músicas são dados culturais pelos quais se difundem valores e crenças entre grupos sociais, refletem certa visão dos acontecimentos do período. Contando com sua própria história e desenvolvimento, na sala de aula as músicas devem ser utilizadas da forma que foram concebidas: sem separação entre letra e melodia, recuperando contextos de sua produção e execução e as relações que mantinham com outros elementos da realidade.

A música é lúdica, estimula a participação em sala de aula, tem a capacidade de dialogar com as concepções culturais próprias dos alunos. Mas, acima de tudo, é um documento importante que deve ser utilizado para uma melhor compreensão do passado. Neste capítulo, é dessa forma que trataremos as obras musicais: como fontes. Tanto como documentos históricos, que nos permitem ampliar nosso conhecimento sobre certo período histórico, quanto na qualidade de representações e interpretações do passado, ou seja, fontes secundárias.

"O mestre-sala dos mares", composta por Aldir Blanc e João Bosco, pode nos ajudar a explicar esses diferentes usos das músicas nas aulas de História. Narrando a Revolta da Chibata de 1910, trata-se de uma canção muito comumente utilizada em sala de aula, e mesmo sugerida por livros didáticos, para trabalhar aspectos da República Velha. Entretanto, essa a música não é um documento histórico daquele período: foi gravada em 1975, mais de 60 anos após o evento original. Ou seja, é uma representação, uma visão, um comentário, feito pelos dois músicos, a respeito de um evento do passado. Descontextualizar a música aplicando-a ao estudo da República Velha é ignorar uma série de fatores relacionados à sua criação: por que, durante a ditadura militar, era necessário cantar personagens, como João Cândido, "a quem a história não esqueceu"? Quem o havia esquecido e por quê? Qual o significado da utilização do gênero samba para a composição da música? Por que, naquele momento de importantes mudanças políticas e sociais, pareceu ser necessário glorificar "todas as lutas inglórias / que através da nossa história / não esquecemos jamais" (Bosco; Blanc, 1975)? Por que era significativo glorificar um personagem que se revoltou contra tratamentos desumanos na Marinha, especialmente em um momento de regime ditatorial militar? Qual o significado dessa recuperação, particularmente para o movimento negro?

Descontextualizar a música é, além disso, perder aspectos importantes de sua simbologia, como a identificação de João Cândido a figuras como *Dragão, Mestre-Sala dos Mares, Feiticeiro, Navegante Negro*. E, por fim, tomar apenas a sua letra é ignorar o lento desenvolvimento da melodia, que se encerra na exaltação "Salve o Navegante Negro / que tem por monumento / as pedras pisadas no cais" (Bosco; Blanc, 1975).

Há sentido em utilizar "O mestre-sala dos mares" em uma aula sobre a República Velha, desde que os alunos tenham ciência da diferença temporal entre o evento e a música. Discutiremos esse uso ainda nesse capítulo. Porém, é ainda mais significativa ser for compreendida como produto dos anos 1970, como uma busca pela recuperação de vozes do passado que haviam sido esquecidas especialmente por conta de uma concepção de história e sociedade defendidas pelo regime militar.

Em conclusão: se "O mestre-sala dos mares" é uma *representação* da República Velha, é especialmente um *documento histórico* sobre as mudanças sociais e políticas do Brasil em 1975.

Um ingrato aviso antes de continuarmos: qualquer capítulo, de qualquer livro, que trate das possibilidades da música como recurso ao ensino de História está condenado de antemão ao fracasso. Isso porque é absolutamente impossível que sejam discutidas todas as formas musicais historicamente relevantes, que sejam abrangidos todos os períodos históricos, contemplados todos os músicos, instrumentos, contextos. Sequer é possível alcançar uma minoria significativa.

Dentro das possibilidades deste capítulo, discutiremos algumas maneiras pelas quais as músicas podem ser utilizadas em sala de aula, voltando-nos preferencialmente às canções nacionais. Para isso, selecionamos alguns temas que ficam como sugestão e estímulo para que você, em conjunto com seus alunos, amplie e diversifique as músicas, os períodos e os temas possíveis de abordagem musical da história.

3.3.1 MÚSICA E POLÍTICA

Um dos usos mais comuns das músicas, em aulas de História, é para a ilustração de eventos políticos. Seu caráter lúdico auxilia na superação da aridez dos temas e estimula um vislumbre de como a população, por meio da arte, compreendia os problemas políticos de seu tempo. É o uso que se dá, por exemplo, à música "O bonde São Januário", de 1937, em que Ataulfo Alves cantou "quem trabalha é que tem razão / eu digo e não tenho medo de errar", refletindo a atuação da propaganda política na difusão dos valores políticos trabalhistas de Getúlio Vargas; ou "Meu caro amigo", de Chico Buarque, composta em 1976, como forma de ilustrar e discutir os exílios políticos no Brasil do regime militar.

A relação entre música e política vai além do mero estabelecimento de relações entre canções e eventos. O Estado, por exemplo, pode, por um lado, valorizar gêneros musicais ou artistas, pelo incentivo institucional; e, por outro, pode realizar proibições e censuras, que dificultam o registro ou a difusão de certas músicas.

Sugestões para trabalhar música e política na República Velha:
A fundação da Casa Edison, no Rio de Janeiro, em 1900, marcou o início das gravadoras no Brasil, que viveram importante crescimento durante as primeiras décadas do século XX. Na busca por sua sobrevivência, tornou-se comum a comercialização de discos com músicas que abordavam específicos temas da época, inclusive os políticos.

- "Cabala eleitoral", de 1902, gravada por Cadete e Bahiano, criticava o processo eleitoral fraudulento e, particularmente, o clientelismo que caracterizaram a República Velha: "Eu prometo, meu amigo / De lhe dar colocação / se vancê votar comigo / Ao menos nessa eleição". Crítica semelhante aparece em **"As eleições de Piancó"**, de 1912, cantada por Eduardo das Neves (1874-191): "acreditam em eleições / Isso não passa de brincadeira / Ah! Eleições são verdadeiras / [...] Se houvesse eleições sérias, minha vó seria ministra da Guerra".
- **"Fala, meu louro"**, cantada por Francisco Alves ironizava, em 1919, a derrota de Rui Barbosa – o "louro" da música – para Epitácio Pessoa, nas eleições presidenciais daquele ano. Os versos "Tu falavas tanto / qual a razão vives calado?" brincavam com a fama de prolixo de Barbosa.
- **"Aí, Seu Mé"**, gravada em 1922 por Bahiano, ironizava Arthur Bernardes, candidato à presidência da República e apelidado de "Seu Mé". "Rolinha, desista, abaixe essa crista / Embora se faça uma bernarda a cacete / Não vais ao Catete!", cantavam, fazendo referência à residência oficial da Presidência da República à época.

Os compositores Freire Júnior e Careca acabaram sendo perseguidos por conta de sua música, porque Bernardes acabou sendo eleito (Diniz; Cunha, 2014).

Ditadura Vargas:
A crescente institucionalização de uma música popular nacional, o avanço do rádio como meio de comunicação de massa e as ações do Departamento de Imprensa e Propaganda (DIP) no incentivo a criações musicais de louvor ao governo e ao presidente são alguns dos motivos que tornam esse período particularmente rico em músicas que podem ser utilizadas para análise do contexto político. São várias as canções que valorizavam pessoalmente Getúlio Vargas ou suas obras políticas.

- **"Aquarela do Brasil"**, composta por Ary Barroso, foi gravada pela primeira vez em 1939, e é uma das mais famosas canções brasileiras. Trata-se de uma música criada em um contexto de valorização do nacionalismo, estimulado pelo governo Vargas, e ainda hoje está associada a esse sentimento. Pode-se analisar esse caráter nacionalista, em conjunto com os alunos, salientando o uso do samba (um ritmo nacional), bem como a simbologia empregada. A música **"Canta, Brasil"**, de 1941, repetia os mesmos temas em outro "samba exaltação" de sucesso do período.
- **"Salve 19 de abril"**, de 1943, interpretada por Dalva de Oliveira (1917-1972), uma das principais cantoras do período, celebrava o aniversário de Getúlio Vargas e cantava-o como o líder da nação: "O timoneiro / Que está com o leme do meu país / E pra que siga / Rumo certo o meu Brasil / Deus que lhe dê / Muitos 19 de abril". Pode-se questionar com os alunos o aspecto do culto à personalidade que

aparece na canção, bem como comparar com a realidade dos dias de hoje: existem políticos que são cantados dessa forma? Por quê?

- **"É negócio casar"**, de Ataulfo Alves, revela o ideal de família e sociedade desejado pela ditadura Vargas. Pode-se destacar com os alunos que uma das características das ditaduras é a construção de um cidadão de perfil ideal. Nessa gravação de 1941, Alves cantava "A minha vida como está mudada / Não sou mais aquele / Que entrava em casa alta madrugada / Faça o que eu fiz / Porque a vida é do trabalhador". A aliança com a ditadura de Vargas ficava clara: "O estado novo / Veio para nos orientar".

Houve, porém, canções que apresentavam versões contrárias àquela desejada pelo governo, no período. Se "Cidade maravilhosa" foi uma marchinha que fez sucesso no carnaval de 1934, sua letra foi modificada por comunistas para valorizar a intentona de 1935: "Praia maravilhosa, cheia de balas mil / Vermelha e majestosa, sentinela do Brasil!". E, de uma maneira mais bem-humorada, **"O cordão dos puxa-sacos"**, de 1945, ironizava o comportamento volúvel dos políticos no período de decadência do primeiro governo Vargas.

Governo Juscelino Kubitschek:
Uma das razões pelas quais foi associada uma memória de "tempos áureos" ao governo de Juscelino Kubitschek é a aliança entre desenvolvimento econômico e relativa estabilidade política com mudanças no cenário artístico-musical brasileiro. A intimista Bossa Nova reinterpretava a herança do samba carioca e parecia se identificar com os novos ideais de modernidade defendidos no país à época.

- **"Presidente Bossa Nova"**, de Juca Chaves, é desse período (1957), e ironizava justamente a ideia de modernidade "bossa nova" do presidente Kubitschek. Na canção, é contrastada a imagem de modernidade transmitida pelo Presidente, com dificuldades políticas de seu governo como acusações de malversação do dinheiro público.

Ditadura militar:
O período ditatorial de 1964 a 1985 é um momento de uma íntima e importante relação entre a produção musical e as discussões políticas do período. Se o movimento da Tropicália procurou discutir novos padrões musicais brasileiros, a MPB se institucionalizava como principal representante da produção de música popular no Brasil (Napolitano, 2002). E ambas, de alguma forma, utilizaram-se de seu local de destaque para realizar críticas ao sistema político então vigente.

- **"Pra não dizer que não falei das flores"**, de Geraldo Vandré, foi vice-campeã no Festival Internacional da Canção de 1968. Uma das composições mais significativas do período, parece convocar a população em uma união para construir o futuro, transmitindo uma mensagem que foi interpretada como subversiva pelo regime militar.
- **"Cálice"**, de Chico Buarque, foi uma música censurada de 1973. Fazendo um jogo de palavras entre "cálice" e "cale-se", protestava contra a censura, além de denunciar, ainda que de maneira discreta, a existência da violência e da tortura do regime, na alusão ao cálice de "vinho tinto de sangue" (Buarque; Gil, 1978).
- **"Debaixo dos caracóis de seus cabelos"**, de Roberto Carlos e Erasmo Carlos, composta em 1971, e **"O bêbado e a equilibrista"**, de João Bosco e Aldir Blanc, composta em 1978, são duas músicas que podem ser utilizadas para discutir os exílios políticos do período. Roberto e Erasmo cantavam que o exilado Caetano Veloso, com seus caracóis, "só deseja agora / voltar pra sua gente"

Antonio Fontoura

(Roberto Carlos; Erasmo Carlos, 1971). Já Bosco e Blanc, lançando sua música em meio às discussões sobre a Lei da Anistia (que seria aprovada em 1979), diziam sonhar "com a volta do irmão do Henfil" – o sociólogo Herbert de Sousa (1935-1997) – e "com tanta gente que partiu num rabo de foguete" (Bosco; Blanc, 1983).

Porém, o período não foi marcado apenas por canções de protesto. Duas merecem destaque por representarem o ufanismo nacionalista do regime militar.

- **"Eu te amo, meu Brasil"**, de Dom e Ravel, data de 1970. Ainda que não tenha sido uma música encomendada pelo regime militar, repetia valores caros à ideologia ditatorial, como associar a grandeza do Brasil à natureza – "as praias do Brasil ensolaradas", "O Céu do meu Brasil tem mais estrelas / O sol do meu país, mais esplendor" – e à religiosidade – "A mão de Deus abençoou". A cadência da marcha adotada na melodia contribuiu para construir a associação entre o militarismo do período e a canção, que finaliza com "ninguém segura a juventude do Brasil" – frase muito próxima ao lema "Ninguém segura esse país", adotado nas propagandas do regime. A visão nacionalista do país, associando-o à natureza e à religiosidade, é algo comum na história da música brasileira: já havia se destacado em "Aquarela do Brasil" e "Canta, Brasil" na ditadura Vargas, e iria se repetir no samba enredo da escola de samba Império Serrano **"Aquarela brasileira"**, de 1964, e em **"País tropical"**, de Jorge Benjor, gravada em 1969. Todas evocando, de alguma forma, o "Gigante pela própria natureza" do hino nacional.
- **"90 milhões em ação"**, de Miguel Gustavo, gravada em 1970, foi a música tema da Seleção Brasileira de Futebol que disputaria, e acabaria por vencer, a Copa do Mundo daquele ano. A relação que se

construiu entre governos militares, futebol e nacionalismo associou a canção ao ufanismo do período. A frase "Prá frente, Brasil" fazia paralelo com o *slogan* governamental ("Esse é um país que vai prá frente" (também cantado em música pelo conjunto Os Incríveis).

Processo de redemocratização:
O fim do regime militar e a passagem a um governo civil, bem como a gradual redemocratização do país, produziram tanto músicas de esperança em relação ao futuro quanto melancólicas sobre o presente.

- **"Pelas tabelas"**, de Chico Buarque, é de 1984, e brinca com as confusões de uma pessoa que se vê, sem entender, no meio dos movimentos populares das Diretas Já: "quando vi todo mundo na rua de blusa amarela" ou "quando ouvi a cidade de noite batendo as panelas / eu pensei que era ela puxando um cordão" (Buarque, 1984).
- **"Inútil"**, do conjunto de Rock Ultraje a Rigor, inicia com "a gente não sabemos escolher presidente" (Moreira, 1983). Em 1984, revelava a desilusão de parte da juventude do período contra a situação social do país e contra a própria dificuldade de reinstalação da normalidade democrática. Em sentido semelhante **"Que país é este?"**, de 1987, do conjunto Legião Urbana, cantava "nas favelas, no senado / Sujeira pra todo lado. / Ninguém respeita a constituição" (Russo, 1987). É interessante como essas duas músicas são voltadas ao público jovem e participam de um novo movimento musical no Brasil, o de criação de um *rock* nacional. Trata-se, assim, de bons exemplos da relação entre o significado poético da letra, e sua melodia.

3.3.2 Música e sociabilidade

Ao longo do tempo, a música tem desempenhado importantes e diferentes papéis em relação à sociabilidade. A música, por exemplo, muitas vezes convida à dança, que pode ser de um casal, como na valsa, ou em grupos, como na quadrilha. Pode estar relacionada a eventos específicos, como um ritual religioso, um baile *funk*, uma festa de aniversário: ocasiões sociais que demandam músicas e comportamentos bastante particulares. No Rio de Janeiro do século XIX, as pessoas da elite se reuniam para escutar música clássica em espaços como o Clube Beethoven, associando, assim, um local de interação de um grupo social particular, a certo tipo específico de música. Já o desenvolvimento tecnológico das gravações permitiu que se aproveitasse a música individualmente e mesmo de forma privada, como é o caso do *Walkman*, surgido nos anos 1970.

Escutando, compartilhando gostos musicais, aprendendo a tocar instrumentos: a música, portanto, relaciona-se a certas concepções de sociabilidade, a estabelecimento de diferenças sociais, à definição de comportamentos considerados corretos ou aceitáveis.

- Na passagem para o século XVIII ao XIX, as modinhas começaram a fazer parte da intimidade das famílias de elite do Brasil. Tratava-se de músicas que se aproximavam de árias de óperas e cujos temas eram em geral melancólicos, não raro girando em torno de temas como a perda do amor: "Você se esquiva de mim / Querendo-lhe eu tanto bem / Repare bem no que faz / Que isso não obra ninguém", cantavam os versos de uma modinha das primeiras décadas dos anos 1800. Era comum em reuniões de amigos realizadas em ambientes domésticos e relaciona-se a um reforço da família nuclear e da construção da intimidade doméstica. Em meados do XIX, os saraus foram se diversificando, com

adição de estilos como o lundu, polca e valsa, tocados no piano: o instrumento central no cotidiano das casas de membros da elite.
- A partir de meados do século XIX, a elite brasileira, procurando se internacionalizar, adotou o gosto pelas danças de salão. Para esses eventos eram necessários ritmos mais rápidos, como o próprio lundu, além de polcas, *habaneras* e mazurcas. A adoção gradual da valsa tem um significado interessante para a sociabilidade: reforçando o ideal de intimidade que se construía, substituía danças como a quadrilha, realizadas em grupo e com coreografias complexas, por outra em pares.
- **"Pelo telefone"**, em gravação de 1917, música de Donga cantada por Bahiano: desprezada pela elite, a música popular urbana contava com diferentes estilos e locais de execução. Esse que já foi considerado o primeiro samba do Brasil revela alguns aspectos da sociabilidade do fazer a música popular urbana carioca do final do século XIX e início do XX: reunindo-se para a troca de experiências, os músicos apresentavam suas criações e, eventualmente, improvisavam versos em torno de um refrão que se repetia. No caso dessa música, uma das passagens mais famosas ironizava a luta da polícia do Rio de Janeiro, no período, contra as casas de jogos ilegais: "O chefe da polícia pelo telefone manda me avisar / Que na carioca tem uma roleta para se jogar".
- As marchinhas de Carnaval são um exemplo de um tipo de música que se relaciona a certos tipos de sociabilidade: diferentemente das modinhas, por exemplo, que são domésticas, ou das valsas, próprias para danças de salão, as marchinhas devem ser entoadas em grupo e na rua. Com letras de memorização fácil, comumente ironizam problemas comuns do cotidiano, além de personalidades e eventos políticos. Usualmente se considera "Abre alas", de 1899, criada por Chiquinha Gonzaga (1847-1935), a primeira marchinha de carnaval.

Antonio Fontoura

> **Dica** ⇨ Não deve ser necessário levar exemplos de marchinhas de carnaval para os alunos, porque certamente eles serão capazes de lembrar várias. A partir das músicas citadas em sala de aula, pode-se conversar sobre a melodia bastante ritmada da marcha, o conteúdo das letras, os locais de sua execução. É interessante ainda pesquisar a data de composição dos títulos apresentados, permitindo que os alunos percebam a permanência dessas canções na memória coletiva: "Ó, abre alas" é de 1899, "Mamãe eu quero", de 1934, "Me dá um dinheiro aí", de 1959, "Olha a cabeleira do Zezé", de 1964 etc.

- As maneiras pelas quais o Hino Nacional e os eventos a que estão relacionados, demonstra a relação existente entre certas músicas e situações sociais. Os hinos devem ser ouvidos de maneira formal, como sinal de respeito.
- A mudança histórica nos relacionamentos também pode ser analisada com base nas canções populares. Se até os anos 1960 as relações amorosas eram apresentadas como quase exclusividade de adultos, a Jovem Guarda trouxe, a partir de adaptações de sucessos estrangeiros, letras ingênuas que mostram os jovens iniciando relacionamentos sentimentais fora de casa. É o caso de **"Splish splash"**, de 1963, em versão de Roberto Carlos, **"Filme triste"**, do mesmo ano, ou **"Estúpido cupido"**, lançado ainda em 1959: todas revelando experiências de relacionamentos jovens, inclusive com demonstrações públicas de afeto, novidades para a época. **"Eduardo e Mônica"**, por sua vez, lançada em 1986 pelo grupo de *rock* Legião Urbana, atesta outras modificações nesse comportamento sentimental jovem: o relacionamento entre uma mulher mais velha, universitária, e um rapaz que ainda cursava o segundo grau (atual ensino médio).

3.3.3 Música e Gênero

As músicas não são reflexos da sociedade, pois fazem parte dela, são seus elementos constituintes. Assim, elas não simplesmente ecoam valores sociais, mas ajudam a construí-los, modificá-los ou reforçá-los. Dessa forma, as músicas podem apresentar determinadas concepções de gênero e a sua análise pode nos permitir recuperar ideias que determinado período e sociedade consideravam corretas a respeito do que seriam uma mulher e um homem ideais.

- **"Ai que Saudades da Amélia"**, de 1942, por Mario Lago (1911-2002) e Ataulfo Alves (1909-1969). A música valorizava a mulher submissa ao marido, que "achava bonito não ter o que comer", e que era "mulher de verdade" pois não tinha "a menor vaidade".
- **"Garota de Ipanema"**, de 1962, é um clássico nacional e retrata uma mulher ideal a partir exclusivamente de suas características físicas. Tratava-se, inclusive, de um momento em que o corpo feminino começava a ser publicamente mais exposto, especialmente nas praias.
- **"Mulheres de Atenas"**, de Chico Buarque, de 1976, parece concordar com "Amélia". Afinal, canta-se: "Mirem-se no exemplo / Daquelas mulheres de Atenas / Vivem pros seus maridos" (Buarque; Boal, 1976), diz o início da música. Porém, Buarque dialogava com um contexto de modificação dos comportamentos de gênero e questionamento dos papéis sexuais, construindo sua letra como crítica à submissão feminina.
- O *rap* **"Lôrabúrra"**, de 1993, composto por Gabriel o Pensador, pode ser comparada a "Amélia", no sentido de apresentar o que o cantor considerava uma mulher ideal a partir de uma perspectiva misógina,

explícita em trechos como "Existem mulheres que são uma beleza / Mas quando abrem a boca / Hmm que tristeza!" e "Mas eu só vou te usar / Você não é nada pra mim" (Gabriel o Pensador, 1993).

> **Dica** ⇨ Em razão de seu conteúdo, a música é mais adequada de ser trabalhada no ensino médio. Se for o caso, trechos bastante específicos podem ser utilizados no ensino fundamental, caso você acredite que seus alunos saibam compreender e analisar a letra.

Ainda que as músicas apresentadas façam referência explicitamente a mulheres, não se deve esquecer que, por contraposição, podem ser entendidas também como representações de masculinidade. Mas, de toda forma, é possível utilizar músicas que falem diretamente de ideais masculinos.

- A partir dos anos 1970, houve um questionamento a comportamentos sexuais socialmente estabelecidos, inclusive a determinados ideais de masculinidade e feminilidade, como pode ser constatado na música **"Macho"**, cantada pelo conjunto Frenéticas (1978). **"Homem com H"**, gravada pela banda Hydra em 1974, tornada famosa na voz de Ney Matogrosso em 1981, avança ainda mais nesse questionamento ao abordar, de maneira implícita, a homossexualidade.
- **"Malandro é Malandro e Mané é Mané"**, de Bezerra da Silva, é de 1999 e recupera a antiga imagem do malandro carioca. Nessa música são apresentados dois modelos de masculinidade, pois enquanto o "Malandro de fato / É um cara maneiro / Que não se amarra / Em uma só mulher", o "Mané é um homem / Que moral não tem / Vai pro samba, paquera / E não ganha ninguém / Está sempre duro" (Silva, 2000).

3.3.4 MÚSICA E QUESTÕES RACIAIS

A relação dos escravos negros com a música, tanto no período colonial quanto no Brasil independente era tanto uma forma de resistência cultural quanto uma atividade que, com muita frequência, foi alvo de repressão pelas autoridades civis e religiosas. Nas Minas Gerais do século XVIII, por exemplo, várias foram as tentativas de combater e mesmo extinguir as músicas e danças próprias dos negros. Representantes da Igreja chegaram a determinar:

> *Como o demônio não cessa de andar sempre em um contínuo giro neste Bispado, lançando as perniciosas redes de suas danças que chamam batuques, [...] e para que tudo se extinga, estes e semelhantes danças, mando com pena de excomunhão maior que pessoa de qualquer qualidade, condição e estado que seja não admitam em suas casas ou fazendas, nem as façam nem a elas assistam.* (Eugênio, 2010, p. 98)

A relação de oposição entre escravos e libertos apresentava-se, portanto, também na música. Associados a ações demoníacas, os batuques deveriam ser reprimidos, pois suas danças e músicas não eram consideradas atividades culturais ou artísticas. Essa oposição foi sendo reproduzida em outros períodos: a música da população pobre foi considerada de mau gosto, e mesmo selvagem, no século XIX e início do século XX. A elite tinha seus próprios ritmos e danças, usualmente inspirados em modelos europeus.

A própria história da música popular – hoje motivo de orgulho nacional – é um claro exemplo da influência das várias heranças e criações de origens diversas na construção do que se pode definir como uma cultura musical brasileira. Para além da relação conflituosa dentro de uma sociedade escravocrata, são vários os exemplos que podem ser tirados, com base nas análises musicais, das relações étnico-raciais no Brasil.

- **"Beijo a mão que me condena"**, início do século XIX: essa modinha foi escrita pelo religioso José Maurício Nunes Garcia (1767-1830), o mais importante músico brasileiro do período, mulato e descendente de escravos. Compôs uma grande quantidade de músicas ligadas a eventos da liturgia católica, além de algumas obras profanas. Nunes Garcia é o exemplo mais significativo da música sacra no período colonial brasileiro, caracterizada justamente por ter sido composta, em sua maioria, por negros e mulatos pobres.
- "Lundu do Pai João", século XIX, composição anônima. O lundu era tanto uma dança inspirada em tradições africanas quanto uma música, baseada em ritmos folclóricos europeus. No Brasil do século XIX, foi um dos mais populares ritmos, ainda que tenha sido "embranquecida" pela elite, ou seja, extraída dela elementos da cultura negra. Ainda assim, alguns lundus, como esse Pai João, refletia a origem negra, associada à escravidão. A letra traz uma importante crítica à sociedade branca escravocrata do período: "Quando iô tava na minha terá / Iô chamava capitão / Chega na terra dim baranco / Iô me chama – Pai João / [...] / Baranco dize quando more / Jesucrisso que levou, / E o pretinho quando more / Foi cachaça que matou" (Alvito, 2016).

> **Dica** ⇨ Além de ser trabalhada de forma a compreender parte das tensas relações entre negros e brancos no Brasil do século XIX, esse lundu pode ser comparado com a música "**Ô, Isaura**", de 1978, gravada por Beth Carvalho (nascida em 1946). Nela, versos do Lundu do Pai João foram reaproveitados. Porém, no lugar de "branco" e "pretinho", fala-se em "rico" e "pobre", que podem indicar tanto a permanência de uma diferenciação social fundada em critérios históricos de raça no final do século XX (e ainda hoje), quanto o receio de explicitar tensões raciais por medo da censura do período.

- **"Batuque na cozinha"**, de João da Baiana (1887-1974), foi composta em 1917, ainda que tenha sido gravada pela primeira vez mais de meio século depois. Sendo negros muitos dos músicos populares de destaque na cidade do Rio de Janeiro a partir do século XIX, algumas de suas músicas refletem tensões raciais, ainda que de maneira bem-humorada, como é o caso dessa música: "Eu fui na cozinha pra ver uma cebola / O branco com ciúme duma tal crioula / Deixei a cebola, peguei na batata / O branco com ciúme duma tal mulata / Peguei no balaio pra medir a farinha / O branco com ciúme duma tal branquinha".

- **"O teu cabelo não nega"** é uma marchinha de carnaval gravada pela primeira vez em 1934, composta por Lamartine Babo (1904-1963), e ainda hoje bastante popular, mesmo que controversa. Seus versos "O teu cabelo não nega, mulata / Porque és mulata na cor / Mas como a cor não pega, mulata / Mulata eu quero teu amor" revelam algumas ideias específicas do período em relação à cor negra: o temor à sua enunciação, a proximidade com a sensualidade ("mulata" é usualmente a mulher negra erotizada), e o preconceito contra a cor que "não pega", ou seja, não é transmitida por contato.

- **"Da cor do pecado"**, de 1939, composta por Sílvio Caldas, pode ser utilizada para um aprofundamento das representações da mulher negra no Brasil, associada a uma sexualidade exacerbada. "[N]esse corpo moreno", canta a música, "A vergonha se esconde / Porque se revela a maldade da raça": recupera-se, aqui, uma antiga tradição de associar os negros à selvageria, ideia comum desde o período colonial. Em 1956, "Mulata assanhada", de Ataulfo Alves, repetiu ideias semelhantes: "Que bom seria / Se voltasse a escravidão / Eu comprava essa mulata / e prendia no meu coração" (Alves, 1970).

Música e mercado

Na análise sociocultural e histórica de uma música, as suas relações com o mercado não podem ser esquecidas. Afinal, as condições de comercialização de seus vários produtos interferem no resultado final, ou seja, na própria canção.

No século XIX, no Brasil, antes do advento das gravações, existia um importante mercado editorial ligado à edição de partituras: as lojas anunciavam nos jornais as novidades em polcas, maxixes, valsas, lundus, que eram compradas pelas famílias da elite de modo a animar os saraus. Por sua vez, a venda das partituras era uma das origens das rendas dos compositores.

O início das gravações mecânicas, além de criar o novo mercado fonográfico, influenciou também as formas pelas quais as músicas eram criadas, tocadas e, mesmo, produzidas. Sua extensão, por exemplo, não podia exceder à capacidade dos discos, o que gerou uma padronização. As vozes dos primeiros intérpretes deveriam ser altas e fortes, de modo a serem captadas adequadamente pelos equipamentos, ainda pouco desenvolvidos. Além disso, foi por questões técnicas que a percussão, parte integrante da música popular brasileira, foi registrada em disco pela primeira vez apenas em 1929, com "Na Pavuna".

Participando, atualmente, de um dos maiores mercados de produtos culturais, as diferentes mídias utilizadas para sua difusão associam-se às maneiras de se produzir e consumir música no mundo contemporâneo: os discos de vinil, CDs, sua difusão digital via MP3 e *streaming*. Sem esquecer, ainda, que *shows*, publicação de periódicos, escrita de livros participam também desse mercado.

3.3.5 MÚSICA E QUESTÕES SOCIAIS

Durante a Revolução Francesa, os *sans-culottes*, revolucionários pertencentes às camadas populares, **adaptaram uma conhecida marcha do período**: "Ah, tudo vai ficar bem / Vamos levar os aristocratas aos postes de luz! / Ah, tudo vai ficar bem / Os aristocratas, vamos enforcá-los!"[2] Enquanto os franceses utilizavam a música para

---

2   Em francês: "Ah! ça ira, ça ira, ça ira / les aristocrates à la lanterne! / Ah! ça ira, ça ira, ça ira / les aristocrates on les pendra!".

incentivar uma mudança social, na Inglaterra, músicas agressivas e processões barulhentas eram utilizadas desde o século XVII com o sentido oposto, ou seja, de manter aspectos da ordem sociocultural estabelecida (Thompson, 1998). Músicas acompanham, participam, divulgam, ajudam tanto a reforçar como a combater questões sociais – sejam processos longos, como o combate ao racismo, sejam pontuais, como foi a chamada *Guerra da Vacina* na República Velha.

A seguir, como nos demais itens deste capítulo, apresentamos sugestões para utilização de músicas de modo a abordar eventos sociais de diferentes tipos e épocas.

- **"Graças aos céus de vadios"** é um lundu composto por Gabriel Fernandes da Trindade (1790-1854). Trata-se de uma posição explícita da elite carioca da primeira metade do século XIX, que busca, dentro de uma sociedade conservadora e escravocrata, realizar uma limpeza social do Rio de Janeiro a partir das ações policiais. A sua letra não deixa dúvida das opiniões desse compositor, compartilhadas por parte da elite do período, sobre os problemas sociais da cidade: "Graças aos céus de vadios / As ruas limpas estão / Deles a casa está cheia / A Casa da Correção[3] / Já foi-se o tempo de mendigar / Fora vadios, vão trabalhar".

- **"Vacina obrigatória"**, gravada antes de 1907 por Mário Pinheiro, deixa bem clara a antipatia popular contra a obrigatoriedade das vacinações contra a varíola, determinadas pelo Governo Federal. As revoltas foram tão intensas que provocaram a Guerra da Vacina, no Rio de Janeiro, em 1904.

- **"A Revolução no Paraná"**, interpretada por Eduardo das Neves em 1913, trata do conflito do Contestado, que ocorreu entre 1912

---

3 Reescrevendo os versos de maneira direta, seria: *"Graças aos céus, as ruas estão limpas de vadios. A casa da Correção (cadeia) está cheia deles"*.

Antonio Fontoura

e 1916 e envolveu o Governo Federal, os governos dos estados de Paraná e Santa Catarina, empresas estrangeiras, a elite agrária e a população sertaneja pobre ligada a um movimento de caráter messiânico. Essa música é interessante por demonizar a figura de José Maria, um dos líderes religiosos do movimento, e celebrar políticos paranaenses, o que sugere ter sido uma produção encomendada. Revela certa visão elitista do conflito, ao defender a ideia de que o povo sertanejo estava sendo enganado pelo religioso.

- **"Três apitos"** foi gravada por Noel Rosa (1910-1937) em 1933 e trata de um flerte com uma operária do ramo têxtil no Rio de Janeiro. A canção permite que os alunos discutam sobre as mudanças no cotidiano da cidade com a implementação das fábricas (que passaram a surgir, especialmente, a partir do século XIX), e as formas de controle dos horários próprios do processo fabril.

- **"O Brasil entrou na guerra"** se insere na específica tradição da chamada *música caipira*. Cantada pela dupla Nhô Pai e Nhô Fio, em 1942, pode ser utilizada para que os alunos compreendam a influência dos discursos nacionalistas, no período, que conquistaram o apoio da população para a participação do Brasil na Segunda Guerra Mundial. O estilo funciona como parte do argumento: a ideia da letra e do ritmo "caipiras" evoca uma determinada simplicidade que seria característica estereotipada das pessoas do mundo rural. Assim, o ritmo busca apresentar, como verdades, as afirmações da letra apresentadas na forma de uma ingenuidade calculada.

- **"Marcha da Petrobrás"**, de 1959, composta por Nelson Barbalho e cantada por Luiz Gonzaga (1912-1989), também apresenta um cunho nacionalista, mas vinculado ao monopólio brasileiro de exportação de petróleo, com a criação da Petrobrás por Vargas em 1953. É interessante observar como a música cantada pelo "rei do baião" utiliza-se da marcha para cantar versos como "Brasil, meu Brasil / Tu vais prosperar, tu vais / Vais crescer inda mais / Com a Petrobrás / Agora a coisa vai mudar". A marcha é um gênero bastante vinculado a hinos e canções nacionalistas.

- **"Disseram que eu voltei americanizada"** foi interpretada por Carmen Miranda (1909-1955) em 1940 e pode ser relacionada com dois processos próprios daquele momento. Por um lado, a aproximação cultural entre Brasil e Estados Unidos dentro da chamada *Política da Boa Vizinhança*, da qual Carmen foi um elemento de destaque. Por outro, a música mostrava sua resposta às críticas de que representaria, na verdade, uma caricatura do Brasil: ou seja, havia uma desconfiança, em certos setores nacionais, em relação a essa aproximação com a cultura estadunidense. Algo que permanecia ainda em 1959, quando a música **"Chiclete com banana"** foi gravada por Jackson do Pandeiro: "Eu só boto bebop no meu samba / Quando Tio Sam tocar um tamborim" (Castilho; Gordurinha, 1959). É significativo que ambas tenham utilizado ritmos nacionais para passar suas mensagens de valorização da cultura brasileira.
- "Tropicália", de 1968, é um disco que exemplifica algo que foi dito anteriormente (e será, *spoiler alert*, repetido adiante): as músicas não são meros reflexos da sociedade, mas partes importantes de sua constituição. Os chamados *tropicalistas* procuraram fazer uma releitura da cultura nacional, e não apenas no campo da música, destacando a permanência de elementos modernos e arcaicos na composição da sociedade brasileira. Isso pode ser constatado, por exemplo, na letra de "Geleia geral", composta por Gilberto Gil (nascido em 1942) e Torquato Neto (1944-1972): "As relíquias do Brasil / Doce mulata malvada / Um LP de Sinatra / Maracujá, mês de abril / Santo barroco baiano / Superpoder de paisano /

Formiplac e céu de anil / Três destaques da Portela / Carne-seca na janela" (Gil; Torquato Neto, 1968). É possível estabelecer, junto com os alunos, comparações com a "antropofagia" do modernismo dos anos 1920.

- **"Errei sim"** foi uma música gravada por Dalva de Oliveira (1917-1972), em 1950, e implicitamente dirigida a seu ex-companheiro, o também cantor Herivelto Martins (1912-1992). Ela é interessante de ser abordada por apresentar aspectos das relações sentimentais no Brasil de meados do século, especialmente o fato da letra afirmar: "Manchei o teu nome / mas fosse tu mesmo o culpado". A honra masculina dependia do comportamento feminino, e "manchar o nome" significava agir de maneira imperdoável, especialmente em um período em que o divórcio não existia no Brasil. Pode-se comparar essa letra com **"Grito de alerta"**, de Gonzaguinha (1945-1991), lançada em 1979, já sob o impacto da aprovação da lei do divórcio aprovada dois anos antes, e que aborda as dificuldades de um casal à beira da separação.
- **"Desesperar, jamais"**, de 1979, é uma música de Ivan Lins (nascido em 1945) que pode ser utilizada para discutir o processo de abertura, o gradual fim do regime militar e o sentimento de esperança em relação ao futuro. Destaca ainda que, para o compositor, o fim da ditadura seria o resultado da luta e vontade populares.
- **"Até quando esperar"**, de 1985, retrata o modo como parte da juventude brasileira, no período, compreendia os problemas sociais vividos pelo país após o fim do regime militar. Gravada pelo conjunto Plebe Rude, insere-se no contexto de surgimento e estabelecimento do *rock* nacional. Essa música pode ser abordada em conjunto com "Brasil", do cantor e compositor Cazuza (1958-1990), gravada em 1988.

- "Todo camburão tem um pouco de navio negreiro", de 1994, cantada pelo conjunto O Rappa, revela o avanço da conscientização promovida pelos movimentos negros em relação às raízes racistas da desigualdade social no Brasil. Comparações entre o escravismo no Brasil e as desigualdades sociais e raciais podem ser feitas, de modo a aprofundar o sentido dado à música. O *reggae*, ritmo utilizado pela banda, está associado a movimentos contraculturais, no Brasil, desde os anos 1970. Pode ser analisada em conjunto à poesia "Navio negreiro", de Castro Alves (1847-1871).

Música e música

Pela última vez, repetimos que as músicas não são meros pretextos para estudo de questões do passado, mas devem ser vistas como elementos constituintes das sociedades. Isso significa que as canções podem ser estudadas enquanto temas principais das aulas.

Épocas do passado estão ligadas a determinadas músicas; há uma certa sonoridade, por exemplo, associada à nossa infância. Isso pode ser recuperado junto com os alunos, questionando-os sobre quais são as músicas importantes de sua geração: quais canções e artistas são seus preferidos. Estimular uma entrevista com pessoas mais velhas – pais ou avós dos alunos, por exemplo – sobre esse tema, pode ser interessante para revelar como as pessoas, em diferentes épocas, associam sua vida a certas canções. Trazer essas músicas para serem ouvidas e discutidas em sala de aula pode ser uma forma interessante de permitir-lhes um contato com dados culturais significativos de outros tempos e lugares.

3.3.6 A MÚSICA COMO FONTE SECUNDÁRIA

A utilização de músicas de maneira a despertar a curiosidade dos alunos em relação a determinado tema, estimular debates ou promover o seu aprofundamento pode ser realizada, também, com canções produzidas posteriormente ao evento que abordam. Trata-se de uma estratégia comum e válida, e praticamente todo professor sabe que tende a produzir resultados importantes no engajamento dos alunos. A música **"Retirantes"** (1976), de Dorival Caymmi e Jorge Amado, por exemplo, pode servir como gancho às dificuldades da vida dos escravos no Brasil: "Vida de negro é difícil / é difícil como o quê. / Eu quero morrer de noite, na tocaia, me matar. / Eu quero morrer de açoite / Se tu, negra, me deixar" (Caymmi; Amado, 1976). As dificuldades do estabelecimento de relações amorosas entre os escravos, bem como alguns dos riscos à vida a que eram submetidos, são alguns dos assuntos que podem ser abordados a partir da música.

Mas não se pode esquecer que, nesse caso, a música apresenta-se como uma "fonte secundária": ou seja, não é um documento histórico, pois não reproduz opiniões, ideias, testemunhos ou dados próprios do período da escravidão. Caymmi não viveu no século XIX. Em sendo assim, deve ser analisada como uma interpretação do passado, uma determinada representação.

Além disso, nesse caso particular, a canção se ligou a representações televisivas da escravidão, ao fazer parte da trilha sonora da telenovela *Escrava Isaura*, em sua versão de 1976, pela emissora Rede Globo, e na de 2004, pela Record. Assim, além de ser ela mesma uma determinada interpretação do passado, a música foi associada a imagens, enredos, interpretações, personagens oriundos da televisão. Isso significa que, se a música não for contextualizada adequadamente, corre-se o risco de ensinar aos alunos "escravidão na novela das 6" ao invés de "escravidão no século XIX".

E como podem ser utilizadas canções produzidas em períodos diferentes dos eventos que abordam? Em primeiro lugar, deve-se **identificar temporalmente a música e o tema que está sendo estudado**, o que pode ser feito com o auxílio de uma linha do tempo.

Figura 3.3 – Sugestão de linha do tempo

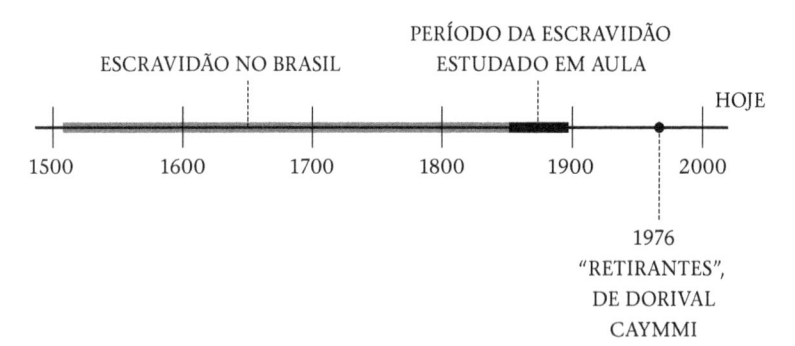

```
                    PERÍODO DA ESCRAVIDÃO
ESCRAVIDÃO NO BRASIL   ESTUDADO EM AULA
                                                    HOJE
├──────┼──────┼──────┼──────┼──────┼──────┤
1500   1600   1700   1800   1900   2000

                                      1976
                                   "RETIRANTES",
                                    DE DORIVAL
                                     CAYMMI
```

Vamos supor que estudaremos o último meio século da escravidão no Brasil (marcado como "Período da escravidão estudado em aula", na figura). Localizamos ainda o nosso presente ("Hoje") e a data da produção da música. Os alunos passam a ter uma importante pista visual da diferença temporal existente entre o contexto que é efetivamente o tema da aula, e o momento da criação da canção, utilizada como recurso.

Isso nos leva a um segundo ponto. Se a música foi produzida tão posteriormente ao que está sendo estudado, deve-se **apresentar aos alunos os motivos que levaram à sua criação**. Não é necessário descobrir as razões particulares de Caymmi e Amado para compô-la, mas é necessário contextualizá-la: busca por recuperação das lutas sociais na história do Brasil, do protagonismo popular nos eventos do passado, na importância da cultura negra dentro da construção da sociedade brasileira. Os compositores chamavam a atenção para as lutas das pessoas escravizadas no passado; sabendo disso, podemos discutir com os alunos por que isso se fazia necessário à época: durante muito tempo, inclusive a história apresentada no ambiente escolar minimizou, quando não ignorou completamente, a existência de preconceitos raciais no Brasil. Dessa maneira, a canção procurava promover certa reflexão: afirmava "Vida de negro é difícil", ainda que implicitamente pretendesse dizer "Vida de negro *ainda* é difícil". Essa estratégia permite estabelecer, via música, uma relação entre o passado estudado e o presente da canção.

Mas a música, tomada dessa forma, é uma leitura do passado. Nesse sentido, deve-se **comparar seus significados com documentos históricos e textos historiográficos**. Afinal, nem Caymmi, nem Jorge Amado eram historiadores, não pretendiam apresentar uma monografia sobre o tema, e sua música não é, efetivamente, *história*. Nesse sentido, uma certa seleção foi construída: a letra deu valor às questões emocionais, bem como ao sofrimento físico. Outros tantos aspectos, como os diferentes tratamentos, os fundamentos econômicos, o processo de comercialização de pessoas via tráfico, as disputas legais, dentre múltiplos outros fatores, não foram abordados. Mesmo porque não era seu objetivo.

Não se pode ignorar que, dentro desse processo de leitura do passado feita pelos compositores, a seleção de fatos ou interpretações pode simplesmente estar errada ou ser fortemente tendenciosa. Lamartine Babo errou a data do descobrimento do Brasil em uma marchinha de 1934, talvez de forma consciente: "Quem foi que inventou o Brasil / Foi seu Cabral! / No dia 21 de abril / Dois meses depois do Carnaval". Mas certamente não foram intencionais as imprecisões de "Memórias históricas do Primeiro Reinado", samba-enredo da escola de samba União de Jacarepaguá de 1969: "Vamos falar de D. João VI / Atendendo um chamado de Lisboa / Obrigou-se a passar sua coroa / Porém antes de partir transferiu / Pra D. Pedro I o destino do Brasil".

Por outro lado, não há dúvida de que há uma idealização proposital das ações do marinheiro João Cândido em "O mestre-sala dos mares", descrito na música como um herói para além do humano.

Algo que deve ser destacado aos alunos e discutido, além de compreendido dentro do contexto histórico do momento de sua composição.

3.3.7 COMO TRABALHAR MÚSICAS EM SALA DE AULA?

Talvez este item fosse melhor intitulado "Uma síntese do que vimos até aqui sobre o trabalho com música em aulas de História". A seguir, são apresentadas algumas sugestões de metodologia que nada mais são do que conclusões a partir do que vimos nas páginas anteriores.

Pesquise músicas do período que você pretende ensinar. Isso pode ser feito consultando-se as gravações mais populares, sugestões de livros didáticos, pesquisas na internet, obras de história da música.

> **Dica** ⇨ Existem *sites* específicos que contam com bancos de dados de canções brasileiras, sendo que alguns deles fornecem inclusive arquivos para *download*. O Instituto Moreira Salles possui um arquivo de músicas nacionais, bem como o arquivo digital da Biblioteca Nacional, que disponibiliza, na íntegra ou parcialmente, canções de diferentes períodos. Dois *sites* nacionais de pesquisa musical também podem ser úteis: o Musica Brasilis, particularmente interessante para composições anteriores ao século XX, e Quem Foi Que Inventou o Brasil, que dispõe de uma extensa coleção de títulos a partir da República Velha.

Apresente a seus alunos o tema da aula e explicite os objetivos da utilização de uma música como recurso educativo. Você pode partir de uma conversa sobre como canções nos permitem conhecer mais sobre uma época, a partir do estabelecimento de relações entre as preferidas dos alunos, e a sociedade em que vivem.

Contextualize o período, por meio de textos, discussão do conteúdo presente no livro didático, apresentação de aula expositiva.

Apresente os dados gerais da canção, como seu título, a data de composição, bem como os nomes dos compositores e intérpretes.

Realize audições iniciais da música, garantindo que os alunos tenham a letra em mãos. Aproveite esse momento para esclarecer termos ou versos específicos de difícil compreensão. Você pode levar gravações das músicas ou, se tiver a bênção de dispor de talentos artísticos, instrumentos para a sala de aula.

> **Dica** ⇨ Prefira as gravações sempre que a versão original fornecer informações adicionais. Por exemplo: é importante que os alunos escutem a música "Pelo telefone" com a versão de 1917, para perceberem a influência dos aspectos técnicos na gravação, bem como o significado diferente, do atual, para a ideia de "samba". Pode-se comparar essa versão com a gravada em 1973 por Martinho da Vila (nascido em 1938) para contrastar as diferenças na qualidade sonora, bem como na complexidade do uso de instrumentos e no próprio ritmo – quando o gênero samba já estava estabelecido.

Não separe letra e melodia, e discuta a obra musical como um conjunto. Evite apresentar apenas os versos, pois a melodia também apresenta informações importantes a serem decodificadas. Estimule os alunos a cantarem em conjunto: a experiência musical participa do processo de compreensão dos significados das canções.

> **Exemplo:** Se usualmente a melodia complementa os versos, por vezes ocorre justamente oposto, ou seja, um conflito entre ambos. É o que se constata, por exemplo, na versão de "Boas Festas", em gravação de 1995 da cantora Simone (nascida em 1949). Há uma total dissociação entre a melodia melancólica criada por Assis Valente (1911-1958), em 1933, e o ritmo festivo adotado pela cantora. Os versos "Já faz tempo que eu pedi / Mas o meu Papai Noel não vem. / Com certeza já morreu / Ou então felicidade / é brinquedo que não tem" são cantados em um samba bastante animado. Tais dados só podem ser compreendidos se letra e melodia estiverem à disposição dos alunos.

Complemente com outras músicas do período, ainda que não tratem do mesmo tema. Essa comparação permite que os alunos aprofundem sua capacidade de análise das características do gênero em que a canção estudada se insere.

Se possível, **complemente a música com outras fontes não musicais do período** como imagens, partituras, críticas à música, capa dos discos, encartes.

Discuta com seus alunos **o contexto da execução da música**. Quem a ouvia, e como? Certamente a enorme quantidade de diferenças entre a audição do Hino Nacional e de "Mamãe eu quero" vai muito além das diferenças nas próprias letras ou melodias. As relações entre músicas e contextos de audição podem revelar aspectos de sociabilidade (a que evento social estavam ligadas?), bem como evidenciar diferenças sociais: as pessoas que escutavam Mozart no Rio de Janeiro do século XIX faziam parte de um grupo social diferente das que dançavam lundus nos carnavais de rua.

Finalize a atividade aproveitando o novo conhecimento de seus alunos em relação à música. Pode-se solicitar paródias das composições trabalhadas em aula, análises escritas, interpretações, audições, descoberta de novas canções, enfim, um sem número de atividades relacionadas.

Síntese

Fundamental no cotidiano da escola, o mundo diversificado e profundamente histórico das sonoridades é pouco explorado, na atualidade, como recurso para as aulas de História. Compreender os costumes, as tecnologias, os estilos, as músicas, e mesmo os barulhos que formam as sonoridades presentes em cada época, é uma maneira de permitir que os alunos tenham uma compreensão mais completa das diferentes realidades do passado. Buscar entender o fenômeno do rádio no

Brasil ou procurar perceber de que modo as músicas participam da constituição das sociedades, são maneiras de estimular nossos alunos a construir diferentes perspectivas a respeito do passado e da história.

Atividades de autoavaliação

1. O *Jornal do Comércio*, do Rio de Janeiro, em 22 de abril de 1878, assim procurou explicar a seus leitores o que era o fonógrafo, um dos primeiros aparelhos que faziam a gravação de vozes e sons:

> O Conde du Moncel foi o apresentador do Fonógrafo, aparelho inventado por Edison que ouve, registra e conserva a palavra humana, para restituí-la intacta e pura, reproduzindo-a à vontade, com o mesmo timbre, com a mesma acentuação, com todas as particularidades com que fora pronunciado. É uma das maiores curiosidades da nossa época, uma verdadeira maravilha. (Miscelânea..., 1878, p. 1)

Sobre a importância do desenvolvimento da gravação de sons para os estudos históricos, é correto afirmar:
a) Permitiu que, pela primeira vez, certas criações humanas como a música se tornassem documentos históricos.
b) Os arquivos sonoros são complementares aos textuais, pois a prioridade da história é analisar textos escritos.
c) Atualmente, as gravações sonoras são uma das principais fontes históricas utilizadas pelos historiadores.
d) O desenvolvimento técnico das gravações sonoras é uma curiosidade da física, mas não um tema da história.

2. Uma das mais importantes mídias de massa na história recente do Brasil é o rádio, pois impactou de diversas formas o cotidiano e os gostos culturais da sociedade brasileira.

A utilização de programas de rádio como recursos sonoros nas aulas de história justifica-se porque:
a) Trata-se de documentos sobre certas épocas do passado e, além disso, são ainda bastante populares nos dias de hoje.
b) Permitem aos alunos compreenderem o fim dos arcaísmos nacionais abandonados em benefício de gostos mais internacionais.
c) Estabelecem um diálogo direto com a política do passado, que é o tema essencial dos estudos históricos.
d) Oferecem aos alunos uma visão imutável do passado, registrada mecanicamente, revelando o que realmente aconteceu.

3. Em 1940, cantava-se a marchinha de carnaval "Aurora":
"Se você fosse sincera / Ô ô ô ô Aurora [...] / Com porteiro e elevador / E ar refrigerado / Para os dias de calor / Madame antes do nome / Você teria agora". Assinale, dentre as afirmativas a seguir, qual melhor apresenta um possível uso dessa música nas aulas de História:
a) Para analisar a decadência do regime ditatorial de Vargas, que tinha as músicas de exaltação substituídas no rádio por marchinhas.
b) Por permitir que se identifiquem as razões pelas quais vários artistas do período conseguiram cargos políticos importantes.
c) Para compreender certas concepções das relações de gênero e dos diferentes direitos e obrigações entre homens e mulheres.
d) Para analisar o papel que a televisão desempenhou no fim dos carnavais tradicionais nas principais cidades brasileiras.

Antonio Fontoura

4. Ao ser entrevistado, Ary Barroso assim detalhou a forma pela qual compôs seu maior sucesso, "Aquarela do Brasil":

Fui sentindo toda a grandeza, o valor e a opulência da nossa terra [...]. Revivi, com orgulho, a tradição dos painéis nacionais e lancei os primeiros acordes, vibrantes, aliás. Foi um clamor de emoções. O ritmo original, diferente, cantava na minha imaginação, destacando-se do ruído forte da chuva, em batidas sincopadas de tamborins fantásticos. O resto veio naturalmente, música e letra de uma só vez [...] Senti-me outro. De dentro de minh'alma, extravasara um samba que eu há muito desejara, um samba que, em sonoridades brilhantes e fortes, desenhasse a grandeza, a exuberância da terra promissora, de gente boa, laboriosa e pacífica, povo que ama a terra em que nasceu. Esse samba divinizava, numa apoteose sonora, esse Brasil glorioso (Diário de Notícias, 1958, citado por Cabral, 1993, p. 178).

A entrevista dada por Barroso concorda com sua música, "Aquarela do Brasil", no sentido de que ambas:
a) revelam um sentimento nacionalista, afirmando a grandeza do Brasil a partir de elementos como a sua natureza.
b) são demonstrações de seu posicionamento político anti-Vargas, ao ignorar questões políticas da época como o trabalhismo.
c) apresentam uma visão correta e objetiva do Brasil, ainda hoje considerada verdadeira, razão de seu sucesso.
d) estão dissociadas da realidade do Brasil da época e mostram que a arte visa a uma distração dos problemas sociais.

5. Artistas como Chico Buarque, Caetano Veloso, Geraldo Vandré são usualmente lembrados por suas composições terem sido censuradas durante o período da ditadura militar (1964-1985) por questões políticas. Porém, nenhum deles foi tão censurado quanto Odair José (nascido em 1935), autor de músicas cujos temas giram, essencialmente, em torno do amor, como "Uma vida só", em que o homem apaixonado pede a sua amada que ela pare de tomar pílulas anticoncepcionais: "Você diz que me adora / [...] Então eu quero ver você / Esperando um filho meu [...] / Pare de tomar a pílula / Porque ela não deixa o nosso filho nascer" (Odair José, 1973).

A música, de enorme sucesso, acabou sendo proibida porque foi considerada imoral pelos censores. Esse fato evidencia:

a) a ditadura militar preocupou-se apenas em proibir canções que abordassem, de maneira direta ou indireta, questões políticas.

b) a chamada "música brega" não apresenta valor cultural e histórico e deve ser desconsiderada, em sala de aula, em favor dos gênios da música brasileira.

c) a ditadura do regime militar estava bastante preocupada com questões morais, como controlar músicas que abordavam questões particulares aos casais.

d) a religião influenciava os aspectos econômicos do Brasil, por controlar quais produtos culturais estariam à disposição nas lojas.

Antonio Fontoura

Atividades de aprendizagem

Questões para reflexão

1. Leia, a seguir, o trecho de uma reportagem, datada de 2017, que trata da censura a certas marchinhas no carnaval do Rio de Janeiro:

   Marchinhas politicamente incorretas estão na mira dos blocos do Rio: Entre as canções censuradas estão hinos como "O teu cabelo não nega", "Cabeleira do Zezé" e "Maria Sapatão". A polêmica divide opiniões: há quem defenda o caráter democrático da festa, já os críticos, dizem que as músicas ofensivas não devem fazer parte de uma manifestação popular. [...] O veto às marchinhas de letras polêmicas está longe de ser um consenso, até mesmo entre os componentes de cada bloco. (Goulart, 2017)

   De que maneira você, professora ou professor de História, trabalharia essa questão em sala de aula? Você censuraria determinadas músicas a serem levadas a seus alunos? Se sim, quais critérios utilizaria? Ou você acredita que a censura às letras vai de encontro aos próprios objetivos da história? E de que maneira você poderia levar essa discussão para junto de seus alunos? Que estratégias você acredita seriam as mais adequadas?

   Produza um texto discutindo essas questões, explicitando seu posicionamento sobre o tema.

2. Determinados gêneros musicais, bem como certos artistas, acabam conquistando o reconhecimento institucional, com é o caso do samba, considerado o principal gênero musical do país. Tal reconhecimento se dá de maneira histórica, ou seja,

a partir de determinadas opções socioculturais próprias
de cada momento do passado.

Você irá comparar duas canções: **"Festa de arromba"**, composta
por Erasmo Carlos e Roberto Carlos em 1965; e **"Paratodos"**,
de Chico Buarque, de 1993. A primeira lista um conjunto de
músicos e bandas da chamada "Jovem Guarda", enquanto
a segunda lista grandes nomes da "música popular brasileira".

Em primeiro lugar, procure descobrir quais artistas ou bandas
aparecem em ambas as canções. A seguir, procure discutir as
razões que poderiam ter levado esses artistas a falar de suas
"tradições" e reafirmar quais fariam – e quais não fariam – parte
de seu grupo específico. Não se esqueça de considerar qual o
papel que a melodia de cada uma dessas músicas desempenha
na transmissão de sua mensagem.

Atividade aplicada: prática

1. A pobreza foi um tema constante da música popular brasileira,
   embora nem sempre retratada como fidelidade – ou, o que
   foi bastante comum, pelos próprios pobres. Nesta atividade
   prática, forneceremos algumas canções, de diferentes épocas,
   que falam da pobreza, e será sua tarefa elaborar uma aula que
   tenha como tema "como a pobreza foi retratada na música
   popular brasileira". Sinta-se inteiramente livre para adicionar
   outras canções, caso ache necessário.
   - Período 1: **"Chão de estrelas"**, de Orestes Barbosa e Sílvio
     Caldas, gravada em 1937; **"Ave Maria do Morro"**, de Herivelto
     Martins, e gravada pela primeira vez em 1942.

- Período 2: **"Chão de estrelas"**, interpretada em 1970 pelo conjunto Os Mutantes, que fez parte do movimento tropicalista.
- Período 3: **"Periferia é periferia"**, do conjunto de *rap* Racionais MC's, gravado em 1997.

Analise as letras e suas relações com as melodias (por exemplo, "Chão de estrelas" mantém o mesmo significado original na versão de Os Mutantes?), bem como as músicas com os temas e os períodos históricos (por que os Racionais MC's se utilizam do *rap* para fazer suas canções?). A partir de suas análises, procure pensar em atividades que explorem as diversas visões a respeito da pobreza, desde uma versão idealizada, escrita por pessoas que não eram pobres, até alcançar as versões mais recentes e críticas, produzidas por pessoas da periferia, utilizando-se de ritmos musicais que lhes são significativos.

CAPÍTULO 4
O cinema

Em seu mais de um século de existência, o cinema tornou-se uma das mais poderosas ferramentas de comunicação de massa. Pessoas no Brasil, Estados Unidos, França, compartilham narrativas, personagens, costumes, hábitos que foram construídos e difundidos por meio das obras cinematográficas. E isso porque, tornado importante produto cultural, o cinema convence, diverte, emociona, cativa.

E é justamente por essas qualidades que as obras cinematográficas devem ser aproveitadas a partir de adequadas estratégias pedagógicas. Por um lado, a capacidade do cinema em construir uma verdadeira imersão dos alunos naquele mundo de ficção, estimula um aprofundamento do pensamento histórico, constrói empatia com as pessoas do passado e torna mais concretos eventos e personagens já há muito desaparecidos. Mas, por outro, seu poder de convencimento deve ser trabalhado adequadamente nas aulas, para que os alunos não tomem as narrativas fílmicas como verdades históricas, como se fossem neutras janelas para o passado.

(4.1)
O CINEMA E A EDUCAÇÃO HISTÓRICA

Após todos os créditos, o filme *Olga* (2004), do diretor Jayme Monjardim, que pretendia narrar parte da vida de Olga Benário Prestes (1908-1942), encerra com o seguinte alerta aos espectadores:

> *Esse filme é baseado em fatos reais. No entanto, alguns personagens, nomes e incidentes utilizados são fictícios e qualquer semelhança destes personagens, nomes e incidentes fictícios com personagens, nomes e incidentes reais, é certamente mera coincidência, não intencional. E como este filme trata-se de uma obra de ficção, algumas situações foram dramatizadas para melhor condução da trama.* (Olga, 2004)

Antonio Fontoura

Há vários significados importantes a respeito da utilização de filmes em sala de aula, se partirmos desse aviso. Em primeiro lugar, ainda que *Olga* seja um filme com temática histórica, e possa ser utilizado em sala de aula, ele não é uma recriação do passado. "Personagens, nomes e incidentes" fictícios são construídos para que a trama se desenrole e uma vida possa ser resumida em pouco mais de duas horas de filme. Trata-se de algo que, por vezes, os alunos (e, cá entre nós, alguns professores também) podem se esquecer quando assistem a filmes de temas históricos: de que não estão diante de uma apresentação "do que realmente aconteceu", mas de uma peça artística, que visa apresentar determinada trama, e que apresenta perspectivas, seleções, intencionalidades, contextos de criação. Além dos próprios objetivos que na maioria das vezes não são os educacionais, mas próprios do mercado de comunicação de massa do qual o filme participa. "Este filme trata-se de uma obra de ficção", reitera o alerta.

Muitos são os espectadores que, ao verem a frase "baseado em fatos reais", passam a assumir, de forma ingênua, que o filme é uma expressão da verdade. Não apenas a frase é ampla o suficiente para permitir que diretor, produtor, roteiristas, tenham ampla liberdade na condução da trama – o que acontece na esmagadora maioria das vezes –, como pode ser utilizada como parte da própria peça de ficção. O filme *Fargo* (1996), dirigido pelos irmãos Joel e Ethan Coen, afirma logo em seu início ser baseado em fatos reais. Mas tratou-se de uma simples estratégia narrativa dos diretores, de modo a fazer com que os espectadores tomassem como verdadeiras as várias cenas inverossímeis presentes no filme.

Por fim, "situações foram dramatizadas para melhor condução da trama", esclarecia o aviso. Fica bem claro não apenas que os eventos apresentados em tela foram resultados de escolhas, como evidencia que todo o filme tem, antes de tudo, certa interpretação dos fatos do passado, que podem ser mais ou menos fundamentados em evidências históricas. Afinal, o propósito de *Olga*, como de tantos outros filmes comerciais, não era o de ser uma tese acadêmica sobre o passado, mas aproveitar de certos eventos da história nacional para, dramatizados e transformados em ficção, construir uma narrativa fílmica atraente e que rendesse uma boa bilheteria.

A observação presente ao final de *Olga*, comum em tantos outros filmes, nacionais ou estrangeiros, pode ser tomada como uma síntese de alguns dos vários problemas e senões levantados pela utilização de obras cinematográficas para o ensino de História em sala de aula. Obviamente, trata-se de dificuldades mais evidentes quando falamos de produções comerciais destinadas ao grande público, mas que persiste, ainda que em tons diferentes, em filmes educativos ou mesmo em documentários. Como separar o verdadeiro do falso? Como, em sala de aula, lidar com as "mentiras" apresentadas nos filmes? Como encontrar o ponto de vista do filme que, na maioria das vezes, está escondido sob uma aparência de neutralidade e ausência de preconceitos? De que maneira chamar a atenção dos estudantes para as várias complexidades da trama fílmica, como a adoção de perspectivas, a construção de narrativas, a presença de visões reducionistas ou exageradas, a mescla de elementos verdadeiros com ficcionais, as mensagens implícitas?

É por isso que deve ser superada uma tradicional e equivocada utilização do cinema como recurso audiovisual nas aulas de história: a de simplesmente exibir um filme sobre o tema que está sendo estudado e considerar que a aula "está dada". É óbvio que não é preciso dizer aos alunos que *Abraham Lincoln caçador de vampiros* (2012) ou *Orgulho e preconceito e zumbis* (2016) não são representações históricas fiéis. Porém, deve-se ter todo um cuidado especial com obras como *Coração valente* (1995), *Gladiador* (2000), *300* (2006) ou *O jogo da imitação* (2014), que podem ser tomados como narrativas absolutas e verdadeiras sobre o passado. E o que dizer do diretor estadunidense Quentin Tarantino, que assassinou Adolf Hitler metralhando-o em um cinema, ao final de *Bastardos inglórios* (2009)? Sem a mediação do professor, alunos tenderão a ter dificuldades em associar a obra ficcional com o conteúdo presente em livros e documentos históricos. E, no pior dos casos, corre-se o risco de transmitir conceitos, eventos, ações, equivocados.

Dito tudo isso, não se quer afirmar que não se deva utilizar o cinema como recurso audiovisual para as aulas de História. Na verdade, muito ao contrário, especialmente se lembrarmos que uma das principais fontes culturais de conhecimento histórico, por parte de nossos alunos, é justamente o cinema comercial. As gerações mais antigas poderão ter ideias sobre o Vietnã a partir de filmes tão díspares quanto *Os boinas verdes* (1968), *Apocalypse now* (1979) e *Platoon* (1986); ou os mais novos poderão ter suas concepções moldadas a respeito de episódios contemporâneos como o genocídio em Ruanda (*Hotel Ruanda*, 2004), a perseguição ao terrorista Osama Bin Laden (*A hora mais escura*, 2012), e, inclusive, ser inseridos em debates teóricos próprios da história, como é o tema de *Negação* (2016).

Portanto, em vários sentidos, os chamados *"blockbusters"* – filmes comerciais campeões de bilheteria –, distribuídos em todo o mundo, acabam se transformando em inesperados educadores. A capacidade motivadora do cinema, sua habilidade em criar narrativas instigantes, seu apelo emocional, a fantasia de realidade que oferece, suas cada vez mais aprimoradas capacidades técnicas de recriação de atmosferas, ambientes e épocas, são todas potencialidades que podem e devem ser exploradas no ensino, especialmente porque os temas históricos dos filmes são tão comuns e populares.

Enfim: o cinema já ensina história a nossos alunos. Mas que tipo de história? Que concepções, perspectivas, limites e possibilidades suas narrativas encerram? Trazer os filmes para a sala de aula carrega tanto a possibilidade de integração de suas potencialidades como a necessidade da criação de uma alfabetização cinematográfica, de modo que não sejam assistidos ingenuamente como expressões da verdade.

Cinema, tecnologia e linguagem

Em 25 de novembro de 1900, parte da população da cidade de Curitiba (Paraná) teve a oportunidade de assistir "o espetáculo de ilusões ópticas por meio do cinematógrafo" (A República, 25/11/1900, p. 3), um dos primeiros equipamentos de exibição pública de imagens animadas. O grande anúncio publicado no jornal local procurou destacar as maravilhas do equipamento.

Figura 4.1 – Propaganda do cinematógrafo

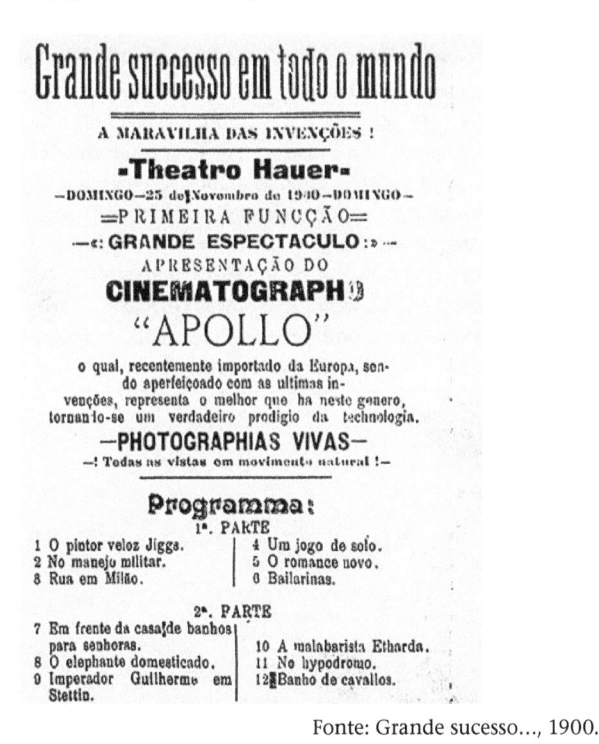

Grande successo em todo o mundo

A MARAVILHA DAS INVENÇÕES!

-Theatro Hauer-

—DOMINGO—25 de Novembro de 1940—DOMINGO—

=PRIMEIRA FUNCÇÃO=

—«: GRANDE ESPECTACULO :»—

APRESENTAÇÃO DO

CINEMATOGRAPH

"APOLLO"

o qual, recentemente importado da Europa, sendo aperfeiçoado com as ultimas invenções, representa o melhor que ha neste genero, tornando-se um verdadeiro prodigio da technologia.

—PHOTOGRAPHIAS VIVAS—

—! Todas as vistas em movimento natural !—

Programma:
1ª. PARTE

1 O pintor veloz Jiggs.
2 No manejo militar.
3 Rua em Milão.

4 Um jogo de solo.
5 O romance novo.
6 Bailarinas.

2ª. PARTE

7 Em frente da casa de banhos para senhoras.
8 O elephante domesticado.
9 Imperador Guilherme em Stettin.

10 A malabarista Etharda.
11 No hypodromo.
12 Banho de cavallos.

Fonte: Grande sucesso..., 1900.

O cinema surgiu, como se pode notar a partir do anúncio, como uma novidade tecnológica, e não como uma nova maneira de contar histórias. Estava longe de ser uma arte. Daí o destaque para as "fotografias vivas: todas as vistas em movimento natural": o interesse partia de observar as imagens fotográficas, antes estáticas, agora animadas, imitando ainda mais perfeitamente a natureza. Cada um dos filmes presentes no programa tinha a duração de cerca de um minuto, não dispunha de qualquer contexto, nem narrativa. *Imperador Guilherme em Stettin*, por exemplo – a 9ª atração da 2ª parte do programa – nada mais era do que uma imagem do imperador alemão Guilherme II, acompanhado de personalidades notáveis da época, passando diante da câmera. E só. Terminada a "peça", como se denominava, o rolo era trocado, seguindo-se ao título seguinte, no caso, *A malabarista Etharda*.

Desenvolvida na Europa do final do século XIX, a tecnologia dos filmes cinematográficos nada mais é – e, nisso, a propaganda de 1900 estava certa – do que fotografias exibidas em sequência e de forma bastante rápida, criando a ilusão do movimento e a impressão das imagens estarem "vivas". Porém, a constituição dos filmes como meios de comunicação de massa, e o lento processo do estabelecimento de uma "7ª arte", vai muito além do aspecto técnico e pode ser definido como a busca pela conjugação do desenvolvimento tecnológico com a construção de uma determinada linguagem.

Estamos acostumados, quando vamos ao cinema, a ver cortes, *closes*, imagens panorâmicas, automaticamente unindo toda a narrativa em uma continuidade que entendemos como coerente. Cada uma dessas, e tantas outras técnicas cinematográficas, foram, porém, resultado de experimentos e descobertas. O escocês James Williamson (1855-1933) foi um dos primeiros a criar filmes em que a continuidade era estabelecida por meio de múltiplas cenas. Veja, por exemplo, as seguintes imagens de seu filme *Fogo!*, de 1901.

Figura 4.2 – Cenas do filme *Fogo!*, de 1901

Fonte: Fogo!, 1901.

Na primeira cena, o policial, que percebe uma casa em chamas, sai correndo de frente da câmera e reaparece, instantaneamente, diante do prédio do corpo de bombeiros. Williamson foi um dos primeiros a perceber que não era necessário manter uma pessoa permanentemente diante da câmara para que a plateia construísse a noção de continuidade. Na terceira cena, já temos a charrete dos bombeiros correndo pela rua e, após mais um corte, tem-se a cena do interior da casa: aqui a mudança de perspectiva é ainda mais

> complexa, pois a plateia deveria compreender que não estava mais acompanhando o policial ou os bombeiros, mas sim as pessoas que combatiam o incêndio de dentro da residência. Acostumados que estamos à linguagem cinematográfica, a compreensão dessa narrativa é fácil para nós, e mesmo automática. Mas era uma novidade, e resultado de experimentos e tentativas, no final do século XIX e início do XX.
>
> O estabelecimento do cinema como uma arte audiovisual é resultado de um processo histórico que envolve tanto o desenvolvimento de formas inovadoras de se apresentar narrativas quanto o desenvolvimento técnico, do qual participam também a invenção do cinema falado, dos filmes a cores e, mais recentemente, do uso da tecnologia 3D. É por isso que se pode dizer que o cinema, hoje um dos principais produtos do mercado do entretenimento, é o resultado de desenvolvimentos de tecnologias e de linguagens que dialogam entre si.

4.1.1 Cinema e ensino de História

As mesmas mudanças a respeito do conceito de fonte histórica que ocorreram no século XX, e que permitiram que as imagens entrassem no instrumental de documentos trabalhados por historiadores, atingiram também os filmes. E, da mesma forma, tornou-se uma adição que ocorreu de maneira bastante lenta e tateante: ainda hoje, muitas historiadoras e historiadores têm dificuldade de adotar os títulos cinematográficos como documentos históricos em suas pesquisas, por problemas metodológicos, maior facilidade com o trabalho com textos, dificuldades teóricas.

A presença do cinema em sala de aula, por outro lado, tem suas especificidades que envolvem o próprio desenvolvimento do cinema comercial. Já nas primeiras décadas do século XX começaram a se estabelecer salas permanentes de projeção nas capitais. Com o surgimento do que seria uma verdadeira indústria, e a percepção de sua influência sobre a sociedade em áreas como moda, comportamentos e ideias, surgiram discussões sobre os usos pedagógicos da nova mídia. Afinal, percebeu-se se tratar de uma forma de comunicação que cativava profundamente a atenção dos jovens.

A partir da década de 1920, no Brasil, governos estaduais e iniciativas privadas reforçaram a utilização do cinema em sala de aula com propósitos educativos. O entusiasmo com as possibilidades do novo meio foi refletido em um aumento de projetos tanto públicos quanto particulares. É nesse contexto de entusiasmo que foi criado pelo governo Vargas, em 1936, o Instituto Nacional do Cinema Educativo, o Ince. Sua responsabilidade não era apenas a de produzir películas educativas, mas também treinar professores e facilitar, do ponto de vista técnico, a utilização do cinema pelas escolas, inclusive com a comercialização de projetores de baixo custo.

> **Dica** ⇨ É possível consultar *on-line* vários filmes produzidos pelo Ince. Esses se encontram à disposição no Banco de Conteúdos Culturais, mantido pela Cinemateca Brasileira em parceria com o Centro Técnico Audiovisual.

Ainda que o Ince tenha exercido importante influência no uso de filmes com propósitos educativos, o fato é que o entusiasmo e as expectativas dos anos 1920 e 1930 sobre a utilização do cinema em sala de aula não se realizaram. Especificamente em história, determinadas tramas eram apresentadas de maneira por demais fantasiosa para serem efetivas junto aos alunos, ou não eram mais do que recriações, em filmes, da narrativa dos livros didáticos, com seu foco na política e na ação de "grandes heróis".

Foi necessária a compreensão das especificidades da linguagem cinematográfica para que, finalmente, o cinema passasse a ser utilizado com mais frequência nas escolas. E isso se deu a partir dos anos 1980, em um processo que foi favorecido, também, pela democratização de equipamentos como os videocassetes, que facilitavam a exibição de filmes nas escolas e a seleção de cenas.

Antonio Fontoura

Tratava-se, naquele momento, de um uso que apresentava problemas, alguns dos quais persistem nos dias de hoje. Os filmes eram usualmente tomados como expressões da verdade histórica; quando muito, os professores faziam pequenas observações sobre erros em uma ou outra cena. Mantinha-se uma relação de desnível entre a informação cinematográfica, apresentada como detentora do conhecimento, e o aluno, a quem cabia apreender as informações que assistia. Eram desconsideradas as condições de produção do filme e as perspectivas decorrentes. Além disso, utilizados como meros substitutos das aulas expositivas, não eram acompanhados de quaisquer discussões ou debates, servindo apenas para dar mais "dinâmica" às aulas. Na manhã seguinte, passava-se ao novo tópico no livro didático, e a matéria era considerada dada.

E na atualidade? Repare a seguinte sugestão de atividade presente em um livro didático para o 9º ano, publicado em 2015, em um capítulo que tratava do tema "O governo bolchevique":

Doutor Jivago [Estados Unidos[1]]. Direção de David Lean. 1965. 201 min.
Médico russo apaixona-se por uma mulher. Seu amor resiste aos tempos do czar e dos comunistas no poder após a Revolução. (Vainfas et al., 2015, p. 33)

Os Parâmetros Curriculares Nacionais, bem como as regras do PNLD, vêm estimulando autores e editoras a produzirem materiais didáticos a trazer outros textos, além dos verbais, para serem utilizados em sala de aula. De certa forma, portanto, os filmes estão presentes, seja como sugestões ao longo do texto principal (caso do uso citado no parágrafo anterior), ou ao final do capítulo, como atividades complementares. Entretanto, não é difícil perceber que há

---

1   *O filme, na verdade, é uma produção britânico-italiana.*

problemas na forma como "Doutor Jivago" foi sugerido como recurso audiovisual. Dentro da tipologia que estabelecemos no primeiro capítulo, o uso aqui ficaria entre o decorativo e o ilustrativo: sem qualquer definição de objetivos, estratégias, problematizações – por simples que sejam –, o filme fica descontextualizado do tema ao qual supostamente estaria ligado. Por que utilizar um filme britânico de 1965 para representar a Rússia de 1917? Quais foram suas condições de produção e suas intenções? De que maneira um tema absolutamente político – o governo bolchevique – poderia ser compreendido por meio de um artefato cultural (o filme)? De que maneira a trama fílmica dialoga com o texto didático?

Há exceções, sem dúvida, embora elas tendam a corroborar a regra de que, mesmo na atualidade, recursos audiovisuais como filmes são trabalhados de forma precária, não apenas por muitos livros didáticos, mas também na formação de professores, e ainda entram com certa dificuldade pelas portas das salas de aula.

4.1.2 Os riscos do uso do cinema nas aulas de História

A seguir está reproduzida a narração inicial do filme *Coração valente* (1995). O narrador (que não aparece nas imagens) procura contextualizar a audiência em relação à narrativa que será contada.

Vou lhe contar a história de William Wallace [...].

O rei da Escócia havia morrido sem um filho, e o rei da Inglaterra, um cruel pagão conhecido como Eduardo Pernas Longas, reclamou o trono da Escócia para si.

Os nobres da Escócia lutaram contra ele, e uns contra os outros, pela coroa.

Então, Pernas Longas convidou-os para tratar de uma trégua – sem armas.

Antonio Fontoura

Entre os camponeses daquela vila estava Malcolm Wallace, proprietário das próprias terras. Ele tinha dois filhos – John e William. (Coração..., 1995)

O objetivo do filme, como o narrador deixa claro logo em sua fala inicial, seria o de apresentar a história de William Wallace, escocês que, no século XIII, tornou-se um dos principais líderes da guerra pela independência da Escócia em relação à Inglaterra. No entanto, comparando-se as afirmações presentes nesses dois minutos de filme com o que é sabido da história escocesa a partir de documentos e da historiografia, pode-se afirmar: em 1280, o Rei Alexandre III da Escócia não havia morrido; ainda assim, tinha dois filhos. E, de toda forma, quando morreu não deixou o trono vazio, pois quem ficou em seu lugar foi sua neta Margarida, "Donzela da Noruega", que governou até falecer em 1290. E, mesmo após a morte da rainha, os nobres escoceses não entraram em guerra entre si, nem Eduardo I reclamou o trono; portanto, não houve qualquer convite para uma trégua. Aliás, Eduardo era cristão, e não pagão; William tinha pelo menos mais dois irmãos, e não apenas um; sua família não era de camponeses, mas nobres; as roupas, penteados e detalhes da paisagem que aparecem não correspondem ao que era efetivamente usado no período (Krossa, 2008).

É muito pequena a utilidade de *Coração valente* como recurso audiovisual para se entender a Escócia do século XIII e seus conflitos por independência. Eventos, recriação de roupas e ambientes, ações dos personagens, são tão desprovidos de fundamento factual que pouco restaria do filme em uma aula sobre aquele período. Certamente, a obra é mais útil para discutirmos as representações de valores estadunidenses sobre heroísmo, nacionalismo, liberdade, de meados dos anos 1990.

Um segundo risco do uso educacional de filmes é a presença de anacronismos, sendo o presentismo o mais comum, ou seja, lançar ao passado concepções próprias do presente. Um bom exemplo aparece no filme *Cruzada* (2005), no qual o personagem de Orlando Bloom, Balian, afirma que nem cristãos, judeus ou muçulmanos teriam o direito exclusivo à Terra Santa de Jerusalém. Trata-se de um raciocínio próprio do presente que, porém, era impensável para os guerreiros cruzados do século XII.

Um terceiro risco é o de os alunos tomarem os filmes como janelas para o passado ou máquinas do tempo. As obras cinematográficas não refletem o passado como "realmente aconteceu", mas são interpretações, realizadas no momento de sua criação. As mensagens transmitidas não são acidentais, mas resultado de determinadas ideias e intenções. O olho da câmera não é objetivo. Ignorar esse fator é tomar a narrativa fílmica como representação da verdade histórica, substituindo a maneira tácita de apresentação de conteúdos, própria dos livros didáticos, por outra não menos absoluta, que viria do filme.

A preparação adequada para a utilização de filmes como recursos audiovisuais visa evitar esses erros, além de construir estratégias que previnam que os alunos apenas assistam ao filme. O que pode ser divertido, mas pouco proveitoso. O que se pretende com a utilização de uma mídia tão rica quanto complexa é o estabelecimento de relações entre o que foi assistido e o conhecimento histórico.

Antonio Fontoura

(4.2)
OS VÁRIOS USOS DO CINEMA NAS AULAS DE HISTÓRIA

Os filmes podem ser utilizados de várias maneiras como recursos audiovisuais para as aulas de História (Marcus et al., 2010):

- **Filmes podem ser utilizados em sala de aula como visões do passado**, ou seja, pelas maneiras pelas quais representam ambientes, eventos, costumes de outros tempos e lugares.

- **Filmes podem ser utilizados por apresentarem narrativas explicativas sobre acontecimentos históricos**: a maneira como são apresentados os fatos e se desenrola a trama permite que os alunos compreendam as complexidades que geraram certos eventos considerados históricos.

- **Filmes podem ser utilizados para discussão de temas controversos**, do passado ou do presente, e que de outra forma poderiam ser de difícil abordagem.

- **Filmes são documentos históricos para a compreensão da sociedade em que foram produzidos**: nesse sentido, estudam-se as mensagens produzidas pelas obras cinematográficas para compreender certas ideias, valores e contextos próprios à sua criação.

Pode-se ver, portanto, que são várias as maneiras pelas quais um filme pode ser utilizado em sala de aula, sempre variando em função dos objetivos que se pretende atingir e dependendo de estratégias específicas a organizar. Esses usos são apenas os mais comuns, e serão tratados, com mais profundidade, nos itens a seguir.

4.2.1 FILMES ENQUANTO VISÃO DO PASSADO

Uma das maneiras mais comuns de se utilizar os filmes em aulas de História é a busca por tornar mais concreta a realidade diferente do passado: roupas, linguagem, cotidiano, aparência, vida doméstica, tecnologia, crenças. Afinal, as informações presentes em livros didáticos poderão permanecer abstratas aos alunos se eles não conseguirem reconhecer naquele material a descrição de uma realidade que era efetivamente vivida. O filme, nesse sentido, oferece não apenas determinada visualidade, mas procura (dentro dos seus limites) recriar sonoridades, tempos, gestos, costumes. Além disso, tem a capacidade de construir uma experiência de imersão – ou seja, fazer com que a plateia "sinta-se lá": com ajuda das cenas, da intepretação, do caráter estimulante da narrativa, das músicas que salientam emoções.

A seguir, apresentamos alguns títulos que são úteis para essa forma de utilização didática dos filmes. Aqui aparecem apresentados em ordem cronológica considerando a época que procuraram recriar:

- *O leão no inverno* (1968), um dos mais detalhados filmes sobre o mundo medieval, reconta com razoável precisão aspectos da realidade da Inglaterra no século XII.
- *O homem que não vendeu sua alma* (1966) procura discutir o pensamento de Thomas Moore no contexto da Inglaterra do século XVI.
- *Hans Staden* (1999) busca reconstituir as aventuras do marinheiro que dá título ao filme, bem como detalhes da vida dos Tupinambás, quando foi capturado por indígenas no litoral do Brasil do século XVI.

- *A bruxa* (2015) procura retratar os princípios que regiam as crenças e os medos das pessoas nos Estados Unidos do século XVII, que as levavam a acreditar e temer a bruxaria.
- *Amistad* (1997), particularmente pelas cenas em que mostra, com razoável fidelidade, o processo de captura de seres humanos na África e seu transporte às Américas no século XIX para serem escravizados.
- *O Barão Vermelho* (2008) caracteriza-se pela fidelidade com que reconstitui as lutas aéreas com biplanos durante a Primeira Guerra Mundial.
- *A lista de Schindler* (1993) auxilia a compreender o contexto das deportações de judeus, a vida nos guetos, a escravização dos trabalhadores pelos nazistas e inclusive certos aspectos da chamada *Solução Final*; outro filme que apresenta abordagem semelhante é *O pianista* (2002).
- *Os gritos do silêncio* (1984), sobre as ações do Khmer Vermelho no Camboja e seus campos de prisioneiros[2].

> **Dica** ⇒ Em filmes históricos em que a violência aparece de forma explícita (como em *A lista de Schindler* e *Os gritos do silêncio*) e que pode ser impactante para os alunos, uma boa estratégia é deixar claro que se trata de atuações. Pode ser útil, inclusive, trazer para a sala de aula imagens ou reproduções de artigos ou entrevistas, que revelem como o filme foi produzido, detalhando os cenários, os efeitos especiais e a preparação dos atores. Por fim, pode-se escolher não exibir determinadas cenas, alertando sua decisão aos alunos.

Ainda que esses filmes possam ser destacados pela maneira como procuram representar aspectos do passado, nenhuma obra cinematográfica consegue recriá-lo completamente, e isso se aplica também aos

---

[2] A Atividade 1 do Capítulo 2 tratou de uma das prisões construídas pelo Khmer Vermelho, *Tuol Sleng*.

títulos sugeridos. Em *O Barão Vermelho*, por exemplo, o herói que dá o título ao filme é representado como alguém que se colocava contra o assassinato dos pilotos dos aviões inimigos, quando, na realidade, Manfred von Richthofen (1892-1918) defendia o oposto; e *O leão no inverno* aborda uma suposta, não demonstrada documentalmente, homossexualidade de Henrique II. Sempre haverá más interpretações, equívocos, dúvidas, eventos e processos que os historiadores não conhecem bem, detalhes de costumes e crenças que se perderam, vestígios que simplesmente não mais existem. Nesses casos, muitos filmes simplesmente inventam. Por isso, os professores devem sempre ter o cuidado de realizar uma pesquisa prévia, para destacar para os alunos possíveis erros, além de chamar a atenção para cenas que, mesmo que plausíveis, não se sabe com certeza se ocorreram.

Mas há outro fator, ainda mais fundamental, que impede que qualquer filme seja totalmente fiel ao passado: o fato de que, como disse certa vez o historiador inglês Frederic William Maitland (1850-1906), "talvez seja tarde demais para sermos os primeiros ingleses" (Mandler, 2006, p. 116). Em outras palavras, não fomos criados no passado e, por isso, nos faltam informações sobre as maneiras de pensar, os costumes cotidianos, as crenças que organizavam suas visões de mundo. Todo filme é, portanto, uma interpretação contemporânea: o mundo medieval, ou renascentista, ou do Brasil Colônia não se diferencia do nosso apenas pelas roupas, linguagem ou hábitos de higiene. Tudo isso também, mas, mais fundamentalmente, diferenciam-nos toda a cultura que organizava aquela realidade, que construía os contextos para suas experiências, que criava os significados das ações, eventos e processos. Por precisos e detalhistas que possam ser, por mais que procurem seguir os mais ínfimos detalhes presentes nas fontes históricas, os filmes devem ser sempre entendidos como interpretações do passado.

Antonio Fontoura

E, nesse sentido, as obras cinematográficas sempre são impactadas pelo momento em que foram produzidos. Algo que pode ser constatado, por exemplo, comparando-se cartazes para diferentes filmes intitulados *Cleópatra*.

Figura 4.3 – *Cleópatra*, de 1917; *Cleópatra*, de 1934

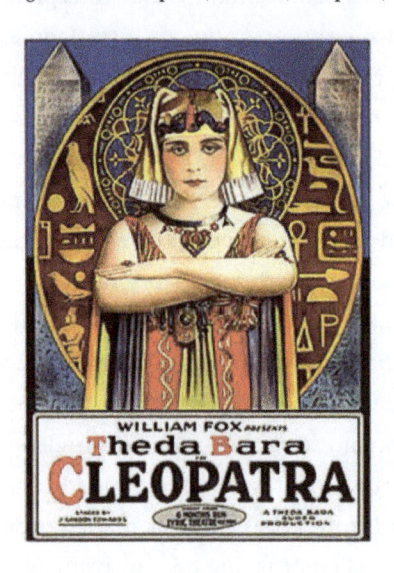

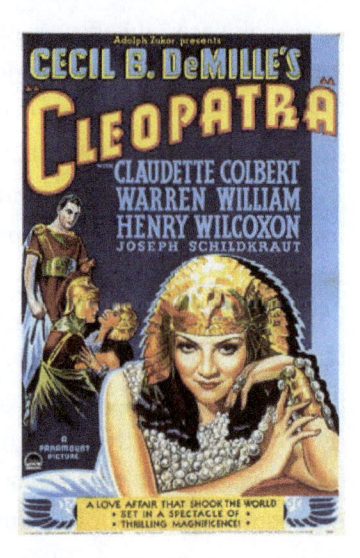

Para tornar ainda mais interessante essa comparação, procure, na internet, imagens do filme *Cleópatra*, de 1963, protagonizado pela atriz estadunidense Elizabeth Taylor. Comparando-se esses cartazes, e antes mesmo de assistirmos a esses filmes, ficam evidenciadas diferentes escolhas estéticas e opções narrativas (mais ou menos erotizadas, por exemplo), o impacto da tecnologia cinematográfica, os diferentes figurinos. Cada filme recriou seu próprio Egito e tinha sua própria ideia de *Cleópatra*.

Além disso, em relação aos filmes comerciais, a busca compulsiva pela fidelidade histórica pode comprometer o entretenimento – objetivo primeiro dos títulos que analisamos até aqui. Certamente, *O homem que não vendeu sua alma* procura ser fiel aos registros históricos, mas justamente em função disso é lento e torna-se relativamente aborrecido; *Hans Staden* é todo falado em alemão (idioma de Staden) e tupi (dos Tupinambás), e não há dúvida de que isso compromete a fluidez da experiência, ainda que conte com legendas.

4.2.2 Filmes e a compreensão de narrativas

Um segundo uso bastante comum dos filmes em sala de aula é sua utilização para que os alunos entendam como eventos ou processos históricos se desenrolaram. Ao invés de se apresentar em uma aula expositiva tradicional as motivações e as consequências das viagens de Cristóvão Colombo, pode-se assistir a *1492, a conquista do Paraíso* (1992); *O jogo da imitação* (2014) narra algumas das dificuldades dos aliados, na Segunda Guerra Mundial, em sua guerra de inteligência contra os alemães (além de ser interessante para compreender as mudanças em relação à homossexualidade); as várias tensas discussões próprias da Guerra Fria durante a crise dos mísseis de Cuba (1962) podem ser referenciadas com base em *Treze dias que abalaram o mundo* (2000). Esses são alguns exemplos de como pode ser aproveitada, para o ensino, a principal especialidade da arte cinematográfica: a de "contar histórias".

Quando utilizado dessa maneira, o filme torna-se uma "fonte secundária", ou seja, um comentário, análise ou discussão de um período histórico, produzido em um momento diferente daquele que analisa (Fontoura, 2016b). Nesse caso, permanecem as preocupações do professor com a fidelidade histórica e a identificação, nos filmes, de eventos e recriações imprecisas, exageradas ou equivocadas.

Porém, o uso dos filmes como ferramentas para a compreensão do desenrolar de eventos históricos gera novos problemas, que estão relacionados ao complexo uso da narrativa.

O primeiro e mais evidente risco é o de tomar a narrativa fílmica como expressão da verdade histórica. Novamente, deve-se salientar aos alunos que não se está diante do que "realmente aconteceu", mas de determinada interpretação das evidências, encadeadas em uma trama fílmica e que busca, inclusive, alcançar uma determinada conclusão, que pode mesmo ser de ordem moral. Um filme comercial, já afirmamos outras vezes, não é criado com o objetivo primeiro de ser educativo e, por isso, pode defender certas ideias e valores que o roteirista, o diretor, os atores ou a produção acreditam serem corretos. Por ter alta capacidade de engajamento e convencimento, não é raro que uma determinada trama seja tomada pelos alunos como uma versão objetiva e neutra do passado.

Se tomarmos *Os bandeirantes* (1940), de Humberto Mauro, que narra as expedições dos paulistas para o interior do Brasil no século XVII, podemos apreender como certos valores foram expressos no filmes: os indígenas são representados como pessoas que precisavam ser catequizadas e civilizadas, ou seja, eram consideradas empecilhos à modernização e desenvolvimento do país: opção narrativa que ecoava a concepção histórica do período. Já o filme *A missão* (1986), ainda que aborde eventos ocorridos em épocas e regiões semelhante ao do filme de Mauro, apresenta uma perspectiva completamente oposta: os indígenas são retratados como heróis que sofrem a violência brutal dos sertanistas.

Concepções do que é a história, do significado dos indígenas para a sociedade, do papel da religião, de valores ligados à ideia de civilização, de concepções a respeito da modernidade impactaram diferentemente os autores desses filmes. O que acabou por levar à criação de narrativas que são contraditórias entre si, mesmo que tratem de eventos históricos bastante próximos.

> **Dica** ⇨ É possível trabalhar a influência que o contexto de produção de um filme desempenha na narrativa comparando-se como duas obras trabalham os mesmos eventos históricos a partir de duas perspectivas diferentes. Isso ocorre com *Duas mulheres* (1961), do diretor italiano Vittorio de Sica, e *Dias de glória* (2006), do franco-argelino Rachid Bouchareb. O primeiro mostra a Segunda Guerra Mundial da perspectiva de duas mulheres italianas, que acabam sendo estupradas por soldados marroquinos. O segundo trata da mesma guerra e do mesmo local, mas do ponto de vista de dois soldados argelinos e um marroquino, e como o conflito permitiu o nascimento de uma compreensão política de sua situação colonial. Cada obra toma a perspectiva dos cineastas que as produziram, de suas particulares ideias políticas, e da relação que estabeleceram com as diferentes experiências que a guerra promoveu na população de seus países (Oliveira, 2010b).

Além da questão da perspectiva, a narrativa apresentada no filme pode, simplesmente, estar errada; ou, o que é bastante comum, mesclar elementos reais e imaginários, que devem ser devidamente identificados por professores e alunos. A representação da tomada da embaixada dos Estados Unidos no Irã, em 1979, como aparece no filme *Argo* (2012), por exemplo, é uma recriação bastante fiel do evento real, embora as razões para a derrubada do Xá Reza Pahlavi (1919-1980) sejam apresentadas de maneira superficial, ignorando as complexidades das relações entre os dois países, além de simplificar o papel político do fundamentalismo islâmico na região. Houve, portanto, uma adaptação dos fatos, em benefício do andamento da trama. Sem mencionar que as cenas finais, nas quais é apresentada uma alucinante perseguição ao avião que levava os funcionários da embaixada estadunidense fugitivos, são totalmente fictícias.

A seguir são apresentadas algumas sugestões de filmes para que sejam trabalhadas narrativas históricas. Estão apresentados em ordem cronológica da época que procuram recriar:

- *Danton: o processo da revolução* (1983), por apresentar o chamado "período do terror" da Revolução Francesa (1793 a 1794), sob o comando de Robespierre, no qual Danton, apesar de ser um dos líderes revolucionários, é executado. Em relação à narrativa, deve-se reparar como o diretor polonês Andrzej Wajda (1926-2016) retira a força popular da Revolução Francesa, tratando-a como uma luta política entre os dois personagens, opção que gerou críticas da esquerda francesa do período.
- *A queda* (2004), por apresentar, com bastante precisão, os últimos dias do Terceiro Reich e a situação de Adolf Hitler antes de seu suicídio.
- *O Julgamento de Nuremberg* (1961), por apresentar os julgamentos que ocorreram em 1947 (ainda que o filme, por questões narrativas, os localize em 1948), de médicos, juízes e homens de negócios que participaram do regime nazista. Apesar de inventar certos eventos e personagens, aborda as dificuldades éticas e morais de se julgar os crimes do Terceiro *Reich*.
- *A batalha de Argel* (1966), por ser uma das mais notáveis buscas fílmicas por narrar um episódio histórico a partir de um ponto de vista neutro. Seu diretor, o italiano Gillo Pontecorvo (1919-2006), procurou apresentar os eventos ocorridos entre 1954 e 1962 relacionados à luta na Argélia contra a ocupação colonialista francesa sem apresentar uma clara preferência aos combatentes de qualquer dos lados do conflito.
- *O que é isso, companheiro?* (1997), por tratar do sequestro do embaixador estadunidense Charles Elbrick (1908-1983), ocorrido

em 1969, realizado pelo grupo de guerrilha urbana MR-8, em uma ação contra o regime militar brasileiro.

- *Todos os homens do presidente* (1976), por apresentar as investigações ocorridas entre 1972-1974, dentro do evento histórico denominado *Watergate*, que acabou levando à renúncia do então presidente dos Estados Unidos Richard Nixon.
- *Munique* (2005), por procurar retratar as ações do Mossad – a agência de inteligência estatal de Israel – em busca de retaliação contra os assassinatos ocorridos em 1972 contra atletas israelenses na Olimpíada de Munique. Em sua narrativa, o filme sublinha certos conflitos morais dos agentes do Mossad em relação à sua tarefa, não suportados por evidências históricas. Trata-se de uma tentativa de construir uma empatia entre as ações dos personagens e a audiência.
- *Hotel Ruanda* (2004), por oferecer uma perspectiva sobre o genocídio ocorrido em Ruanda, em 1992. Do ponto de vista narrativo é interessante de ser trabalhado por um elemento adicional: o filme opta por apresentar um final feliz, bastante diferente daquele que tiveram as próprias pessoas que serviram de base para a trama.

Documentários

Em 1940, quando foi lançado *O judeu eterno* na Alemanha, o filme foi apresentado como um documentário, como mostrava o cartaz que analisamos no Capítulo 2. Portanto, a população que foi aos cinemas supunha encontrar certa representação verdadeira da realidade, algo que fosse notável e importante de ser conhecido, porque, afinal, é isso que os documentários pretendem trazer: a apresentação, em filme, de algo que seja relevante e verídico. O filme reforçava essa retórica por uma mensagem que aparecia logo em seu início: "este filme nos mostra, a partir de cenas autênticas tomadas em guetos poloneses, como os judeus se parecem antes de se esconderem por detrás da máscara de europeus civilizados" (Der Ewige Jude, 1940).

Mas, obviamente, nada há de verdadeiro naquele filme, com exceção de seu evidente antissemitismo. Nesse sentido, *O judeu eterno* é um exemplo que sintetiza, ainda que de forma extrema, tanto as promessas, quanto os problemas que são próprios dos documentários.

Os documentários têm um estilo próprio em que o tema é apresentado dentro de uma abordagem, pode-se dizer, jornalística, em que um narrador, aparentando neutralidade, explica e direciona a interpretação das imagens. Utilizados com muita frequência em sala de aula, são preferidos por muitos professores justamente por apresentarem o que parece ser uma visão científica e neutra da realidade (Napolitano, 2003b). Por esse motivo são, mais do que os filmes comerciais, tidos como estudos sérios, cujas conclusões presume-se que estejam fundamentadas por especialistas e que seriam, por isso, obras fílmicas mais confiáveis e mais adequadas à utilização em sala de aula.

Para as aulas de História, os documentários devem ser considerados como mais um gênero de filme: ou seja, sua suposta objetividade deve ser questionada, bem como devem ser buscadas tanto as intenções narrativas quanto os contextos em que foram produzidos. Afinal, participam do mesmo universo cultural e mercadológico dos demais tipos de filmes e, assim, buscam também construir entretenimento e atrair público. Tome-se, por exemplo, *A marcha dos pinguins*, documentário de sucesso de 2005, que trata, a princípio, da migração dos pinguins imperadores na Antártica. Sua estratégia narrativa procurou criar empatia junto à plateia, humanizando os animais e procurando construir diferentes tramas mesclando cenas de humor, violência e romantismo, à maneira de uma obra de ficção (Aufderheide, 2007).

4.2.3 O FILME E A ABORDAGEM DE TEMAS CONTROVERSOS

O objetivo do ensino de História em sala de aula não deve ser outro senão a compreensão do presente. Trata-se de uma tarefa complicada, se lembrarmos que os currículos e os materiais didáticos ainda apresentam uma quantidade imensa de personagens, eventos e temas lançados os alunos. Essa monumental diversidade, que coloca o estudo escolar de história dentro de um modelo enciclopédico, apenas prejudica seu objetivo primeiro que é o conhecimento do presente a partir de seu processo de desenvolvimento, de suas relações com o passado, de mudanças e permanências: de sua história, enfim.

Para buscarmos no passado explicações sobre a realidade presente, devemos, porém, compreender temas que são fundamentais para nossos dias e, para isso, os filmes são de grande importância. Afinal, por meio de sua narrativa conseguem apresentar à audiência conflitos morais, preconceitos sociais e raciais, dilemas que abordam a intolerância, o desrespeito à diversidade, as causas e efeitos da violência.

Afinal, é um dos papéis essenciais da educação estimular o debate, conscientizar os alunos a respeitar a diversidade de opiniões, bem como esclarecer suas ideias e posicionamentos com base no uso de argumentos, na troca de ideias e no respeito às diferenças.

O trabalho com temas controversos em história por meio de filmes também deve partir de um posicionamento inquisitivo a respeito do que é assistido. Portanto, deve-se compreender e debater, junto com os alunos, a perspectiva empregada na narrativa, a razão dos problemas levantados, as diferentes opiniões, as possíveis soluções, além das maneiras como são representadas. Qual o ponto de vista adotado pelo filme? Defende-se algum tipo específico de posição? Que elementos foram enfatizados, e quais ignorados?

A seguir são sugeridos filmes que abordam temas controversos a partir de uma perspectiva histórica (organizados, aqui, a partir da data do lançamento):

- *Adivinhe quem vem para o jantar* (1967), para discutir a questão do racismo introjetado, e muitas vezes não externado, a partir de uma trama produzida no contexto das lutas pelos direitos civis nos Estados Unidos.
- *Eles não usam black-tie* (1981), visando debater o problema das relações trabalhistas, o papel social das greves, as relações entre o mundo do trabalho e o mundo privado. O filme foi produzido no contexto da reorganização do movimento sindical brasileiro nos últimos anos do regime militar (1964-1985).

Antonio Fontoura

- *Pixote, a lei do mais fraco* (1981), para debater a relação entre miséria e marginalização social, bem como as relações que a sociedade e o estado mantêm com pessoas da periferia, centrando-se, no caso do filme, no tema da delinquência juvenil. O protagonista, Fernando Ramos da Silva, então com 13 anos, acabou se envolvendo com a criminalidade e foi assassinado pela Polícia Militar quando tinha 19 anos, acusado de ter praticado assalto. O contexto de sua morte pode ser trabalhado por *Quem matou Pixote?*, de 1996.

> **Dica** ⇨ O *site* Memória do Cinema Brasileiro (memoriacinebr.com.br) disponibiliza uma extensa quantidade de materiais relacionados aos processos de censura contra filmes nacionais durante o período do regime militar. Esses processos podem ser utilizados, em sala, acompanhados dos próprios filmes, de modo que os alunos possam compreender os receios que os censores governamentais demonstravam em relação às obras. *Pixote*, por exemplo, foi liberado apenas para maiores de 18 anos, "levando-se em conta o tema e as cenas de sexo" (Brasil, 1980); o mesmo ocorreu com *Eles não usam black-tie*, "em face ao caráter sociopolítico da temática" (Brasil, 1981).

- *Filadélfia* (1993), para tratar das intolerâncias que estão relacionadas a diferentes opções sexuais. O filme foi produzido em um momento em que a Aids – doença que o protagonista homossexual descobre ter – ainda era vista com extremo preconceito.
- *Cidade de Deus* (2002), para discutir, com base no que ocorre com a comunidade que dá título ao filme, no Rio de Janeiro, como se desenvolve a relação entre favelização e a criminalidade, bem como a responsabilidade e a atuação do Estado em comunidades pobres.
- *Carandiru* (2003), para evidenciar os problemas ligados à população carcerária no Brasil, as consequências para toda a sociedade de problemas como a superlotação e a discussão das estratégias tomadas pelo Estado no combate à criminalidade e reintegração social de criminosos.

- *Distrito 9* (2009), por apresentar as maneiras pelas quais o governo sul-africano aprisiona em guetos e condena a uma precária situação de subsistência a um grupo de alienígenas que, por defeitos em sua nave, acaba sendo obrigada a pousar na Terra. Trata-se de uma alegoria do preconceito, que pode ser utilizada para abordar vários períodos históricos. Um filme com mensagem semelhante a respeito da discriminação, destinado a um público mais jovem, é *Uma cilada para Roger Rabbit* (1988).

4.2.4 O FILME COMO DOCUMENTO

Filmes são importantes documentos históricos, e podem ser usados dessa forma em sala de aula. *A batalha dos Guararapes*, de 1978, ou *Bonnie e Clyde*, de 1967, não seriam usados para entender como foi o conflito com os holandeses no nordeste brasileiro do século XVII ou as ações do famoso casal criminoso nos Estados Unidos dos anos 1930; mas, sim, porque ecoam aspectos da época em que foram produzidos: o primeiro, por exemplo, por revelar as concepções tradicionais de história defendidas pelo regime militar brasileiro, e o segundo para discutir as mudanças comportamentais da juventude que ocorriam na sociedade estadunidense dos anos 1960.

São, em geral, duas as maneiras pelas quais os filmes podem ser utilizados como documentos históricos. Em primeiro lugar, por expressarem ideias, concepções, crenças e comportamentos de uma sociedade ou período, de uma forma figurada. É dessa maneira que o monstro japonês Godzilla, surgido pela primeira vez em um filme de 1954, pode ser entendido como uma metáfora do poder de destruição atômica; que os tão populares filmes de zumbis e outras temáticas distópicas[3] seriam reflexos de medos coletivos como o risco de desintegração social; e que o assassino Jason Voorhees, da série *Sexta-feira 13*, representaria uma visão conservadora das liberdades comportamentais dos Estados Unidos dos anos 1980: afinal, eram sempre adolescentes que se afastavam da sociedade para exercerem sua sexualidade que acabavam assassinados.

O ponto de partida de análises como essa é a constatação de que, além dos filmes serem produtos culturais localizados em um tempo e em um espaço, a produção cinematográfica dialoga com representações e convenções culturais de sua época. Por exemplo: após os atentados de 11 de setembro de 2001, nos Estados Unidos, houve um aumento no número de filmes ambientados em cenários de guerra (Bordwell; Thompson, 2008). É difícil afirmar se foi a indústria cinematográfica que incentivou a realização desses filmes buscando participar de uma justificativa para as ações militares dos Estados Unidos, ou se foi o próprio público, influenciado por uma onda nacionalista, que passou a solicitar e gerar mais audiência a esse gênero. É muito provável que seja um pouco de ambos. Mas, de toda forma, permanece a existência de um diálogo entre a indústria cinematográfica e outras instâncias da sociedade: suas preferências, medos, ansiedades, desejos ecoam nas tramas, nos gêneros, nos personagens.

A compreensão das alegorias presentes em um filme nem sempre é fácil e muitas vezes pode ser motivo de controvérsia. Se, por um lado, o próprio diretor de *Godzilla*, Ishirô Honda (1906-1991), confirmou que o monstro representava a destruição nuclear (Brothers, 2011), *Alien* (1979) foi interpretado como uma denúncia à violência do

---

3 Distopia *refere-se à representação de um mundo futuro destruído e sem esperanças. Filmes que retratam a sociedade após algum evento apocalíptico como* Mad Max *(1979, ou a versão de 2015),* O livro de Eli *(2010), ou* A estrada *(2009) são exemplos de abordagens distópicas da realidade.*

exército estadunidense, uma crônica sobre o Vietnã ou uma visão a respeito do feminismo (por conta das ações heroicas da protagonista Ellen Ripley) (Hills, 1999). Já o western *Matar ou morrer* (1951) recebeu muitas críticas à época de seu lançamento por supostamente ser uma crítica velada ao macarthismo. Se o ator estadunidense John Wayne afirmou que *Matar ou morrer* era "antiamericano", para o próprio diretor Fred Zinnemann (1907-1997), não havia qualquer mensagem política, e se tratava apenas de um bom filme (Miller, 2005).

> O termo **macarthismo** está associado às ações do senador estadunidense Joseph McCarthy (1908-1957), que sistematizou perseguições a diferentes personalidades dos Estados Unidos acusadas de serem comunistas, muitas vezes sem qualquer evidência.

De toda forma, além dessa representação alegórica, uma segunda forma de os filmes serem utilizados como documentos históricos é por terem registrado sociedades, épocas e costumes passados. *Os óculos do vovô*, por exemplo, é uma produção de 1913, e um dos mais antigos filmes brasileiros preservados, ainda que não em sua totalidade (dos cerca de 15 minutos originais, restam aproximadamente quatro). Pode ser visto como mera curiosidade, mas do ponto de vista histórico e educativo é relevante: afinal, retrata as roupas, os ambientes internos de uma residência, alguns aspectos externos da cidade de Pelotas (onde foi rodado), o uso de telefones, o transporte no Brasil dos primeiros anos do século XX.

Obviamente, os filmes podem ser analisados das duas maneiras. *Superman*, de 1978, pode ser entendido do ponto de vista alegórico, com o Super-homem representando valores como coragem, bravura, ética, respeito, sintetizando mitos nacionalistas dos Estados Unidos dentro do contexto da Guerra Fria. Entretanto, o mesmo filme pode ser utilizado pelos registros do cotidiano da cidade de Nova Iorque, além de comportamentos, linguagem, hábitos de seus habitantes no final dos anos 1970.

Sugestão de filmes para que sejam trabalhados como documentos históricos (organizados a partir da data do lançamento):

- *O jovem tataravô* (1936), por contar a história de um personagem que teria morrido em 1823, e que é trazido de volta à vida na década de 1930. O jovem tataravô do título é levado a conhecer a cidade do Rio de Janeiro e as modernidades da época como o automóvel, a eletricidade, o avião. Além de ser interessante para que se possa descobrir o que se entedia, naquele período, por "modernidade", possui várias cenas externas revelando detalhes do Rio de Janeiro. É interessante observar quais locais da cidade foram selecionados para representar esse ideal de modernidade.

O cinema brasileiro de meados do século XX

O cinema brasileiro construiu um determinado espaço de produções próprias em meados do século XX especialmente a partir das companhias Atlântida e Vera Cruz, que são interessantes para a história da produção fílmica nacional, mas também como fontes históricas para a compreensão do país nesse período.

A Atlântida Cinematográfica foi uma empresa carioca de produção de filmes que atuou entre as décadas de 40 e 60 do século passado. Seu sucesso se deveu principalmente às chanchadas, comédias de enredo simples, parodiando personalidades ou eventos, acompanhadas de músicas como as marchinhas. Bastante populares, nesses filmes destacaram-se personalidades como Grande Otelo, Oscarito, Dercy Gonçalves, José Lewgoy, acompanhados em suas aventuras por interpretações musicais de Carmen Miranda, Francisco Alves, Almirante, Lamartine Babo, Dick Farney, entre os principais intérpretes e compositores do período. As produções da Atlântida associam-se à visão positiva sobre o futuro após o fim da ditadura de Vargas, e o desenvolvimento econômico do período.

A Companhia Cinematográfica Vera Cruz foi fundada em 1949, em São Paulo, e teve seu funcionamento financiado pela burguesia paulista. Assim como a Atlântida, também procurou produzir filmes que representassem o país e que, dessa forma, cativassem o público nacional. Porém, a Vera Cruz desejava se afastar do modelo das chanchadas cariocas, por seus diretores as considerarem produções de baixo nível e visarem à criação de obras que fossem verdadeira expressão da cultura nacional (Galvão; Souza, 1995). Em sua breve existência, pois encerrou suas atividades em 1954, a Vera Cruz produziu cerca de 40 filmes. Um filme de Vera Cruz que merece destaque é *O cangaceiro*, de 1953, dirigido por Lima Barreto (1906-1982), premiado no Festival Internacional de Cannes.

- *Alô, amigos* (1942), por ser um desenho animado produzido por Walt Disney e ligado aos pressupostos da Política da Boa Vizinhança. Além de apresentar cenas do Rio de Janeiro à época, o filme é um importante documento histórico sobre como o exotismo do Brasil era apresentado às plateias dos Estados Unidos e do mundo: é Zé Carioca, um papagaio fumante e beberrão, estereótipo do malandro carioca, quem apresenta a cidade, o samba e a cachaça ao Pato Donald, ao som da música "Aquarela do Brasil", acompanhados pela silhueta de uma dançarina que lembra Carmen Miranda.

- *O dia em que a Terra parou* (1951) por representar uma alegoria dos riscos do poder nuclear, e da corrida armamentista, vistos do ponto de vista estadunidense do período. Um alienígena, acompanhado de um gigantesco robô, chega à Terra para avisar que as pessoas de outros planetas estavam receosas pelo desenvolvimento das armas nucleares. Pode-se estabelecer, junto com os alunos, uma comparação entre esse filme e sua refilmagem de 2008. Na produção mais recente, o grande "inimigo" a ser derrotado é ecológico: a população humana é acusada pelos seres extraterrestres de destruírem o planeta e as espécies que nele habitam.

Antonio Fontoura

- "Absolutamente certo" (1957), por ser um filme que mostra, ainda que de maneira ingênua, as maneiras pelas quais a televisão, que começava a se difundir no Brasil, despertava o interesse da população e modificava o comportamento doméstico das famílias. Além disso, o filme apresenta interessantes cenas urbanas, que permitem que os alunos possam descobrir alguns detalhes da vida na cidade de São Paulo de meados do século XX.

O Cinema Novo e o cinema autoral

Surgido nos anos 1950, o chamado *Cinema Novo* buscou construir uma estética para as produções cinematográficas locais, que estivesse focada nos problemas nacionais e na apresentação de personagens e realidades característicos do Brasil. Diante da dificuldade de financiamento para a produção de filmes, os cineastas do Cinema Novo buscavam se centrar na apresentação de uma narrativa que fosse atraente para o público. *Rio 40 Graus*, de 1955, dirigido por Nelson Pereira da Silva é um dos fundadores dessa forma de fazer cinema, inspirada na *"nouvelle vague"* francesa e no neorrealismo italiano.

O cineasta de maior destaque dessa corrente foi Glauber Rocha (1939-1981), que dirigiu filmes como *Deus e o diabo na Terra do Sol* (1964) e *Terra em transe* (1967). Esse último apresenta uma complexa alegoria da política nacional, além de uma crítica ao populismo que entrava em decadência no país. Apresentando uma narrativa não linear, repleta de *flashbacks*, e de ações e discursos alegóricos, o filme não é de fácil compreensão.

O Cinema Novo foi estruturado em torno da ideia de um cinema que fosse **autoral**, ou seja, uma obra artística fílmica resultante das ideias e de certa visão estética de um diretor, tomado como artista. Desde o início do século XX, determinados cineastas procuraram construir uma valorização artística do cinema, até então considerado mero entretenimento. Nesse processo houve um esforço de vários cineastas em associar o trabalho de direção como de um artista responsável de certo produto cultural audiovisual de valor, equiparando-o a poetas, pintores, músicos. Trata-se do estabelecimento do cinema enquanto "sétima" arte[4].

---

4 *As seis outras artes seriam a música, as artes cênicas, a pintura, a escultura, a arquitetura e a literatura.*

> O cinema autoral seria, portanto, uma obra de arte fílmica, produto das visões de certos diretores. Nesses filmes, destaca-se a subjetividade da direção, sua condução particular da narrativa, a escolha das cenas, a condução da atuação, marcando o filme enquanto resultado de uma particular concepção criativa e artística.
>
> Um exemplo de cinema autoral em um filme de temática histórica é *Os inconfidentes* (1972), de Joaquim Pedro de Andrade (1932-1988). Trata-se de uma visão particular do cineasta em relação à Inconfidência Mineira: Tiradentes é ridicularizado pelos demais participantes da trama, representados como defensores dos próprios interesses. Tratava-se mais de uma crítica ao regime militar do que, propriamente, a busca pela reconstituição dos eventos do século XVIII.

- *Independência ou morte* (1972), por apresentar uma visão linear e simplista do processo de independência brasileiro. Buscando incentivar o nacionalismo, o governo do regime militar financiou filmes que reencenavam eventos históricos de forma praticamente idêntica a como apareciam nos livros didáticos da época. É um documento importante por demonstrar como o ensino de História pode ser apropriado politicamente, em uma busca por transmitir visões ideológicas.
- *"Prá frente, Brasil"* (1982), por mostrar, por um lado, de que maneira a sociedade brasileira ao fim da ditadura militar gradualmente passava a se defrontar com as notícias de torturas utilizadas como ferramenta política pela repressão. Porém, e ao mesmo tempo, as torturas apresentadas no filme são realizadas por grupos paramilitares, pois o diretor procurou não incriminar o governo ditatorial como responsável. Caso contrário, a censura provavelmente não o aprovaria. Ainda assim, o filme foi censurado inicialmente por "provocar incitamento contra o regime vigente, a ordem pública, as autoridades constituídas e seus agentes" (Brasil, 1982).

Antonio Fontoura

A liberação só ocorreu quando foi determinado pelo DCDP[5] que aparecesse a seguinte mensagem logo ao início da projeção:

> Este filme se passa durante o mês de junho de 1970, num dos momentos mais difíceis da vida brasileira. Nessa época, os índices de crescimento apontavam um desempenho extraordinário no setor econômico. No político, no entanto, o governo empenhava-se na luta contra o extremismo armado. De um lado, a subversão da extrema esquerda, de outro, a expressão clandestina. Sequestros, mortes, excessos, momentos de dor e aflição. Hoje, uma página virada na história de um país que não pode perder a perspectiva do futuro. Prá frente, Brasil é um libelo contra a violência. (Brasil, 1988)

Um texto que procurava destacar as conquistas do regime militar e retirar do regime qualquer responsabilidade pelos crimes cometidos contra opositores do governo.

- *Rocky IV* (1984), por representar o nacionalismo estadunidense, além de participar de determinada representação do que seria a União Soviética, dentro do contexto da Guerra Fria. O filme opõe os lutadores Rocky Balboa – estadunidense esforçado, humilde, que lutava por valores como a liberdade e a honra – e Ivan Drago – soviético arrogante e sem emoções, "fabricado" por drogas e alta tecnologia, que lutava de acordo com a vontade do Estado e não pela defesa de valores individuais.

> **Dica** ⇨ Muitas vezes, os cartazes complementam as mensagens que pretendem ser passadas pelo filme. É o caso de *Rocky IV*, em que o lutador, envolvido na bandeira estadunidense, passa uma clara mensagem de nacionalismo. A análise dos cartazes pode ser realizada em conjunto com o conteúdo discutido no Capítulo 2.

---

5   *Departamento de Censura de Diversões Públicas era o órgão estatal responsável por realizar a censura a livros, revistas e jornais, programas de televisão, peças de teatro, filmes cinematográficos.*

- *O show de Truman* (1998), para discutir de que maneira a sociedade em que vivemos está marcada por uma superexposição das vidas íntimas, recriadas em redes sociais. Pode-se, assim, debater temas como o desenvolvimento histórico da privacidade, a relação entre indivíduos e mídia, o poder das redes sociais em ditar regras e comportamentos. Temática que pode ser complementada com o filme *Matrix* (1999), que ecoa as preocupações sociais com o aumento da participação da informática e do mundo digital no controle da vida das pessoas.

- *Avatar* (2009), por abordar alguns debates específicos do início do século XXI, como as questões ecológicas, o respeito à cultura dos diferentes povos, os danos provocados pela militarização e pela exagerada exploração comercial de recursos naturais.

Os filmes de nicho

Ainda que este capítulo esteja centrado no chamado "cinema *mainstream*" – ou seja, nas grandes produções comerciais, mais vistas e conhecidas pelos estudantes, além de mais acessíveis a nós, professores – não se pode esquecer que existe uma grande quantidade de obras cinematográficas que não passam pelos principais centros de exibição. Os filmes de nicho, especificamente, são aqueles que apresentam maiores dificuldades de se inserirem no mercado tradicional cinematográfico: caracterizam-se por serem produções de baixo orçamento, e buscam, muito comumente, o rompimento com as estéticas tradicionais (os "clichês"), dos filmes comerciais, além de buscarem formas alternativas de exibição (Silva, 2010).

É justamente por apresentarem linguagens não conservadoras e buscarem apresentar diferentes temas, sob variadas estratégias narrativas, que podem ser buscados como instrumentos de questionamento aos modelos mais consagrados de cinema, aos quais todos nós estamos expostos. Atualmente, com a internet, torna-se mais fácil termos conhecimento e acesso a produções de nicho, que podem ser, assim, levadas aos alunos.

(4.3)
Estratégias para utilização de filmes nas aulas de História

A preparação adequada para as aulas de História que se utilizem de filmes como recursos audiovisuais visa garantir que os objetivos pedagógicos sejam atingidos, que o conteúdo histórico seja debatido e compreendido e que o conhecimento dos alunos sobre o passado seja ampliado e aprofundado. Com a estruturação adequada da estratégia didática, evita-se que os alunos apenas assistam ao filme, o que poderia gerar dois problemas: o primeiro é o de que, sem a reflexão sobre a narrativa fílmica, suas intencionalidades e objetivos, os alunos tomem como verdade o que é apenas uma representação; ou, em segundo lugar, podem se comportar como uma simples audiência passiva, o que pode ser divertido para o grupo, mas didaticamente pouco proveitoso. O objetivo da utilização de filmes como recurso audiovisual não é a simples diversão, mas o estabelecimento de relações entre o que foi assistido e a construção de conhecimento histórico.

4.3.1 Seleção do filme e preparo antes de sua exibição

Todo processo de escolha do que será assistido, bem como das estratégias e materiais de apoio utilizados, dependerão, fundamentalmente, do objetivo educativo que se pretende atingir.

- O filme deve ser selecionado em função de sua pertinência e utilidade para a aula.

Ainda que não seja uma questão totalmente dispensável, a diversão não é o primeiro critério para a seleção do título. Deve-se cuidar com filmes que apresentem uma narrativa muito lenta ou que sejam tecnologicamente muito diferentes do que os alunos conheçam – como filmes mudos, por exemplo –, pois isso pode gerar desinteresse: isso não quer dizer que não devam ser selecionados, mas que sua escolha pode exigir uma preparação anterior da turma (sublinhando a diferença com o tipo de obra fílmica com a qual estão habituados) ou uma visualização de trechos, ao invés da do filme completo.

- Deve-se ter atenção com a idade dos alunos.

Um primeiro elemento é a **adequação etária**: determinados filmes, por mais historicamente interessantes que sejam, são por demais densos para que sua narrativa possa ser acompanhada por alunos mais novos.

Outro aspecto que deve ser considerado é o **idioma** do filme, pois alunos mais novos podem não conseguir acompanhar legendas; a substituição por versões dubladas é aceitável.

Além disso, devemos ter uma clara consciência, como professores, do conteúdo que está sendo apresentado aos alunos. Por isso, devemos avaliar se eles estão aptos a serem expostos a cenas de **violência**, de **erotismo** e de **linguagem obscena** (e em que nível). Se for o caso, pode-se pular certos trechos, informado as razões dessa seleção. Não é possível estabelecermos regras rígidas sobre isso, porque cada turma de alunos é singular, e caberá a nós, professores, perceberemos em cada caso as possibilidades e os limites. Títulos adequados ao ensino médio podem não ser para o ensino fundamental; e vice-versa.

- O filme deve ser pensado em relação ao número de aulas e o currículo.

Filmes são longos, e as aulas de História, infelizmente, curtas. Mais do que isso, como professores, usualmente temos de cumprir determinadas expectativas em relação aos conteúdos a serem dados durante o ano letivo. Então, deveremos adequar o número de aulas necessário para o trabalho com filme em função do calendário escolar.

Essa definição demandará outras decisões, como: os alunos assistirão ao filme completo em sala de aula ou em casa (ou em outro lugar)? Será apresentado o filme inteiro ou apenas alguns trechos?

- O filme deve ser estudado antes de ser apresentado em sala de aula.

Para sabermos que tipo de uso será dado ao filme de um ponto de vista didático (como visão do passado, narrativa de eventos e processos históricos, discussão de temas polêmicos ou como fontes primárias), bem como o estabelecimento adequado dos objetivos e das estratégias, devemos fazer nossa lição de casa: estudar o filme, compreender seus elementos, ter familiaridade com os personagens e os objetivos da narrativa, o contexto da produção da obra (inclusive detalhes sobre a produção, a direção e os atores), o ponto de vista adotado, a identificação de "heróis" ou "vilões", a presença de anacronismos ou possíveis erros factuais.

4.3.2 A APRESENTAÇÃO DO FILME EM AULA

A utilização de um filme como recurso audiovisual requer uma série de atividades. Simplesmente exibi-lo sem qualquer preparação ou intervenção não produz efeitos didáticos. A seguir, discutiremos algumas estratégias para que o filme seja aproveitado ao máximo.

- Antes de ser exibido, o filme deve ser contextualizado, bem como deve ser conhecida a época que será analisada.

Podem ser utilizados textos extraídos do próprio livro didático, bem como de outros materiais auxiliares trazidos para a sala de aula, além de documentos relacionados à época ou ao próprio filme.

O fundamental é que os alunos estabeleçam uma relação entre os personagens, eventos e processos apresentados na narrativa fílmica e o conhecimento histórico.

Sem essa preparação inicial, corre-se o risco de que os conteúdos trabalhados permaneçam abstratos demais e não seja possível estabelecer uma conexão com os demais temas históricos. Além disso, essa apresentação prévia é o momento adequado para que sejam discutidas cenas mais importantes e debatido o significado de simbologias que possam ser significativas para a compreensão da trama.

Essas atividades de preparação podem ocupar uma ou duas aulas – ou mais, dependendo da profundidade da análise do tema histórico que se pretenda atingir.

- Os alunos devem receber uma pequena sinopse, com informações importantes para a análise do filme.

É fundamental a apresentação de uma pequena ficha (exemplificada a seguir) com os dados fundamentais do filme, de modo a contextualizar a produção no tempo e no espaço, além de apresentar sua autoria. Não se trata apenas de um filme, mas de uma obra cultural produzida por certas pessoas, sob certas condições, em um determinado momento.

O que é isso, companheiro?
Direção: Bruno Barreto. Brasil, 1997.
Sinopse: O filme se passa no Rio de Janeiro de 1969, quando um grupo de jovens, ligados a movimentos armados de resistência à ditadura militar, sequestraram o embaixador estadunidense no Brasil, Charles Elbrick (Alan Arkin), com o objetivo de trocá-lo por prisioneiros políticos. Com sua ação, o grupo pretendia também despertar a atenção da população para as ações violentadas da ditadura militar. O filme é baseado no livro de mesmo nome, escrito por Fernando Gabeira, e publicado pela primeira vez em 1979.

(continua)

(conclusão)

> **Personagens principais:**
> Charles Elbrick (Alan Arkin), embaixador dos Estados Unidos.
> Paulo (Pedro Cardoso), Marcão (Luís Fernando Guimarães), Maria (Fernanda Torres), Reneé (Cláudia Abreu) e Júlio (Caio Junqueira) formam o grupo de sequestradores. Eles são auxiliados por dois combatentes mais experientes, Toledo (Nelson Dantas) e Jonas (Matheus Nachtergaele).
> Henrique (Marco Ricca) e Brandão (Maurício Gonçalves) são os agentes da ditadura militar que procuram localizar o cativeiro e capturar os sequestradores.

4.3.3 ASSISTINDO AO FILME

Já sabemos que não se pode simplesmente apertar a tecla *Play* e deixar que o filme nos substitua como professores. Utilizar um filme como recurso didático para as aulas de História requer uma atitude ativa diante do que está sendo exibido: ou seja, intervenção para esclarecimento de pontos quando se fizer necessário, chamamento da atenção da turma diante de uma cena importante, lançamento de questões, no momento da assistência, de modo a despertar a curiosidade e instigar o raciocínio.

- Os alunos devem receber um roteiro de análise para que possam se centrar nos principais elementos da trama e refletir sobre eles.

Esse roteiro pode ser apresentado na forma de um conjunto de perguntas (veja um modelo a seguir) que guie a atenção dos estudantes. Mas por que simplesmente não permitimos que nossos alunos assistam aos filmes livremente, realizando posteriormente a discussão? Essa é uma estratégia possível, mas apresenta alguns inconvenientes: as pessoas assistem diferentemente aos filmes e, com isso, destacam elementos específicos, podendo não favorecer os aspectos adequados para o tema da aula. Diferentes grupos lerão o filme diferentemente, e, ainda que a pluralidade seja interessante para as discussões, todos devem estar conscientes de certos elementos centrais da narrativa, dos eventos ou da atuação dos atores, para que as discussões sejam mais proveitosas. Sem qualquer guia ou orientação, assistir a um filme buscando atingir objetivos pedagógicos em História pode significar enfraquecer, ou perder, o conteúdo didático.

Questões para acompanhamento do filme
O que é isso, companheiro?

- O que exigiam as pessoas que participavam do protesto mostrado nas primeiras cenas do filme? Como o governo reagiu a esses protestos?
- Como Fernando interpretava a situação política do Brasil no período? Por que ele não acreditava em solução política para os problemas vividos à época?
- Qual "revolução" os membros do grupo de luta armada desejavam fazer? O que desejavam "revolucionar" e de que forma?
- Como se deu a entrada de Fernando (depois, Pedro) na luta armada? Quais foram suas primeiras impressões?
- A qual grupo revolucionário Fernando (Pedro) e César (Oswaldo) estavam ingressando?
- Por que os membros do grupo afirmavam não fazer assaltos? O que eles diziam estar fazendo?
- Por que o embaixador dos Estados Unidos foi sequestrado? O que o grupo de luta armada esperava conseguir com essa ação?
- A qual grupo revolucionário Toledo e Jonas participavam? E como Jonas passou a comandar o grupo?
- Em diferentes momentos, o grupo de sequestradores teve suas ações denunciadas à polícia por pessoas comuns. Como eram feitas essas denúncias? Qual a motivação dessas pessoas?
- Por que os agentes torturavam os presos políticos? Quais eram seus objetivos e motivações?
- Em determinado momento, Artur (interpretado por Edu Moscovis) fala a Fernando: "você e os militares parecem distantes, mas na verdade estão bem próximos". Qual o significado dessa frase?
- Como eram feitos os contatos entre o grupo de sequestradores e o governo?
- Por que o governo aceitou as exigências feitas pelos sequestradores?

Antonio Fontoura

- O que dizia o cartaz de "Procurados" que Fernando encontrou? De que ele, e os outros sequestradores, estavam sendo acusados?
- O que ocorreu com os sequestradores nos meses e anos que se seguiram ao sequestro?
- O sequestro do embaixador produziu os resultados esperados pela luta armada?

Sempre que possível, deve-se acompanhar a exibição do filme com comentários e esclarecimentos.

Devemos, como professores, continuar atuantes no momento em que o filme está sendo exibido[6]. Isso significa realizar pequenas paradas para discussões, que devem incluir, também, correções e complementos ao que está sendo apresentado em tela. Há que se ter um cuidado com o número e extensão dessas intervenções, de modo a não comprometer a experiência fílmica que também faz parte do processo de aprendizagem. Porém, os professores podem acelerar partes desnecessárias, comentar em momentos em que haja silêncio ou nada de mais significativo esteja sendo exibido[7], utilizar-se de frases curtas para chamar a atenção dos alunos a detalhes. Sugerir questões para que os alunos raciocinem sobre o que assistem também é uma maneira de incentivar a análise.

---

6   *É por isso que só se deve optar que os alunos assistam ao filme em casa quando realmente não for possível realizar a atividade no ambiente escolar.*

7   *Deve-se atentar que, por vezes, silêncios e trechos que parecem desimportantes podem apresentar determinados significados no contexto do filme. Assim, deve-se julgar com parcimônia esses momentos de intervenção.*

4.3.4 FINALIZANDO A ATIVIDADE

Assistir ao filme, mesmo que de maneira contextualizada e ativa, não se deve encerrar a atividade. Ações de fechamento, discussões e, mesmo, orientações para outros filmes devem ser preparadas para encerrar o uso do filme enquanto recurso didático.

- As questões norteadoras devem ser debatidas.

As questões que foram apresentadas aos alunos para nortear a forma como assistiriam ao filme devem ser retomadas em sala de aula. Seu objetivo não é servir como instrumento de avaliação, mas auxiliar à interpretação das várias formas pelas quais os eventos e as intenções dos personagens podem ser interpretados. Essa conversa é fundamental para que os alunos comecem a construir a síntese entre o que assistiram no filme e o conteúdo histórico, formando suas próprias interpretações do passado.

- Devem ser pensados materiais complementares que aprofundem a discussão e incentivem a continuidade de pesquisas.

Após todo esse processo, os alunos já devem estar dominando tanto a época estudada quanto o próprio filme. Assim, estarão em condições de analisar textos historicamente mais profundos, propor abordagens mais significativas e, mesmo, pensar em continuar suas pesquisas por meio de outras obras e inclusive outros filmes. Textos que auxiliem os alunos a construir esse fechamento para a atividade são importantes.

- Deve ser pensada uma atividade de encerramento para as aulas.

Desde soluções mais simples, como escrever um texto sobre o que foi discutido, a mais complexas, como buscar um aproveitamento das facilidades tecnológicas e propor aos alunos que criem seu próprio filme (mesmo que pequeno, e ainda que consista apenas de uma cena), é necessária uma atividade que encerre todo o projeto. Pode-se sugerir a criação de roteiros para filmes históricos, a crítica de cartazes cinematográficos, a pesquisa por outras obras fílmicas que tratem do mesmo tema, uma reescrita de cenas de modo a construir uma nova narrativa para eventos que assistiram. Enfim, atividades que estimulem os alunos a experimentar em torno do conteúdo estudado e, de forma autônoma, pensá-lo, aprofundá-lo, discuti-lo.

Síntese

O trabalho com filmes cinematográficos exige uma grande preparação por parte dos professores, pois envolve o conhecimento dos detalhes da narrativa, da trama e dos eventos representados, bem como da época histórica que pretende ser estudada. E, mais do que isso, é necessária uma preparação adequada para que a atividade se configure em um exercício de compreensão e estabelecimento de relações entre o que está sendo representado e o conteúdo histórico. Além disso, um adequado uso de filmes em sala de aula não pode ser realizado em prazos muito curtos: serão sempre necessárias várias aulas para que os alunos tenham a oportunidade de assistir ao filme adequadamente, além de poderem contribuir com suas próprias conclusões.

Atividades de autoavaliação

1. Leia o trecho a seguir e, na sequência, assinale a alternativa que melhor define as possíveis relações que existem entre o cinema e a história:

   Um filme é um gesto – como pintar um quadro, compor um poema, esculpir um anjo ou meter o dedo no nariz são gestos – sempre de grande interesse para o pesquisador. Um filme é sempre uma confissão de um indivíduo ou um grupo, é elemento denunciador de um estado de alma pessoal ou coletivo, de uma época ou de uma cultura. É máquina registradora de tempo e espaço de dado estágio social e cultural. (Barreto, 1984, p. 22)

   a) Devido a seu caráter divertido e distante da realidade, os filmes podem ser utilizados como instrumento de diversão para os alunos, estimulando-os ao estudo histórico.

   b) O filme mantém relação direta com o que pensou seu diretor e, por isso, é historicamente importante apenas para a pesquisa de biografias.

   c) Todo filme histórico deve ser visto como uma falsificação do passado, pois o seu único interesse é a busca pela maior bilheteria e pelos maiores lucros.

   d) Ainda que tenha um desenvolvimento próprio, os filmes cinematográficos relacionam-se a outros elementos da sociedade e da cultura em que foram produzidos.

2. A respeito da relação existente entre "verdade sobre o passado" e "história", com base nos filmes cinematográficos, é correto afirmar:
   a) Só podem ser trazidos para a sala de aula filmes que representam a verdade histórica, caso contrário os alunos aprenderão conteúdos errados sobre o passado.
   b) Com exceção de filmes preconceituosos como os realizados por nazistas, os filmes históricos sempre representam a verdade do passado e, por isso, são educativos.
   c) Sendo produzidos por grandes companhias cinematográficas, nenhum filme se interessa, realmente, em reproduzir o passado e, por isso, não são úteis à educação.
   d) Todos os filmes são apenas representações históricas, e podem ser mais ou menos precisos, pois nenhum filme consegue recriar totalmente o passado.

3. A revista estadunidense *People*, de 8 de julho de 1985, escreveu a respeito da recepção da população daquele país ao filme *Rambo II: a missão* (1985):

   Rambo tocou o ponto nevrálgico da América, a sensação de que, como diz Ronald Reagan, deveríamos voltar a erguer a cabeça. Dez anos atrás, depois da queda de Saigon e da angústia do escândalo Watergate, Rambo teria sido expulso dos cinemas debaixo de vaia. Os ânimos eram violentamente antibelicistas na época, mas hoje tudo mudou. (Kellner, 2001, p. 98)

   O filme, que narra como um ex-combatente estadunidense da guerra do Vietnã foi chamado a resgatar os soldados prisioneiros de guerra, obteve grande sucesso nos Estados Unidos e parecia refletir determinados pensamentos e representações nacionalistas da população daquele país. A respeito da relação entre filme e sociedade, como a exemplificada por *Rambo*, é correto afirmar:

a) Os filmes são o resultado objetivo da ação de pesquisadores e cientistas e, dessa maneira, são comentários objetivos da realidade, podendo ser considerados científicos e verdadeiros.

b) Os filmes são produtos culturais e, por isso, ecoam, de maneira mais ou menos evidente ou explícita, certas crenças, costumes e práticas da sociedade em que foram produzidos.

c) Filmes históricos não refletem a época em que foram produzidos, pois existem filmes que tratam de períodos como Idade Média ou Antigo Egito, e não existia cinema naqueles períodos.

d) Filmes que tratam de narrativas contemporâneas a nós mesmos não podem servir de documentos históricos, pois não tratam de temas do passado como ocorre com os filmes históricos.

4. Diversos são os passos até que um filme seja, finalmente, exibido ao público. Inicia-se com um argumento (ou seja, uma ideia básica da narrativa), que é transformado em roteiro, usualmente por um escritor profissional. Busca-se, então, fazer com que as cenas, os diálogos e os personagens sejam concretizados na escolha do elenco, na contratação de técnicos, na locação de espaços e equipamentos. As cenas, que podem ou não ser pré-desenhadas nos chamados *storyboards*, são então filmadas. Segue-se a edição, quando o filme sofre a montagem, a adição de efeitos e músicas, e finaliza-se com o *marketing* e a distribuição.

Antonio Fontoura

Esse longo processo demonstra que os filmes comerciais, usualmente, passam por um processo industrializado de produção antes de alcançar o público. Considerando-se todos esses passos e os objetivos de todas as pessoas envolvidas – algumas com mais outras com menos capacidade de decisão sobre o resultado final –, pode-se dizer a respeito da objetividade dos filmes:

a) Sendo um processo industrial, o resultado final – o filme – apresenta sempre uma perspectiva neutra dos eventos e personagens que retrata e, por isso, apresenta narrativas objetivas.
b) Nenhum filme está livre de apresentar determinada ideologia, excetuando-se os documentários, que, com seu objetivo de estabelecer uma verdade sobre o mundo, são verdadeiros.
c) Como o passado já não existe mais e não pode ser recuperado a não ser pela linguagem, não é possível que os filmes apresentem qualquer conteúdo histórico que seja verdadeiro.
d) Todo filme apresenta determinada perspectiva dos acontecimentos que narra, que é resultado das ideias do diretor, roteirista, produtor, ator, entre outras pessoas envolvidas.

5. Leia o trecho a seguir, que discute as formas de se utilizar filmes como recursos didáticos.

É preciso que o professor não reduza a atividade a somente "passar um filme" para seus alunos, e que os alunos não somente indiquem se dele gostaram ou não. Isso porque, o simples ato de "passar um filme", sem que se torne significativo para os alunos, equivale, por exemplo, a manusear um livro, sem que este seja lido, ou seja, o aluno vê, mas não lê. Então, se o professor simplesmente "passar o filme", o filme vai passar! (Thiel; Thiel, 2009, p. 13)

É importante que os professores direcionem as discussões em relação aos filmes em sala de aula, dentre outras razões, porque:

a) Diferentes demografias veem o filme diferentemente e, por isso, a orientação dos professores é fundamental para criar um conjunto de conteúdos em comum para que possam ser trabalhadas em aula.

b) É importante que o filme ensine o que os professores não conseguem ensinar, e, assim, deve-se deixar que os estudantes criem suas próprias informações sobre a trama, sem intervenções.

c) Os professores devem se preocupar em transmitir os conteúdos a partir dos livros didáticos, deixando que os filmes sirvam como diversão e distração aos alunos, de modo a motivá-los para as aulas.

d) Os alunos não conseguem formar as próprias opiniões sobre os filmes e, por isso, é importante que os professores orientem os alunos de modo que eles entendam corretamente o que estão assistindo.

Atividades de aprendizagem

Questões para reflexão

1. Uma das maneiras de se perceber a influência que a adoção de um ponto de vista desempenha na narrativa e na defesa de posições em determinado filme é por meio da comparação

entre duas tramas que, tratando de temas semelhantes, apresentem enredos e conclusões diferentes – ou, mesmo, contraditórias. Assista aos filmes *Cidade de Deus* (2002) e *Tropa de elite* (2007) e estabeleça uma comparação entre eles. Ainda que abordem períodos diferentes da história nacional (o primeiro, os anos 1970, e o segundo, os anos 2000), ambos trazem importantes reflexões sobre a relação entre pobreza e marginalidade, bem como o papel da atuação policial. Por vezes, as opiniões apresentadas pelos filmes convergem, mas, em muitos momentos, são totalmente opostas. Considere como cada filme trabalha temas como pobreza, marginalidade, tráfico de drogas, atuação do Estado, ação policial. Registre suas conclusões, identificando diferenças e semelhanças entre as abordagens: qual a perspectiva que é tomada em cada filme? Quem é apresentado como protagonista e quem são os antagonistas? Qual o papel que a sociedade e o Estado – como se fossem personagens – desempenham nas tramas? Procure discutir, ainda, por que esses filmes tomaram, cada um, suas específicas posições.

2. Após o lançamento em 1997 do filme *O que é isso, companheiro?*, a viúva e os filhos de Virgílio Gomes da Silva (1933-1969) – um dos guerrilheiros que participaram, na vida real, do sequestro do embaixador estadunidense Charles Elbrick – entraram com um processo por danos morais contra os autores do filme. Leia, a seguir, um artigo que traz mais detalhes da ação:

> *A mulher e os filhos de Virgílio Gomes da Silva (falecido) [...] alegaram ofensa à honra e à imagem do falecido. Na ação, alegaram que o personagem do filme de codinome "Jonas" corresponde, na verdade, a Virgílio Gomes da Silva, que foi guerrilheiro durante o período do regime militar. Eles*

apontaram coincidência de codinome, profissão, origem, idade, posição dentro da militância política e da participação no sequestro retratado no filme, e afirmaram que a personalidade de seu marido e pai teria sido desvirtuada e denegrida no filme, visto que, segundo eles, o guerrilheiro foi retratado como uma pessoa cruel e desprovida de ética. (TJ-RJ deve..., 2012)

Considerando-se o que vimos neste capítulo e as relações das produções cinematográficas tanto com a história como com a educação, discuta as seguintes questões: um filme tem condições de apresentar a "verdade" sobre o passado? Em sua opinião, quais são os limites éticos que os autores de um filme podem tomar em sua busca de representação de eventos e personagens reais? E como podemos, em sala de aula, tratar dessas questões com nossos alunos?

Atividade aplicada: prática

1. Chegou o momento de você preparar uma aula utilizando uma obra cinematográfica como recurso audiovisual. Você pode utilizar um dos filmes sugeridos neste capítulo ou pensar em outros que prefira. A seguir, apresentamos um pequeno roteiro dos itens que devem estar presentes em seu projeto de aula. Obviamente, dependendo do tema, da turma e mesmo do filme, alterações nesse roteiro poderão (e deverão!) ser feitas. Exemplos e discussões sobre cada um desses elementos podem ser encontrados no texto do capítulo.
   Dados iniciais: • Tema da aula. • Título do filme a ser utilizado. • Justificativa (ou por quê). • Número de aulas para a atividade.
   Preparação da aula: • Sinopse do filme. • Textos ou documentos históricos para serem utilizados antes da apresentação do filme. • Roteiro para análise, como questões

norteadoras. • Informações importantes a serem levantadas junto aos alunos no momento da exibição.
Encerramento: • Textos ou temas a serem discutidos após o filme. • Questões a serem debatidas com os alunos, motivadas pelos personagens e eventos apresentados pelo filme.
• Atividade de fechamento.

Não se esqueça de indicar as atividades que serão realizadas em cada aula. Por exemplo: Aulas 1 e 2: contextualizar o tema e abordar a temática do filme, bem como contextualizar sua produção. Aulas 3 e 4: assistir ao filme e conversar sobre aspectos específicos dos personagens e da narrativa. Aula 5: discutir as respostas às questões norteadoras e abordar temas específicos do filme. Aula 6: ler e debater os textos de encerramento. Aula 7: discutir e preparar a realização da atividade de encerramento.

Capítulo 5
A televisão

A mídia de massa de maior sucesso no Brasil é, sem dúvida, a televisão. Presente em praticamente todos os domicílios, seus programas, astros, notícias são conhecidos nacionalmente, influenciando e ecoando importantes aspectos da cultura nacional. Neste capítulo, iremos discutir de que maneira a televisão forma uma linguagem específica em seus múltiplos programas – novelas, telejornais, programas esportivos, propagandas, *reality shows* – buscando incentivar os alunos a desenvolverem estratégias ativas e inquisitivas de compreensão dos programas televisivos.

Porém, mais do que isso, pretendemos discutir as maneiras pelas quais podemos nos apropriar dos programas televisivos, há mais de 60 anos presente no país, para servirem como recursos audiovisuais para entendermos nosso passado, as mudanças culturais, os diferentes hábitos, as representações de gênero, as relações sociais, o mundo do consumo. Em outras palavras, para utilizarmos os programas televisivos como fontes para o ensino de História em sala de aula.

(5.1)
A TELEVISÃO E A ESCOLA

Em 1985, o grupo de *rock* nacional Titãs cantava: "a televisão me deixou burro, muito burro demais" e "tudo o que a antena captar meu coração captura" (Antunes; Fromer; Bellotto, 1985). Com o país saindo de uma ditadura militar que se utilizou dos programas televisivos para difundir sua ideologia, e considerando-se as ações muitas vezes colaboracionistas de várias empresas de informação – notadamente a Rede Globo, a principal emissora do país – com relação ao regime, era de se prever o desenvolvimento de uma atitude que se dizia "crítica" em relação à TV, naquele momento. Afinal, o mais popular meio de comunicação de massa do Brasil havia desempenhado importante papel de apoio ao regime ditatorial.

Porém, essa relação de desconfiança em relação à televisão parece não ter desaparecido. Observe, a seguir, algumas charges produzidas na atualidade sobre a TV, das centenas que podem ser encontradas com ideias muito parecidas entre si.

Figura 5.1 – Charges sobre a televisão

Quantas vezes você não encontrou charges, animações, textos que defendem ideias semelhantes? Somos todos palhaços diante da televisão; é a televisão que promove a alienação das pessoas, transformando-as em bestas; nada mais na vida importa – nem mesmo nossa saúde – se estamos diante de um programa de TV.

Essas concepções de desconfiança em relação à televisão continuam presentes nas escolas e, também, nas aulas de História. É ainda hoje um lugar comum associar os programas televisivos, como telejornais e telenovelas, a ideias de "alienação" ou "manipulação", como se exercessem um controle quase mágico sobre os telespectadores. E se as emissoras, assim como as empresas de mídia de uma maneira geral, têm realmente objetivos e interesses que procuram divulgar (e que os alunos devem aprender a identificar), essa visão profundamente pessimista, muitas vezes apelidada de "crítica" sobre a televisão, é equivocada. E, em sala de aula, prejudicial à sua adequada compreensão como mídia de massa.

Em primeiro lugar, telespectadores não são os "outros": somos nós mesmos. Ideias que criticam o caráter maquiavélico-manipulador da televisão parecem se referir sempre a outras pessoas, pois nós mesmos estaríamos livres disso. Trata-se, portanto, de uma visão tendenciosa e de certo preconceito: é o "povo" ou a "massa" (mas nunca nós) que não sabem assistir televisão, e que são manipulados ou controlados por ela.

Um segundo problema é considerar que os programas transmitem sempre uma única ideia todo o tempo. Entretanto, a televisão, especialmente nos dias de hoje, é notavelmente múltipla: não apenas existe uma pluralidade de opções aos telespectadores (em canais abertos e por assinatura; e mesmo nos chamados programas *on demand*), como uma multiplicidade de ideias. Isso significa que não há uma mensagem única transmitida pela mídia, mas várias, e com vários sentidos diferentes. Uma mesma emissora pode, inclusive, apresentar ideias conflitantes entre si, em programas e horários diferentes.

Antonio Fontoura

Mas o principal problema em se tomar a televisão a partir desse prisma ingênuo da "manipulação" é considerar o telespectador como um quadro em branco, sem qualquer autonomia, e incapaz de raciocinar sobre o que vê. A existência daquelas charges apresentadas no começo do capítulo é uma prova de que essa suposta capacidade controladora e totalitária de televisão não existe: caso contrário, não teríamos tantas, e em tão variadas formas, repetições da mesma ideia. Se há tantas charges denunciando que a televisão é manipuladora, ela deve ser muito ruim nisso.

Sim, a mídia televisiva influencia, vende e pretende convencer. É um produto e, como tal, é resultado de múltiplas estratégias para que seja consumido. E, sem dúvida, algumas de suas ideias tornam-se hegemônicas, e mesmo alinhadas com a visão de mundo que a emissora procura defender e divulgar. No entanto, o relacionamento com os telespectadores é dialógico e interativo: a mídia televisiva influencia a audiência, mas também é influenciada por ela. Não há programa de televisão que faça sucesso caso afronte ideias e crenças de seu público, afinal, mais do que qualquer ideologia, são os índices de audiência que importam em relação ao que será produzido. Além disso, os conteúdos transmitidos pela televisão não são necessariamente consumidos da mesma maneira que foram transmitidos, pois podem ser reinterpretados, manipulados, modificados, rejeitados, aceitos. Uma coisa é o que os programas televisivos transmitem. Outra é o que as pessoas fazem com aquilo a que assistem.

Utilizar a televisão como recurso audiovisual educativo com o único propósito de criticá-la, de exagerar seus defeitos ou de salientar uma inexistente e sobrenatural capacidade manipuladora não produz qualquer efeito pedagógico. Os alunos não aprenderão a assistir à televisão de maneira menos ingênua dessa maneira. Continuarão apenas repetindo chavões, para, chegando em casa, assistir a mais um capítulo de *Malhação*, à final do Campeonato Brasileiro, e atualizar-se nos *spoilers* de *Guerra dos Tronos*.

Dentro de um ponto de vista didático e histórico, a análise dos programas televisivos não difere do que vimos em relação às imagens, aos sons, ao cinema: telejornais, séries, telenovelas, programas de auditório, propagandas são todos fontes. Devem ser entendidos no contexto de sua produção, nas formas de sua divulgação (a tecnologia e a linguagem utilizadas) e maneiras de recepção (ou seja, como as pessoas assistem e o que fazem com as informações que recebem).

5.1.1 OS PROGRAMAS TELEVISIVOS E SUA RELAÇÃO COM O ENSINO

Do ponto de vista educativo, é ainda interessante estudarmos a televisão em sala de aula? Afinal, parecemos estar em um período de mudanças: a chamada *TV aberta* (aquela que não necessita de pagamento de mensalidades para ser assistida) estaria perdendo fôlego para outras formas de experiências televisivas:

- Pela TV por assinatura, que oferece um número bastante superior de canais, se comparado ao da televisão aberta, além de disponibilizar programas que acabaram se tornando muito populares em todo mundo, como as séries *Guerra dos Tronos* ou *The Walking Dead*.
- Pela TV *on demand*, ou sob demanda, que oferece um cardápio de opções televisivas. Nesse caso, os telespectadores não ficam aguardando certos horários para assistir a seus programas preferidos, pois esses se encontram à disposição para serem assistidos imediatamente.

- Por serviços, como o Youtube, que passaram a competir com a televisão tradicional. Aqui, os vídeos também ficam à disposição da audiência na internet; mas, além disso, a própria plateia pode criar os próprios programas e canais, diluindo a fronteira antes tão nítida entre produtor e consumidor.

Sem dúvida, a televisão tradicional vem sofrendo alterações por conta dessas e outras mudanças de comportamento da audiência. De toda forma, e respondendo à pergunta do início deste item: sim, ainda é importante o ensino *com* e *da* televisão. Porque, apesar de todas essas mudanças, pesquisas recentes indicam que os brasileiros, de todas as idades (ou seja, nós), continuam(os) assistindo à televisão. E muito.

Em estudo realizado em 2014 sobre o consumo de mídia de população, 65% dos brasileiros informaram que assistiam televisão todos os dias de semana. Os mais jovens – de 16 a 25 anos – um pouco menos, mas ainda assim apresentavam o alto índice de 61%. E o tempo na frente do aparelho também não era nada desprezível: em média, cerca de três horas e meia diárias (Brasil, 2014b).

Sensibilização para a televisão

A melhor maneira de iniciar as atividades com programas televisivos, junto aos alunos, é pesquisar quais são seus hábitos de telespectadores. Procure construir um questionário de pesquisa que investigue quais são os programas preferidos de seus alunos, de quais emissoras, quais os horários em que mais ficam à frente da televisão. Os alunos podem pesquisar, ainda, os hábitos familiares como um todo, para investigar possíveis diferenças entre os membros da família.

Descobrir as maneiras como os programas de televisão são assistidos também é importante: os alunos assistem sozinhos ou em companhia de familiares e amigos? Onde, dentro da casa, encontram-se os aparelhos de televisão? Assiste-se a programas que são originalmente televisivos via internet? Quais?

Portanto, a televisão ainda influencia nossa vida cotidiana: transmite valores, comportamentos, modas, atitudes, contribuindo para a construção de uma espécie de "comunidade imaginada" via televisão (algo semelhante ao que aconteceu com o rádio), fornecendo um repertório de personagens, eventos, temas, músicas, produtos em comum.

É interessante perceber, porém, que a educação e a televisão têm vivido uma relação conflitante. Por um lado, tornou-se um lugar comum demonizar os programas televisivos, como resultado de uma compreensão simplória da ideia de "crítica", e ligada a certo preconceito em relação à mídia de massa. Por outro, desde seu surgimento, foi utilizada como instrumento educativo, em projetos de iniciativa pública ou privada.

Dentro do ensino à distância, a televisão desempenhou um papel de destaque desde o início dos anos 1960, quando foram transmitidos, pela recém-fundada TV Escola, os primeiros programas visando à alfabetização de adultos. O governo militar investiu no potencial educativo dessa mídia, quando já estava bastante difundida no país, ao criar a Fundação Centro Brasileiro de TV Educativa, em 1967. Alguns anos depois, em 1978, a Fundação Roberto Marinho e a Fundação Padre Anchieta lançavam um dos mais duradouros projetos de educação à distância no Brasil, o *Telecurso*. Inicialmente voltado apenas ao 2º grau (hoje ensino médio), passou a ser acompanhado, em 1981, pelo *Telecurso 1º grau* (hoje ensino fundamental).

Hoje, no Brasil, existem iniciativas bem estabelecidas para o uso da televisão com fins educativos, como é o caso da TV Escola, ligada ao Ministério da Educação, e o canal Futura, pertencente à Fundação Roberto Marinho.

Nas aulas presenciais, porém, os programas televisivos demoraram a ser utilizados como recursos pedagógicos. Além da resistência escolar à própria mídia, havia a dificuldade de obtenção dos programas para que pudessem ser analisados em sala de aula. Mesmo com o desenvolvimento dos videocassetes, o professor deveria ficar responsável pela gravação e reprodução do programa, o que nem sempre era simples. Com o desenvolvimento da internet e a gradual difusão de programas televisivos à disposição para sua visualização a qualquer tempo, estes se tornaram mais acessíveis. Tanto programas da atualidade como de décadas passadas podem ser encontrados em plataformas de compartilhamento de vídeos com o YouTube ou Dailymotion, acervos midiáticos como a Cinemateca Brasileira, que disponibiliza programas da extinta TV Tupi, além daqueles disponibilizados pelas próprias emissoras, como é o caso do Memória Globo. Há, ainda, coleções de programas que podem ser adquiridas em DVD.

Por fim, não são muito numerosas as experiências, e mesmo a literatura, que tratem do uso da televisão como recurso audiovisual para o ensino da História. Sem dúvida, existe uma bem estabelecida história da televisão, bem como de sua influência no cotidiano dos brasileiros. E há, também, uma série de experiências – iniciadas ainda nos anos 1980 – da inserção da televisão como tópico de estudo, mesmo nas aulas de História. Entretanto, tratava-se de aulas que, na maior parte dos casos, visavam entender a televisão da própria época, buscando construir telespectadores mais conscientes. O que não apenas era válido, como continua sendo importante.

Porém, a discussão de conteúdos históricos *a partir* da televisão em sala de aula só passou a se tornar possível quando programas e episódios antigos tornaram-se mais acessíveis a professores e alunos, o que é algo relativamente recente. Tanto *sites* de compartilhamento de vídeos e instituições de preservação da memória quanto a iniciativa de emissoras de disponibilizarem, via DVD ou *on-line*, programas antigos de TV, além da exibição de reprises em canais abertos e fechados, foram condições que possibilitaram o acesso a esses materiais e seu consequente aproveitamento educativo.

Por essas razões, o presente capítulo irá se centrar em dois pontos dentro da relação entre televisão e história: permitir a construção de uma alfabetização midiática para a televisão, de modo que os alunos percebam, de uma maneira mais perspicaz e ativa, os programas que assistem; e trabalhar as maneiras pelas quais programas de televisão são, na qualidade de produtos culturais e sociais, importantes documentos históricos, valiosos recursos educativos para o estudo e entendimento do passado.

(5.2)
TELEVISÃO, SOCIEDADE E O ENSINO DE HISTÓRIA

Resultado de um longo processo de desenvolvimento tecnológico que se estende do final do século XIX às primeiras décadas do XX, a televisão chegou ao Brasil em 1950, por iniciativa do empresário Assis Chateaubriand, que inaugurou a TV Tupi, a principal emissora brasileira por 20 anos. Logo após essa fundação, novas estações foram criadas, como a TV Paulista em 1952, a Record em 1953 e, no ano seguinte, a TV Rio.

Entretanto, é possível constatar, pelos dados apresentados no Gráfico 5.1, que o número de aparelhos televisores nos municípios não cresceu imediatamente após as primeiras transmissões. Em 1970, por exemplo, ainda eram pouco mais de 20% dos domicílios brasileiros que possuíam um aparelho de televisão, estando a maioria concentrada na Região Sudeste.

Desenvolvimentos tecnológicos que permitiram o barateamento e a democratização da televisão, ampliação da infraestrutura no país, investimentos das empresas de mídias e ajuste dos programas televisivos ao gosto do público brasileiro estão entre os motivos que explicam os avanços significativos no número de domicílios que possuíam aparelhos televisores a partir dos anos 1970. Atualmente, encontra-se pelo menos um aparelho televisor em quase 100% das casas do país.

Gráfico 5.1 – Porcentagem de número de domicílios com televisor no Brasil

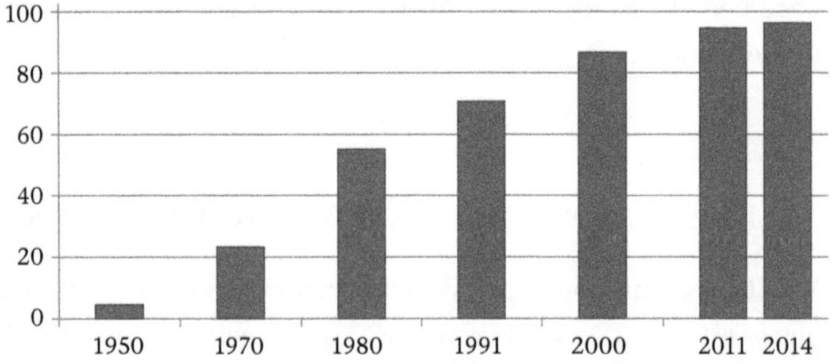

Fonte: Elaborado com base em Hamburger, 1998, p. 453; Guia de mercado..., 2015.

A enorme presença da televisão como fenômeno cultural no Brasil foi, portanto, resultado de desenvolvimentos tecnológicos, econômicos, mercadológicos, culturais. E é dessa maneira, ou seja, pelos vários contatos que a indústria televisiva estabelece com a sociedade, que a história pode utilizar seus programas como importante fonte para conhecimento e discussão sobre o passado.

Tome-se o exemplo das novelas: mais do que simples narrativas de amor, riqueza ou ascensão social, as tramas apresentadas no produto de maior sucesso da televisão nacional ecoam valores do período em que foram produzidas, como noções de modernidade, os devidos papéis sociais de homens e mulheres, o valor do trabalho; estabelecem críticas e análises da sociedade, que podem ou não ser adotadas pelo público; difundem modas, comportamentos, produtos, roupas e acessórios.

Um segundo exemplo é o telejornal: durante muitos anos influenciado especialmente pelo modelo construído pelo Jornal Nacional, da Rede Globo, os telejornais selecionam fatos, produzem comentários e divulgam imagens que participam da formação das opiniões dos telespectadores. As notícias apresentadas muitas vezes não são vistas como seleções feitas por editores ou repórteres, mas como a verdade do que aconteceu. São produtos midiáticos e, ao mesmo tempo, fontes de informação e debates, que, por vezes, podem se tornar nacionais.

Ao longo deste capítulo, discutiremos como alguns dos tipos de programas mais comuns da televisão brasileira podem ser utilizados em sala de aula para uma compreensão do passado, bem como procuraremos discutir atividades que envolvam uma alfabetização para o consumo mais consciente dos programas televisivos.

5.2.1 A TELENOVELA

Não há dúvida de que o principal produto da televisão brasileira é a telenovela. Trata-se de um modelo de programa que não surgiu no Brasil, mas nos Estados Unidos, onde é conhecido como *soap opera* (ópera de sabão), por ter sido originalmente patrocinado por indústrias de produtos de limpeza. Porém, as emissoras nacionais tomaram esse gênero importado, que já fazia sucesso no rádio, e gradualmente o adaptaram a um modelo próprio ao gosto do telespectador brasileiro. O enorme sucesso das novelas acabou sendo uma das razões do avanço da Rede Globo como líder de audiência a partir dos anos 1970, contrastando com a decadência da TV Tupi.

Tratou-se de um processo longo: as primeiras novelas não eram apresentadas nos principais horários e sequer eram exibidas diariamente. Além disso, era comum que as tramas se centrassem em temas e ambientes fantasiosos e exóticos, caso de *Os irmãos corsos* (1966) ou *A ponte de Waterloo* (1967), ambas da Tupi. Observe, por exemplo, a aparência, o figurino, os nomes e títulos dos personagens da novela *O Sheik de Agadir* (1966), da Rede Globo, a partir de uma revista da época.

Figura 5.2 – Revista sobre novelas destacando *O Sheik de Agadir*

REVISTA CINELÂNDIA. Rio de Janeiro: Rio Gráfica Editora, set. 1966, n. 314. Capa

O caráter exótico e fabuloso da novela pode ser constatado, ainda, a partir de uma reportagem de 1966:

> *A crescente tensão que envolve os personagens na novela O Sheik de Agadir é acompanhada pelos telespectadores e o encontro do xeque com o capitão Dumont, rivais no amor, vem sendo esperado como um dos pontos altos do drama. [...]. Muita água vai rolar antes que isso aconteça. [...]. Mas isso não vai despir a história de interesse. Basta lembrar que os nazistas estão no meio da trama e quem gosta de ação vai ter, em O Sheik de Agadir, uma batalha espetacular entre eles e os árabes.* (A batalha..., 1966, p. 10)

A partir dos anos 1970, as telenovelas passaram a se tornar a principal atração das emissoras, sendo então transferidas para o chamado "horário nobre", mas essa ascensão foi possível apenas após uma reformulação em seu formato. Mudaram-se os temas, que passaram a trabalhar com problemas cotidianos, e houve investimento tanto em recursos técnicos quanto na contratação de autores, para que fossem produzidos folhetins exibidos todos os dias. A linguagem tornou-se mais coloquial, e os ambientes não eram exóticos, mas cidades conhecidas da audiência. Essa aproximação com o cotidiano, em uma representação idealizada da realidade, foi a principal mudança no tratamento das narrativas, que contribuiu para criar o sucesso que as novelas passaram a ter no país.

A mudança nas telenovelas: *Beto Rockfeller* (1968)

Uma das maneiras de permitir que os alunos comecem a analisar de que maneira uma novela relaciona-se com a sociedade em que é produzida, é estimulá-los a compreendê-las como mercadorias culturais voltadas a satisfazer determinado público. Isso pode ser observado por meio do sucesso da novela *Beto Rockfeller*, de 1968, produzida pela Rede Globo, que inaugurou novas linguagens nas novelas no Brasil. Utilizando-se de uma linguagem

---

Antonio Fontoura

cotidiana, bem-humorada e cheia de gírias, a novela narrava as aventuras de Beto, um jovem de classe média-baixa que se fazia passar pelo herdeiro de um magnata estadunidense. A seguinte atividade visa estimular um debate, em sala de aula, sobre as transformações desse gênero, por meio de uma comparação entre *O Sheik de Agadir* e *Beto Rockfeller*.

Espera-se que, ao final da atividade, os alunos comecem a estabelecer relações entre o objeto cultural "telenovela" e as mudanças na sociedade em que é produzido.

- **Sensibilização:** apresente a seus alunos as imagens das revistas que tratam de *O Sheik de Agadir* e discuta com eles o pequeno trecho da reportagem que fala da trama, todos reproduzidos anteriormente. Como os alunos imaginam que seriam as atuações e cenas dessa novela? Semelhantes ou diferentes das que conhecem na atualidade?
- **Vídeos para a atividade:** 1. Vídeo com um dos poucos trechos sobreviventes da novela **O Sheik de Agadir**[1]. 2. Os primeiros 3 minutos do capítulo 71 de **Beto Rockfeller**. 3. O vídeo **Uma revolução na telenovela**, em que a antropóloga Esther Hamburger analisa a importância de *Beto Rockfeller* (assistir a partir de 3:38 min).
- **A mudança na linguagem:** exiba o vídeo 1 destacando para seus alunos o exagero na atuação, o beijo que não se consuma, os cenários inspirados em temas de *Mil e uma noites*. Em seguida, exiba os primeiros 3 minutos do vídeo 2 e peça para que os alunos compararem as atuações, a linguagem, os tipos de personagens e o ambiente de cada novela. Na cena aparecem Beto (Luiz Gustavo), o mecânico Vitório (Plínio Marcos) e o proprietário da oficina mecânica, Seu Domingos (Pedroso; Araújo; Marcos, 1968). Comparando as cenas, quais são as diferenças? Debata a questão: por que a novela *Beto Rockfeller* teria sido considerada "moderna" para a época? Que elementos trariam essa "modernidade"?
- **A novela e a modernidade:** exiba o vídeo 3 com seus alunos, em que a antropóloga Esther Hamburger analisa as relações entre a novela e a sociedade brasileira (especialmente paulistana) da época. Segundo a antropóloga, que sinais de modernidade podem ser encontrados na novela? Esses sinais podem ser identificados no trecho do capítulo visto pelos alunos (vídeo 2)?

---

1   Os elementos destacados no livro podem ser acessados em recursosaudiovisuais.com.br.

- **A novela e a sociedade**: um médico, casado e pai de três filhos, deu, em 2014, o seguinte depoimento sobre a novela *Beto Rockfeller*, que assistira na adolescência. Se for necessário, lembre aos alunos que, em 1968, ano em que a novela foi transmitida, o Brasil já iniciava um endurecimento do regime ditatorial militar. Leia o trecho do depoimento com os alunos:

    > De todas estas novelas, a que mais me marcou foi Beto Rockfeller. Esta novela mudou muita coisa dentro de nós. Ela retratou muitas coisas que queríamos fazer. Naquela época não havia muita liberdade [...]. Nós assistíamos à liberação de Beto. Aquilo foi demais. Nunca havíamos visto nada igual. E depois daquela novela, eu quase não vi mais transformação de coisa alguma. (Hamburger, 2014, p. 17)

    A partir das discussões com os alunos e da análise do depoimento, debata sobre como as novelas podem ecoar a sociedade em que são produzidas e exibidas. O que pode significar para o público? Que valores podem transmitir? Por que as pessoas se sentiram mais atraídas por *Beto Rockfeller* do que por *O Sheik de Agadir*? *Beto Rockfeller* representava a "realidade" do país?

As novelas sofreram uma perda de audiência a partir dos anos 1990, como consequência das mudanças na própria televisão, como aumento do número de emissoras, a presença de canais por assinatura e, a partir de meados daquela década, a crescente importância da internet. Ainda assim, continua sendo nos dias de hoje uma das principais atrações da televisão nacional.

Utilizar-se de novelas em sala de aula para o ensino de História tem suas vantagens e desvantagens. Os problemas: obviamente não podem ser assistidas de maneira completa, pois isso demandaria meses; por vezes abordam problemas tão específicos do período, que podem não ser percebidos pelos alunos (caso, por exemplo, de *O Espigão*, de 1974, que abordava a especulação imobiliária); os capítulos com qualidade adequada para serem exibidos em sala de aula podem ser de difícil obtenção.

Antonio Fontoura

Porém, há uma série de ótimos motivos para que sejam utilizadas como recursos audiovisuais. Possuem uma linguagem que é conhecida dos alunos, pois praticamente todos nós, de alguma forma, já fomos expostos a novelas; ainda que não sejam reflexos da realidade, ecoam preocupações próprias de cada época, permitindo que os alunos compreendam discussões e ansiedade das pessoas no passado. Além disso, diante de sua importância na cultura nacional, merecem uma atenção específica de disciplinas como a História.

Entretanto, mesmo que sejam considerados todos os benefícios, novelas não são "túneis do tempo" e não representam a verdade a respeito do passado. Da mesma forma como discutimos em relação ao cinema, o mundo que as telenovelas apresentam não é exatamente o real, mas uma versão ficcional idealizada da sociedade brasileira.

Em seus roteiros há a presença de oposições simples que tratam de amores, separações, perdas. Além disso, são escritas de forma que vilões, mocinhas e galãs sejam facilmente reconhecíveis. Existe a idealização de uma determinada realidade da classe média branca, de relações sentimentais tradicionais, com papéis de gênero bem definidos. Nas histórias, o amor usualmente vence, a ascensão social é sempre possível, e poucas são as controvérsias, inseridas na trama apenas quando podem gerar debates. E, considerando-se que as novelas são escritas à medida em que vão sendo exibidas, é a direção dos índices de audiência e a preferência do público que ditam, em última instância, o destino de cada um dos personagens.

Sugestões e orientações sobre a utilização de novelas como recursos audiovisuais

Se o Brasil não desenvolveu uma indústria cinematográfica da mesma maneira como ocorreu com outros países, as telenovelas ocuparam certo espaço dessa recriação audiovisual da realidade nacional. Por isso, devemos trabalhar com as novelas seguindo o mesmo princípio geral que adotamos em relação ao cinema: pensando nas condições de produção, nos significados do que transmitem, nas formas de recepção.

No entanto, diante de sua própria especificidade, seguem algumas sugestões e orientações sobre o uso de telenovelas em sala de aula:
- Não é possível assistir uma novela inteira, por isso, deve ser feita com antecedência uma seleção do que será exibido em sala.
- Apresente aos alunos uma pequena sinopse da novela à qual irão assistir, mesmo que seja exibida apenas uma cena. Basta uma síntese curta, de algumas poucas linhas, com o contexto geral da trama. Não se esqueça de indicar o ano em que foi produzida e a emissora que a produziu.
- Resuma o contexto do capítulo ou da cena, explicando quem são os personagens representados e as ações antes da exibição.
- Quando extraídas da internet, muitas cenas podem não apresentar ideais qualidades sonora e visual. Alerte seus alunos em relação a esse fato.
- Assim como vimos para os filmes cinematográficos, escolha cenas e novelas que estejam de acordo com a idade e maturidade de seus alunos.
- Chame a atenção para a linguagem visual: por que as cenas foram escolhidas e filmadas de determinada maneira? Qual a intenção da direção ou da autoria em produzir a cena de uma forma específica?
- Não se esqueça de destacar a presença de lugares comuns das narrativas nas novelas: a presença do pobre que é valoroso e do rico ganancioso; a existência da mocinha ou heroína; o "galã", cuja beleza está associada a suas qualidades morais; a diferença entre personagens principais e secundários.

A seguir são apresentadas sugestões de temas, bem como de estratégias para a utilização de telenovelas como recursos audiovisuais para o ensino de História.

Antonio Fontoura

As telenovelas e as discussões sobre o mundo do trabalho: as novelas permitem que os alunos reflitam sobre mudanças históricas em relação a temas como emprego, salário, jornadas de trabalho, direitos trabalhistas. Uma narrativa comum que envolve o mundo do trabalho é sua apresentação como resultado de questões morais: relações trabalhistas justas são representadas como fundadas nas boas intenções de patrões e de empregados. Em geral é a cobiça, ou o desrespeito à humanidade do outro, que tornam as relações de trabalho inadequadas ou insuportáveis. No primeiro capítulo de **A indomada** (Rede Globo, 1997), por exemplo, o comportamento dos personagens fica claro nos primeiros 15 minutos da novela: o proprietário de terras ganancioso Pedro Afonso (interpretado por Cláudio Marzo) tem um perfil contrastante em relação ao cortador de cana Zé Leandro (Carlos Alberto Riccelli), trabalhador e gentil (Linhares et al., 1997).

> **Exemplo:** As características do trabalho doméstico são especialmente comuns nas telenovelas. Pode-se tomar uma cena da telenovela **Antônio Maria** (TV Tupi, 1968 – assistir a partir de 11minutos e 3 segundos), em que a empregada Maria Clara (interpretada por Jacyra Silva) pede um presente de casamento a sua patroa D. Carlota (Maria Luiza Castelli). O principal pedido é que a patroa permita que ela e seu futuro marido (o bombeiro Honório, interpretado por Marcos Plonka) morem no próprio "quartinho da empregada" em que ela vivia (Vietri; Negrão, 1968). Questione seus alunos, em primeiro lugar, sobre qual seria a origem desse costume do Brasil, especialmente de empregadas domésticas, de dormirem nas casas dos patrões – algo que está desaparecendo em nossos dias, mas tem origem nos escravos domésticos. Pode-se, ainda, demonstrar como, na novela, os bons patrões destacavam-se por sua bondade e por tratarem seus empregados como "membros da família". As diferenças sociais eram bem estabelecidas e não eram apresentadas como problemáticas.

As telenovelas e as representações do mundo familiar: as novelas ecoam mudanças nas ideias a respeito da família e dos papéis sociais de seus membros. Por exemplo: ainda que *Escrava*

Isaura (Rede Globo, 1976) tivesse sua trama localizada no final do século XIX, as discussões sobre os papéis de homens e mulheres no casamento repetiam as discussões existentes no período a respeito do divórcio (Braga; Guimarães, 1976). Certas discussões já apareciam em **A viagem**[2] (Tupi, 1975), quando Lisa (personagem de Elaine Cristina) decide ter um relacionamento amoroso com um homem casado, no que é confrontada, de diferentes formas, por seu pai, pelo irmão e pela amiga (Ribeiro, 1975). Antes de 1977, só era possível o desquite, não o divórcio: o que impossibilitava um novo casamento.

As telenovelas e as representações de diferenças sociais: as telenovelas não procuravam, em geral, questionar a estrutura da sociedade de maneira explícita. Por vezes ocorria o oposto, com a confirmação dos ideais políticos e sociais do período, como pode ser visto em uma cena do capítulo 304 de **A fábrica** (TV Tupi, 1971 – a partir de 7 minutos e 25 segundos). Produzida durante o regime militar, os autores da novela deixaram explícito seu apoio à ideologia ditatorial do período. Quando uma mendiga chega ao bar pedindo esmola, o atendente, que é português, oferece alguma comida e conclui dizendo: "se lá [em Portugal] houvesse uma fartura como cá... país abençoado" – e se segue um *close* na bandeira brasileira acompanhado dos versos cantados "ontem, hoje e sempre, isto é que é nação" (Vietri, 1971).

Quando representadas nas telenovelas, as diferenças sociais são reinterpretadas como escolhas individuais, ocasionadas por falta de caráter de um grupo sobre outro.

É dessa maneira, por exemplo, que pobres e ricos foram constantemente representados: os primeiros como honrados e ingênuos,

---

2 As referências ao relacionamento com o homem casado estão no minuto 12:05 e em 21:57.

Antonio Fontoura

os últimos como maliciosos e gananciosos. Nas propagandas para as novelas **Meu bem, meu mal** (Rede Globo, 1990) e **O dono do mundo** (Rede Globo, 1991) fica claro o desprezo dos ricos para com os pobres.

> Dica ⇨ Pode-se utilizar esses vídeos para que os alunos percebam de que maneira as relações sociais são representadas. O que fazem dos pobres, "pobres"? Que características individuais têm? E os ricos? Como são representados? Os alunos poderão perceber que riqueza e pobreza são constantemente representadas como resultados de opções individuais, e que, em geral, a quantidade de dinheiro que se possui é inversamente proporcional à honra.

Algumas novelas, mais especificamente, procuraram representar críticas à estrutura social e política, embora o fizessem de maneira alegórica, como foi o caso da novela escrita por Dias Gomes (1922-1999) *O bem amado* (Rede Globo, 1973). Gomes escreveu também *Roque Santeiro* (Rede Globo, 1975 e 1985), que teve sua primeira versão proibida, pelo regime militar, de ser exibida. **A versão de 1985** foi um sucesso nacional e procurou apresentar posições políticas (nas primeiras imagens do capítulo inicial aparece "Diretas Já" pichado em uma parede), além de críticas sociais nas representações de diferentes personagens característicos: o prefeito corrupto, o religioso moralista, o comerciante inescrupuloso, o "coronel" que abusa de seu poder econômico e político (Assis; Gomes; Moraes; Silva, 1985).

As telenovelas e as questões de gênero: os papéis que a sociedade considera ideais para mulheres e homens são refletidos nas tramas e narrativas. Trata-se de concepções idealizadas do masculino e do feminino, do casamento e da própria sexualidade, que são apresentadas nas telenovelas.

> Exemplo: pode-se apresentar, aos alunos, os primeiros 7 minutos e 30 segundos do capítulo 60 de **Simplesmente Maria** (TV Tupi, 1970). Como a mulher sugestivamente chamada "Maria" (interpretada por Yoná Magalhães) se coloca diante do homem por quem é apaixonada? Como "a primeira noite" do casal é apresentada (Cattan; Alcántara; Barbosa, 1970)? Nos anos 1970, a sexualidade só podia ser exercida dentro do casamento (para não "escandalizar" a sociedade). Para os alunos do ensino fundamental, as mesmas questões podem ser trabalhadas a partir da discussão de um trecho do Capítulo 304 de **A fábrica** (TV Tupi, 1972) (assistir a partir de 4 minutos e 54 segundos): explicitando certas concepções de gênero no período, a mulher só poderia sair sozinha com o consentimento do pai ou estando noiva; o amor romântico se realizava com o casamento e a troca de alianças. Pode-se comparar essas cenas com o de telenovelas atuais que os alunos conheçam, ou com o que se entende, na atualidade, por namoro, casamento, liberdade das mulheres de saírem sozinhas, o valor da formalização das relações etc.

A novela **Toninho on the rocks**, de 1970 (TV Tupi), apresentou em seu capítulo 47 (assistir a partir de 12 minutos e 35 segundos) uma explícita diferenciação entre dois modelos opostos de feminilidade: Anita (interpretada por Débora Duarte), uma universitária solteira, que fuma e bebe (comportamentos considerado inadequados para uma mulher "séria" no período) é confrontada pela freira Irmã Teresa (Marilu Martinelli), que pretende orar por ela (Teixeira Filho, 1970).

Mas não são apenas feminilidades que são representadas em certos aspectos idealizados, mas também masculinidades: "Um vaqueiro corajoso [...] que não se deixa conquistar pelas mulheres", era apresentado em **Fera radical**, exibida em 1988 pela Rede Globo. Trata-se de certas visões do que seria um homem idealizado, sempre valente e não afetado pelas emoções, além de pragmático e honrado (Fusco et al., 1988).

As telenovelas e o racismo: as mudanças e permanências sobre como a sociedade trata a questão da desigualdade racial e do preconceito, ecoam nas novelas. Sabe-se que, ainda nos dias de hoje, há uma sub-representação de personagens negros (Campos; Feres Junior, 2015) e, mesmo quando estão presentes, podem ser apresentados de maneira estereotipada, como funcionários de baixo escalão ou empregados domésticos.

> **Dica** ⇨ Um estereótipo bastante comum das mulheres negras presentes nas telenovelas é o da empregada doméstica (ou escrava) que é "da família" e que, portanto, responsabiliza-se pelo bem-estar dos membros da família para quem trabalha. Pode-se mostrar trechos de novelas que apresentam esse estereótipo em diferentes períodos para os alunos e incentivá-los a identificar as suas características, discutindo sua origem (novamente, as escravas domésticas) e as razões de sua permanência. Trata-se de uma representação que existe ainda nos dias de hoje? Sugestões de cenas de novelas para trabalhar essa questão: **A fábrica** (TV Tupi, 1971) (assistir a partir de 2 minutos e 10 segundos); **A indomada** (TV Globo, 1997) (assistir a partir de 4 minutos e 26 segundos); **Sinhá Moça** (TV Globo, 2006 – assistir a partir de 3 minutos e 29 segundos).

Dedicaremos ainda neste capítulo uma atividade específica para nos aprofundarmos na questão do racismo.

As telenovelas e as representações do cotidiano: pode-se utilizar as cenas das novelas pelo que elas revelam das ruas, roupas, linguagens, tecnologias, ambientes de outras épocas e locais. Especialmente interessante é a utilização de duas versões de uma mesma novela, de modo a acompanhar as transformações ocorridas entre dois momentos específicos. Por exemplo: pode-se tomar **Selva de Pedra**, exibida em 1972 e **refilmada em 1986** (Rede Globo – a partir de 18 minutos e 20 segundos). Pode-se comparar as cenas do primeiro capítulo de ambas e notar diferenças no uso da linguagem, nas roupas, nos automóveis. Abordagem semelhante pode ser realizada com as primeiras cenas da novela **Irmãos Coragem**, de 1970, e sua **recriação de 1995** (Rede Globo).

Pode-se utilizar as telenovelas para estudar as maneiras pelas quais certos períodos históricos do passado são recriados, por meio das "novelas de época". Em geral essas recriações constroem versões idealizadas, além de lançarem no passado pensamentos, preocupações e ideias que são próprias do presente. Ou seja, tendem a ser anacrônicas. A novela *Terra Nostra* (Rede Globo, 1999), por exemplo, abordava o tema da imigração italiana no Brasil, reproduzindo estereótipos de italianos que seriam muito alegres, impulsivos, apaixonados, honrados, trabalhadores. Esses aspectos podem ser observados **já nos anúncios de lançamento da novela** e aprofundados assistindo-se aos primeiros minutos do **primeiro capítulo** (Barbosa; Barbosa; Barbosa, 1999).

A novela *Sinhá Moça* (Rede Globo) foi produzida em 2004 e procurou apresentar detalhes historicamente mais corretos sobre a vida dos escravos em fazendas de café no final do século XIX, bem como as diferenças de vida entre os que trabalhavam na Casa Grande e os lavradores (Barbosa et al., 2006). Da mesma forma, comparando-se as duas versões de *Escrava Isaura*, pode-se notar as mudanças ocorridas nas interpretações a respeito da escravidão e, particularmente, no fato de considerar as pessoas negras escravizadas como agentes da própria história. **Nos primeiros 15 minutos do capítulo inaugural da versão de 1976** (Rede Globo), os escravos são apresentados de maneira explícita enquanto mercadorias, sendo exibidos e, inclusive, avaliados para compra. As críticas que surgem ao escravismo partem da filha de um proprietário de escravos, que é branca e membro da própria elite. Os próprios escravos não são ouvidos e não expressam sua opinião (Braga; Guimarães, 1976).

Na refilmagem de 2004 (Rede Record), a influência da resistência escrava já era tema importante, tanto que a novela se inicia com a cena de um quilombo, ainda que idealizado. Nesse momento, são as próprias pessoas que resistem ao ataque de "capitães do mato", expressam seu direito à liberdade e condenam a injustiça (Guimarães et al., 2004). Esse posicionamento, aliás, é algo presente também nos primeiros minutos de **Sinhá Moça**.

> **Dica** ⇨ Nos primeiros minutos do primeiro capítulo de **Escrava Isaura**, de 2004, o narrador afirmava: "nosso país se orgulha hoje de ser uma grande mistura dos povos", evocando a ideia da "democracia racial" (Guimarães et al., 2004). Discuta com seus alunos se esse é realmente o caso e se a novela contribuiu para reforçar ou questionar essa crença.

5.2.2 Os telejornais

Os telejornais estão para a televisão assim como os documentários estão para o cinema: em virtude de uma cuidadosa aparência de neutralidade, são apresentados como "fatos" os eventos que foram selecionados por repórteres, editores, diretores, e trabalhados por toda uma equipe técnica para que tomassem o formato da notícia. As roupas sóbrias dos apresentadores, as narrações que procuram economizar na transmissão de emoções, o cenário que transmite uma ideia de formalidade, são todas estratégias audiovisuais que buscam confirmar a isenção do telejornal, sua seriedade e a objetividade das notícias.

Esse, pelo menos, foi o modelo construído pelo *Jornal Nacional*, da Rede Globo, criado em 1969, o telejornal de maior sucesso da televisão brasileira e, por isso, replicado por outras emissoras. Estrutura totalmente diferente é a dos telejornais chamados de "populares", que, ao invés de expressarem isenção, buscam o seu oposto: a criação de uma determinada empatia com os telespectadores, como se seus apresentadores conhecessem e compartilhassem os mesmos problemas. Dentro desse esquema, as vozes não são neutras, mas procuram demonstrar emoções, como alegria e indignação; as notícias muitas vezes apresentam uma tendenciosidade explícita; e o foco não está nas grandes questões políticas ou econômicas, mas em temas cotidianos, como saúde e segurança.

Independentemente de sua estrutura, porém, os telejornais visam ao mesmo objetivo: o da construção de eventos em notícias e da sua transmissão como se fossem verdades que deveriam ser aceitas pela audiência.

A utilização de telejornais em sala de aula deve considerar os vários aspectos desse específico gênero televisivo: em primeiro lugar, seu formato, que envolve técnicas audiovisuais – como roupas, cenários, narrativas, músicas de fundo, sonoplastia etc. – para a construção de uma narrativa que é apresentada como fato. Em segundo lugar, o seu conteúdo, ou seja, as informações propriamente ditas que pretende transmitir, considerando as intenções de sua seleção (ou seja, por que foram escolhidas) e as maneiras pelas quais são apresentadas.

E não se deve esquecer que, sejam nacionais ou locais, gerais ou voltados a temas específicos, os programas jornalísticos são mercadorias televisivas. Assim, ainda que tenham especificidades, também devem receber patrocínio e construir uma empatia com o público de forma a manter ou ampliar sua audiência.

Infelizmente, cópias de telejornais antigos não são encontradas tão facilmente quanto telenovelas, ou mesmo propagandas, o que dificulta sua seleção e uso em sala de aula. Edições contemporâneas são comumente disponibilizadas pelas emissoras em seus *sites*, mas programas mais antigos devem ser buscados com afinco pelos professores e são encontrados quase exclusivamente pela internet.

Todos esses fatores devem ser considerados no momento da elaboração de um plano de aula que se utilize de telejornais como recursos audiovisuais. Além disso, para as aulas de História, devem ser considerados os seguintes elementos.

Antonio Fontoura

O que é transformado em notícia? Os telejornais não mostram "o que aconteceu". Mas selecionam, de uma infinidade de eventos que ocorreram durante o dia, o que acreditam que possa ser uma "notícia". Uma boa maneira de descobrir como um telejornal seleciona os eventos é comparando os fatos televisionados com aqueles que aparecem nos jornais impressos dos dias seguintes. Por essa estratégia é possível identificar, também, o que é esquecido ou ignorado.

> **Dica** ⇨ Telejornais e jornais impressos contam com diferentes tempos na apresentação das notícias. Um programa televisivo diário é mais dinâmico, apresentando os eventos que ocorreram no mesmo dia; um jornal impresso usualmente apresenta as notícias que ocorreram no dia anterior. Arquivos de jornais antigos podem ser encontrados na Hemeroteca da Biblioteca Nacional, disponível na internet. Edições atuais podem ser encontradas, com relativa facilidade, nos *sites* das empresas jornalísticas.

Qual a relação que é estabelecida entre imagens e sons? A maneira como certas imagens são selecionadas para ilustrar uma reportagem, ou as músicas que são tocadas ao fundo, procuram construir determinada resposta emocional da audiência.

> **Exemplo:** em uma reportagem do programa jornalístico **Fantástico**, da Rede Globo, exibido em 1983, a música de fundo criava uma atmosfera de medo e suspense em relação à notícia da descoberta da Aids nos Estados Unidos.

Qual a importância dos assuntos? Duas são as maneiras para identificar quais assuntos os editores do telejornal (e, por consequência, a emissora) consideram mais importantes. A primeira é por meio da chamada "escalada": o primeiro bloco de muitos telejornais em que são anunciados os temas que serão aprofundados na edição. Assemelha-se às manchetes das edições impressas.

> Exemplo: no dia anterior às primeiras eleições democráticas para a presidência do Brasil, após o fim do regime militar, a escalada do **Jornal da Bandeirantes** de 14 de novembro de 1989 associava o possível resultado das eleições com seu impacto na economia do país.

A segunda maneira é pelo tempo dedicado a cada notícia: as reportagens mais extensas são dedicadas aos assuntos considerados de maior relevância.

Como se constroem as narrativas e se direcionam interpretações? A maneira pela qual os eventos são mostrados busca construir determinadas tramas, em que certos personagens são vilificados, e, outros, vistos como vítimas ou heróis.

> Exemplo: na reportagem do **Jornal Nacional** de 1º de março de 1986 – um dia após o lançamento do Plano Cruzado – a narrativa e as imagens procuravam caracterizar tanto a população quanto o presidente da República como heróis nacionais (repare quantas vezes o Hino Nacional aparece sendo entoado), e os donos de supermercados são retratados como vilões que mereciam a prisão. Em determinado momento, o repórter aparece diante de uma foto do presidente da República à época, José Sarney, e de uma bandeira do Brasil.

Qual a diferença entre notícias e comentários? Se as notícias aparecem como fatos neutros e objetivos, o comentário ou a análise são apresentados como opiniões pessoais emitidas por alguém que é apresentado com um especialista no assunto. Em vários sentidos, os comentários procuram conduzir a audiência a determinada interpretação das notícias.

Antonio Fontoura

> Exemplo: antes de assumir a Presidência da República em 1995, Fernando Henrique Cardoso fez um último discurso como senador. Na edição do **Jornal Nacional** de 14 de dezembro de 1994 (a partir de 23 minutos e 4 segundos), o comentarista apresentou uma opinião que buscou ratificar as posições políticas do então presidente eleito. Tomava-se, então, uma posição política diante da notícia: no caso, de apoio às medidas que seriam tomadas pelo presidente.

Os telejornais desenvolveram-se tanto em sua técnica quanto em sua linguagem. Como os demais programas televisivos, os telejornais acompanham as mudanças próprias da televisão, como melhoria nas imagens, na captação de cenas externas e sons, na integração com gráficos e artes. Mas, além disso, aperfeiçoaram-se as linguagens verbais e não verbais visando transparecer seriedade e confiabilidade aos telespectadores.

> Exemplo: pode-se perceber essas mudanças técnicas e de linguagem comparando-se os telejornais da atualidade com um trecho do **Repórter Esso** em sua versão para a televisão, datada de 1960.

Quais as semelhanças e diferenças em relação ao presente? Pode-se identificar, a partir tanto do conteúdo das notícias quanto das imagens apresentadas, mudanças e permanências em comparação com a atualidade.

> Exemplo: no **Jornal Nacional** de 14 de dezembro de 1994 é apresentada uma rebelião de presos, bem como a respectiva reação policial. Pode-se utilizar a reportagem para questionar a presença de eventos semelhantes nos dias de hoje, bem como mudanças e permanências na sociedade brasileira em relação à população carcerária e à segurança com base na notícia.

Como identificar o posicionamento dos telejornais? Os telejornais transmitem, de forma mais ou menos explícita, certas opiniões sobre os fatos da época e relacionados às intenções da emissora.

Posições favoráveis ou desfavoráveis a governos, iniciativas culturais, ações populares, eventos contemporâneos, são expressos pelos telejornais.

> **Exemplo:** o telejornal **Diário de São Paulo**, da TV Tupi, apresentou em 9 de abril de 1964 uma reportagem em que entrevistava deputados federais, buscando opiniões sobre a cassação de políticos comunistas após o golpe militar. As posições apresentadas não deixam dúvidas da posição favorável tomada pelo telejornal, bem como pela emissora, em relação aos eventos do período.

Essas posições podem ser identificadas pela maneira como as notícias são selecionadas, pela linguagem utilizada para apresentá-las, pelas imagens e sons que as acompanham.

A análise de um telejornal

Nas aulas de História, o telejornal pode ser utilizado para saber o que se considerava notícia em determinado momento. A notícia pode ser de caráter político ou econômico (os temais mais comuns), mas também esportivo, cultural, ou pode envolver temas ligados a comportamentos ou à saúde. E, além do próprio evento ou fato noticiado em si, deve-se chamar a atenção dos alunos sobre a maneira como aquela notícia é representada, ou seja, de que maneira foi veiculada e que mensagens procurava transmitir.

A presente sugestão de atividade tem como objetivo entender de que maneira o Plano Cruzado, lançado em 28 de fevereiro de 1986 pelo então Presidente José Sarney, visando combater a inflação no Brasil, foi recebido pela população e repercutido por programas telejornalísticos.

- **Sensibilização:** com o auxílio do livro didático e de outros materiais que os alunos desejem pesquisar (inclusive a internet), converse com os alunos sobre os eventos relacionados ao Plano Cruzado. Procure detalhar o plano, suas características, sua inserção no contexto econômico (especialmente de inflação) e político (de fim do regime militar e expectativa de eleições para a Assembleia Constituinte). Como esses eventos aparecem representados nesses materiais?

Antonio Fontoura

> - **Vídeo para a atividade:** vídeo 1: parte da edição do **Jornal Nacional**, da Rede Globo, de 1 de março de 1986. Vídeo 2: retrospectiva de 1986, do programa **Globo Repórter**. Vídeo 3: **retrospectiva da década de 1980**, produzida pela Rede Globo e levada ao ar em dezembro de 1989.
> - **As manchetes:** assista ao vídeo 1 com seus alunos, procurando discutir os elementos apresentados neste capítulo: a seleção das notícias, as formas como são apresentadas, o posicionamento da emissora, o papel do comentarista, o caráter nacionalista das reportagens e a construção de narrativas. Discuta, com base nesse vídeo, as maneiras pelas quais parte da população reagiu ao plano econômico, as afirmações dos representantes do governo, além do posicionamento da emissora.
>
>   Em seguida, assista ao trecho da *Retrospectiva* de 1986 que trata especificamente do **Plano Cruzado**, exibido meses depois da reportagem inicial de lançamento do plano: procure identificar o que mudou tanto nas impressões da população, e nas afirmações dos governantes, quanto no posicionamento da própria emissora. O tom da reportagem é de apoio, condenação ou neutralidade?
>
>   Por fim, se considerar adequado, apresente trechos do vídeo 3, mostrando que a emissora não colocou o Plano Cruzado como evento importante para aquela década. Discuta com seus alunos o gradual processo de mudança de posicionamento da emissora em relação ao pacote econômico, sua busca por afastamento (no primeiro momento, apoiando de forma entusiástica; poucos anos depois, sequer mencionando-o) e os significados desse silêncio que foi sendo construído. As opiniões da população também teriam mudado?

A análise de um telejornal, portanto, deve considerar de que maneira os recursos audiovisuais são utilizados para construir determinadas narrativas para os eventos que foram selecionados e transformados em notícias.

5.2.3 As propagandas

De todos os elementos televisivos que podem ser explorados em sala de aula, as propagandas são, provavelmente, os mais explícitos em seus objetivos: procuram vender produtos, serviços ou, mesmo, ideias.

Entretanto, em virtude de suas características, mais do que simples anúncios publicitários, determinadas propagandas fizeram tanto sucesso que acabaram fazendo parte de determinada memória afetiva das pessoas, e um dos mais evidentes exemplos de como a televisão constrói lembranças compartilhadas por seu público.

> **Dica** ⇨ Uma atividade interessante de ser realizada com os alunos é propor que façam entrevistas com pessoas mais velhas – pais, avós, tios, por exemplo –, pedindo que investiguem lembranças de antigas propagandas televisivas. A atividade tem condições de revelar aos alunos as maneiras pelas quais os programas televisivos participam das lembranças que as pessoas constroem de sua infância e adolescência, além de revelar a permanência de certos anúncios publicitários na memória coletiva.

Como todos os demais elementos da televisão, também as propagandas dialogam com o seu próprio período. A mais óbvia evidência dessa relação está nos produtos anunciados: a propaganda de um automóvel Monza, de sabonetes Cinta Azul ou de videocassetes – são todas partes do próprio período em que eram produzidos e consumidos. Mas, além disso, as propagandas utilizam ideias, crenças, valores, medos e ansiedades, expectativas e esperanças de um período para explorá-las, reforçá-las ou combatê-las, em função de seus objetivos comerciais.

Exatamente por conta de sua popularidade, não é difícil encontrar na internet *sites* especializados em antigas propagandas televisivas. Com base nos objetivos da aula e dos interesses da turma, esses anúncios podem ser utilizados para trabalhar um conjunto bastante amplo de temas, eventos e processos, que dialogam intimamente com os conteúdos históricos. Em comum a todos eles deve estar a identificação do que está sendo comercializado e do público que seria o consumidor preferencial, da linguagem utilizada, da ambientação (cenários), da aparência dos modelos, das músicas utilizadas que acompanham o anúncio. Uma propaganda é todo um conjunto audiovisual cujas partes devem ser analisadas para a compreensão da mensagem que veicula.

Antonio Fontoura

As sugestões apresentadas a seguir são apenas uma pequena seleção das possibilidades da utilização de propagandas televisivas como recursos audiovisuais em sala de aula.

Para discutir a história do cotidiano: além de divulgarem produtos e serviços característicos de determinado período histórico, as propagandas apresentam ambientes, roupas, músicas, comportamentos, penteados, acessórios, elementos diversos enfim, que, ainda que de forma idealizada, relacionam-se a determinada sociedade.

> Exemplo: em propagandas de um **intervalo comercial da Rede Globo, de 1976**, podem ser analisados diferentes produtos, roupas, objetos de uso cotidiano, equipamentos e, mesmo, ideias que eram divulgadas no período.

Para debater as relações de gênero: as propagandas, usualmente, procuram construir mundos ideais a partir de determinadas ideias que são socialmente compartilhadas. Concepções idealizadas de masculino e feminino podem ser exploradas a partir das formas pelas quais temas como feminilidade e masculinidade, relações amorosas, sexualidade, conjugalidade são apresentadas pelos anúncios.

> Exemplo: em **anúncios do ano 1961**, aparecem reforçados estereótipos de gênero próprios do período, como da feminilidade frágil, delicada, em que a mulher está sempre preocupada com sua aparência.

Para discutir as relações de consumo: os alunos podem discutir como as propagandas procuram veicular a compra de um produto ou serviço com a criação de uma identidade individual. Em outras palavras, o ato de consumir vai além da satisfação de necessidades e torna-se uma busca pela identificação com ideias como modernidade, busca por aceitação, destaque em relação aos pares. Possuir um determinado produto é destacar-se dos demais.

> Exemplo: a apresentadora Xuxa Meneghel, nos anos 1990, apresentava um programa infantil na Rede Globo e, a partir dele, procurou incentivar crianças, sua audiência preferencial, a se tornarem consumidoras de uma série de produtos que estavam associados a seu nome. Pode-se utilizar **tais propagandas** para discutir a influência dos anúncios televisivos, bem como seus limites éticos.

Além disso, uma estratégia comum dos anúncios publicitários é a busca pela associação de seus produtos com certas ideias valorizadas na sociedade. Tornaram-se famosos, na década de 1970, certos anúncios de refrigerantes e de calças jeans, por exemplo, e mais do que bebidas ou roupas, pareciam vender determinada ideia de juventude: liberdade, diferença em relação ao que era considerado "antigo", possibilidades de mudança.

> Exemplo: o **anúncio de um famoso refrigerante** procurava associar a bebida a ideias *hippies* que começavam a chegar ao Brasil do período, como roupas coloridas, cabelos longos, difusão de ideias de amor e paz, contraposição à sociedade vista como tradicional: "Hoje existe tanta gente que quer nos modificar / Não quer ver nosso cabelo assanhado com jeito [...] / Se o amigo está nessa ouça bem, não tá com nada!". Por sua vez, **a propaganda de uma marca de calças jeans** utilizou-se da ideia da juventude – representada pelos jovens que viajavam ilegalmente em um trem – a seu produto, afirmando que a liberdade era "uma calça velha, azul e desbotada".

Para discutir as representações de povos e etnias: gradualmente, as propagandas televisivas brasileiras, especialmente por efeito da atuação de grupos de defesa de direitos de minorias, estão inserindo pessoas de diferentes etnias e origens raciais como modelos em propagandas comerciais. Mesmo até os anos 1990, ainda era rara, por exemplo, a presença de pessoas negras em anúncios televisivos, em um número que fosse proporcional ao existente na sociedade brasileira – algo que, aliás, não foi atingido ainda nos dias de hoje. O ideal de sociedade

Antonio Fontoura

presente na maioria dos anúncios televisivos continua sendo o de uma sociedade de classe média, branca, da Região Sudeste, o que leva à construção de estereótipos de pessoas de diferentes origens e etnias.

> **Exemplo:** nos anos 1990, uma empresa de origem japonesa, estabelecida no Brasil, utilizou-se da estratégia de anunciar a superioridade de sua tecnologia com base em um lugar comum étnico: a de que os "japoneses" seriam mais avançados tecnologicamente que os demais. E, para diferenciar-se da concorrência (afinal, existiam outras empresas de origem japonesa comercializando no Brasil), passou a afirmar que os seus "japoneses" eram mais criativos que os outros. Naquela década, **seus anúncios comerciais contrapunham estereótipos de "japoneses" aos de "paraguaios"** – estes, representados como pessoas de índole discutível comercializando produtos questionáveis – para anunciar seus produtos.

Para discutir a difusão de ideias e conceitos: valores como liberdade, democracia, modernidade, nacionalismo, patriotismo foram temas de vários comerciais, e vendidos como produtos por meio das mesmas estratégias dedicadas aos anúncios televisivos tradicionais.

> **Exemplo:** o regime militar brasileiro utilizou-se de forma recorrente das propagandas televisivas para difundir os seus valores à população. Em 1976, **anúncios de caráter nacionalista** e ufanista associavam a miscigenação brasileira a uma determinada superioridade moral e certo valor patriótico.

5.2.4 Diferentes programas televisivos

Os diferentes tipos de programas televisivos oferecem oportunidades igualmente diversas de discutir o passado e as mudanças e permanências em relação ao presente. Isso porque cada um, em sua particularidade, é voltado para públicos específicos e se utiliza de diferentes estratégias para oferecer entretenimento ou informação e, assim, conquistar a audiência.

Programas políticos são utilizados pelos partidos para difundir suas ideias e candidatos. Podem ser utilizados para se compreender o posicionamento de determinado partido político, identificar as principais preocupações sociais de um período e local e, inclusive, compreender como a televisão se tornou ferramenta fundamental de divulgação de ideias políticas nas últimas décadas.

> Exemplo: podem ser comparados **programas políticos televisivos produzidos sob as regras da Lei Falcão** (norma eleitoral de 1976 aprovada pelo regime militar que, por medo da expansão política da oposição, determinou que as propagandas políticas deveriam se limitar a apresentar a imagem, a legenda, o número e o currículo dos candidatos) e a utilização midiática construída **pela campanha do então candidato Fernando Collor**, para as eleições presidenciais de 1989 – as primeiras após o fim da ditadura militar. Collor foi um dos primeiros políticos a se utilizarem das técnicas de *marketing* televisivo para "vender" sua candidatura. Esses programas, ainda, podem ser contrastados com os da atualidade, para que os alunos discutam a crescente influência do marketing televisivo na difusão de ideias políticas.

Os **programas de auditório** estão entre os mais tradicionais da mídia de massa no Brasil. Trata-se de programas cuja estrutura já fazia sucesso no rádio e que foram importados pelas emissoras de televisão. Apresentadores como Chacrinha (nome artístico de José Abelardo Barbosa de Medeiros, 1917-1988) tiveram seus programas iniciados no rádio e, posteriormente, transferidos para a TV. Apresentam *shows* musicais, entrevistas, concursos de artistas amadores (os "calouros"), narrativas de tragédias pessoais e não raro incentivam e exploram conflitos interpessoais. Estão ainda nos dias de hoje entre os mais populares programas televisivos do país.

Os programas de auditório de décadas passadas são de difícil obtenção em sua integralidade. Atualmente, é mais comum serem encontrados trechos que, eventualmente, podem ser utilizados em sala de aula para discussões a respeito da representação da população na TV, preconceitos sociais, diferentes noções de problemas cotidianos, relações de gênero.

Já os **programas esportivos** deveriam, em princípio, apresentar as mais diversas notícias, bem como atrações de entretenimento em relação a uma multiplicidade de esportes. Porém, no caso brasileiro, são preferencialmente, quando não exclusivamente, voltados ao futebol. Além de serem atrações televisivas que permitem que os alunos compreendam as mudanças em relação ao próprio esporte, como o aumento de sua relação com o *marketing*, podem ser trabalhados para se discutir a relação entre política e esporte (tema especialmente importante para os anos 1970, e recuperado, de certa forma, na copa do mundo sediada pelo Brasil em 2014), além de estimular debates sobre temas sobre sua relação com o nacionalismo.

> **Exemplo:** durante a Copa do Mundo de Futebol 1986, a Rede Globo criou um personagem que procurava representar o "torcedor" típico da seleção brasileira. **Arakem, o "showman"**, vestia uma bandeira do Brasil estilizada e procurava tanto incentivar a seleção nacional quanto ridicularizar os adversários. Na vitória do Brasil sobre a Polônia, por exemplo, torcedoras faziam um "corredor polonês" em que surravam os jogadores do time adversário, antes de comemorarem a chegada de Arakem e cantarem trechos do *jingle* criado pela emissora. Trata-se de um incentivo ao nacionalismo a partir do futebol, além de conter certa representação do que seria o Brasil do ponto de vista da emissora.

Ainda que antigos **programas de entrevistas** sejam, também, difíceis de serem obtidos em sua integralidade, determinados episódios, realizados com personalidades específicas, podem ser obtidos com alguma facilidade na internet. Por um lado, são interessantes para as aulas de História pela possibilidade de termos acesso a opiniões de indivíduos do passado, por outro, por permitirem que seja identificado o que as pessoas da época consideravam interessante e digno de nota. Além disso, as diferentes relações entre público e privado podem ser expressas nesses programas (Napolitano, 2003a).

Cada vez mais tem crescido no Brasil o número de **programas religiosos**, usualmente das mais diferentes denominações cristãs. Se a primeira transmissão televisiva da história do Brasil foi, justamente, com a apresentação de um padre católico (Hamburger, 1998), nos últimos anos observa-se um crescimento de programas televisivos evangélicos. São muitos os aspectos que podem ser apreendidos, nas aulas de História, com base na análise desses programas: as mudanças em relação às práticas religiosas cotidianas, a transformação da fé religiosa em espetáculo televisivo, a aproximação de práticas religiosas com estratégias de propaganda e *marketing* e, inclusive, a relação entre religião e política.

Síntese

A heterogeneidade dos programas televisivos dificulta a construção de uma metodologia e objetivos únicos para seu uso nas aulas de História. Além disso, é ainda bastante esparsa a disponibilização de programas antigos, resultado de esforços individuais de colecionadores e, eventualmente, das próprias emissoras e instituições de preservação da memória. Porém, são um tipo material que, de certa forma, participou da formação dos nossos alunos e que ecoa, em seus diversos formatos e em seu desenvolvimento, preocupações, características, ansiedades, costumes de outros momentos e períodos. E, exatamente por isso, bastante importantes de serem incluídos como recursos audiovisuais para as aulas de História.

Antonio Fontoura

Atividades de autoavaliação

1. A respeito da utilização da televisão nas aulas de História, é correto afirmar:

   a) O principal objetivo do uso da televisão nas aulas de História é denunciar as manipulações que as grandes emissoras exercem sobre o público, alienando-a do mundo real.

   b) Não existe utilização da televisão nas aulas de História, pois se trata de uma ferramenta tecnológica ainda muito recente, que não sofreu transformações desde seu surgimento.

   c) A televisão deve ser, gradualmente, retirada do currículo escolar, tanto pelas deformações da realidade que ela apresenta quanto por estar sendo superada pela internet.

   d) Deve ser preocupação dos professores contribuir para uma alfabetização para a televisão, de modo que os alunos assistam aos programas de uma maneira inquisitiva, atenta e perspicaz.

2. Desde seus primeiros momentos no Brasil, a televisão foi pensada enquanto possível instrumento pedagógico, em razão da atenção que desperta em sua audiência. A respeito dos usos educativos da televisão no país, nas últimas décadas, é correto afirmar:

   a) A Fundação Centro Brasileiro de TV Educativa, criada em 1967, foi uma maneira utilizada pelos governantes brasileiros, durante o regime militar, para utilizar a televisão enquanto ferramenta de ensino.

   b) Pelo fato de ter sido considerada alienante e manipuladora, projetos educativos que foram elaborados para a utilização da televisão com objetivos pedagógicos, acabaram não sendo colocados em prática no país.

c) Após uma tentativa fracassada com o projeto *Telecurso*, iniciado ainda nos anos 1950, a Fundação Roberto Marinho abandonou outras tentativas de utilização do meio televisivo como ferramenta didática.

d) Em sendo concessões concedidas pelo Estado, as emissoras de televisão se comprometem a não produzir conteúdos formalmente educativos, pois essa é uma atribuição dos poderes públicos.

3. Leia com atenção o trecho a seguir, que trata dos apresentadores de telejornais:

A credibilidade do telejornal é influenciada diretamente pela confiança que os espectadores depositam nos seus apresentadores. Embora possam ser considerados, como em qualquer outro formato televisual, a "cara" do programa que comandam, os apresentadores do telejornal, diferentemente dos profissionais que desempenham este papel em outros gêneros, constroem sua imagem numa constante tensão entre a propalada exigência de "objetividade" e imparcialidade da prática jornalística e a autopromoção e glamourização inerentes à televisão. (Fachine, 2008, p. 69)

A respeito dos telejornais e das maneiras pelas quais esse gênero televisivo se construiu ao longo do tempo no Brasil, é correto afirmar.

a) Os telejornais procuram construir, através de estratégias audiovisuais, uma noção de objetividade e neutralidade em relação aos eventos que apresentam como "notícias".

b) Devido à necessidade de conquistarem o apoio do público, os telejornais não apresentaram mudanças no seu formato desde seu início no Brasil nos anos 1950.

Antonio Fontoura

c) Pelo seu caráter objetivo e neutro, os telejornais são importantes fontes históricas por demonstrarem o que realmente aconteceu em determinado dia, ano ou década.
d) Todo fato jornalístico será, também, um fato histórico, e é partindo dos jornais, mesmo aqueles televisionados, que podemos reconstruir a história de uma época.

4. Um dos gêneros televisivos que mais cresceram na última década foi o dos chamados *reality shows*. Seus programas atraem o público com a promessa de apresentar a vida real, pela exposição da vida privada de famílias, registro de ações policiais, profissionais em busca de oportunidades de estágio e emprego, exposição da vida íntima de anônimos ou famosos. Alguns dos programas que mais obtiveram sucesso no Brasil, dentro desse gênero, foram o *Big Brother Brasil* (iniciado em 2002), da Rede Globo, *A Casa dos Artistas* (2001-2004), do SBT, *O Aprendiz* (2004-2014), da Record.

A respeito da relação existente entre "realidade" e "televisão", aspecto sublinhado por programas como esses, é correto afirmar:

a) Pelo desenvolvimento tecnológico próprio dos sistemas de gravação e reprodução de vídeo, todos os programas televisivos, na atualidade, representam fielmente a realidade.
b) A realidade do mundo não pode ser dada por programas ficcionais como séries e novelas, mas apenas a partir de telejornais ou *reality shows*, que são centrados em fatos.

c) Os programas do tipo *"reality shows"*, como os demais programas da televisão, não apresentam a realidade, mas são uma determinada representação do mundo real.

d) Os *reality shows* não podem ser utilizados como fontes históricas porque o que apresentam são "lixo cultural" e não informam nada sobre o mundo em que vivemos.

5. O *site* da gravadora Som Livre assim afirma sobre a criação da empresa, 1969:

A gravadora Som Livre foi criada em 1969 com o objetivo principal de pôr à disposição do público as trilhas sonoras das novelas e minisséries da Rede Globo, e ao mesmo tempo incentivar a música popular brasileira, abrindo portas para novos talentos e revitalizando o repertório de músicos tradicionais e consagrados. (Quem somos, 2018)

Além de músicas, as novelas participaram e participam da publicação e comercialização de um sem número de outros itens, como revistas, livros, DVDs, assinaturas de *sites* e de canais fechados, sem mencionar a existência dos próprios anúncios que são veiculados nos intervalos comerciais. A respeito desse aspecto mercadológico da televisão, bastante evidente com as telenovelas, é correto afirmar:

a) A televisão cria produtos que devem ser consumidos e, por isso, participa da lógica do mercado, como a criação de programas que sejam do agrado de seu público.

b) Apesar de participar da comercialização de músicas, livros, revistas, as telenovelas são produtos culturais não influenciados por aspectos mercadológicos.

c) Com exceção de telejornais e de documentários, todos os demais programas veiculados pelas emissoras de televisão são influenciados por questões mercadológicas.

d) O único objetivo dos programas televisivos é vender produtos aos consumidores, por isso, ao contrário do cinema ou teatro, não apresentam valor cultural ou intelectual.

Atividades de aprendizagem

Questões para reflexão

1. Uma das características históricas da televisão brasileira é a grande quantidade de programas produzidos nacionalmente, o que a fez depender menos, em comparação com outros paises, de programas produzidos externamente, especialmente dos Estados Unidos. Entretanto, os chamados "enlatados"– programas exportados para vários países do mundo – também fizeram sucesso no Brasil, como é o caso de *O túnel do tempo*. Nessa série, produzida entre 1966 e 1967 e reprisada no país com regularidade até os anos 1980 (ainda hoje, eventualmente, é exibida em determinados canais de TV por assinatura), dois cientistas entram em um "túnel do tempo" e aventuram-se em diversas épocas do passado e futuro.

Assim como outros programas televisivos, também *O túnel do tempo* tinha determinada concepção de história, de fato histórico, de passado e de agentes históricos, que transmitia aos telespectadores. E, da mesma forma, guardava estreitas relações com o período em que foi produzido.

Procure assistir episódios de *O túnel do tempo* (o episódio 1, em que é mostrado o início das viagens temporais, e o episódio 7, em que é abordada a Guerra de Troia são especialmente interessantes para esta atividade) e produza um texto discutindo de quais são as ideias de "história" que foram construídas por esse programa (Oliveira, 2010a). A seguir, apresente sua conclusão sobre as seguintes questões: quais são os "fatos históricos" citados nos episódios? Quem são representados como heróis ou vilões? Qual a atuação dos personagens principais nos eventos históricos de que participam? Como essa atuação relaciona-se com o contexto dos anos 1960 da Guerra Fria e da autoimagem construída pelos estadunidenses?

2. Ainda que sejam construções idealizadas da realidade, as telenovelas, eventualmente, trazem temas polêmicos para serem adicionados a suas tramas. Dependendo da maneira como são trabalhadas na narrativa e do impacto que provocam na audiência, essas questões podem levantar debates na sociedade. Um exemplo foi a abordagem do racismo pela novela da Rede Globo *Pátria Minha* (1994-1995). Assista, em primeiro lugar, um trecho da novela, em que essa questão fica explicitada: na cena, o personagem Raul Pellegrini (interpretado por Tarcísio Meira) confronta Kennedy Lopes dos Santos (Alexandre Moreno), acusando-o de roubo (Basséres et al., 1994).

A seguir, leia a análise extraída do jornal *Folha de S. Paulo*, escrita à época em que a novela foi exibida, sobre os impactos da discussão sobre o racismo sobre o público brasileiro.

O Brasil está mudando. A polêmica gerada pela novela "Pátria Minha"
em torno da questão racial seria impensável até recentemente, quando o
Brasil se orgulhava de não ser racista. [...]. O conflito racial em horário

nobre incomoda a todos. Incomoda aqueles que, ao viverem a discriminação cotidianamente não toleram ver o seu sofrimento pessoal num espaço público por natureza como a televisão – incomoda a segmentos dos movimentos negros, que não se identificam com a resposta dos personagens negros da novela. (Hamburger; Thomaz, 1994).

Considerando-se que esse texto foi produzido em 1994, foi correta a afirmação dos autores do texto dizendo que "O Brasil está mudando"? Desde então, o país mudou seja em relação à questão do racismo seja em sua representação na televisão?

Complemente essa discussão abordando as maneiras pelas quais essa discussão sobre as representações da discriminação em programas de televisão, datada de 1994, pode ser utilizada nas aulas de história do Brasil.

Atividade aplicada: prática

1. Criar uma atividade com um programa televisivo exige, antes de mais nada, que tenhamos à disposição as imagens que pretendemos usar em sala de aula. Isso significa investimento de tempo em pesquisas na internet, em instituições de preservação da memória como cinematecas ou museus de imagem e som, além de recursos financeiros, caso desejemos dispor de cópias de certos programas do passado. Assim, antes de definir o tema que será trabalhado, procure pesquisar os programas televisivos adequados, bem como sua disponibilidade.

    Feita essa seleção inicial, construa um projeto de aula que se utilize de programas televisivos para o ensino de História. Utilize sua experiência na produção de planos de aulas para o uso de imagens, sons e cinema (dos capítulos anteriores) para a construção dessas atividades específicas. Não se esqueça, porém, de considerar os seguintes aspectos do uso de programas televisivos em sala de aula.

A **identificação de dados essenciais do programa**: o tema, considerando sua estrutura, atrações e objetivo; seu horário; o público preferencial; narrativas apresentadas; que ideias difunde ou defende; quais são seus ideais de sociedade; qual horário era apresentado e por qual emissora; e, se possível, as empresas patrocinadoras (nem todos os programas televisivos arquivados na internet, por exemplo, mantêm as propagandas dos intervalos comerciais).

Pense na **utilização de estratégias e materiais de apoio**, como aulas expositivas, textos históricos ou reportagens, capítulos do livro didático.

Considere, ainda, a sua atuação: o número de aulas, as intervenções que deverão ser feitas junto aos alunos quando estiverem assistindo aos programas, as observações e comentários, além de questões que podem ser levantadas para a problematização do que está sendo assistido.

Enriqueça a atividade com a **utilização de outras fontes**, como jornais impressos e revistas, bem como de publicações específicas sobre a televisão e os artistas (vários títulos podem ser encontrados na Hemeroteca Nacional).

Não esqueça, por fim, de elaborar uma **atividade de encerramento**.

Capítulo 6
Videogames, interatividade
e internet

A informática, em suas diversas formas, conteúdos e equipamentos, faz parte do cotidiano de nossos alunos, participando da construção de novas redes de sociabilidade, sendo utilizada para busca de conteúdos para o estudo, passando pelo entretenimento dos *videogames*. Produtores de conteúdo mais do que meros espectadores, são agentes da própria decisão nos jogos e instantaneamente confrontados com os resultados de suas decisões, pelas possibilidades da interatividade digital.

Ao mesmo tempo, são tecnologias e programas que, ainda muito timidamente, estão presentes nas escolas. Se, de fato, existe há algum tempo no Brasil planos de informatização das escolas, ainda são pouco explorados equipamentos e *softwares* como *smartphones* e *videogames*, que oferecem uma grande potencialidade de recursos audiovisuais a serem incorporados nas aulas de história.

(6.1)
A INFORMÁTICA E A EDUCAÇÃO

Crianças, adolescentes e adultos podem ficar horas diante de um computador ou de uma televisão jogando uma partida de *videogame*. Toda a atenção está voltada para derrotar o inimigo, passar de fase ou vencer o jogo. Os assim chamados *games* trazem desafios, estimulam a criatividade, criam novos mundos. E quanto mais a tecnologia se desenvolve, mais detalhados e realistas esses jogos se tornam.

Os primeiros estudos sobre o impacto do uso de jogos e de simuladores como ferramentas pedagógicas datam dos anos 1950. Porém, com a popularização da informática, os estudos sobre a influência dos jogos, agora digitais, e de seu potencial educativo pareceram despertados com renovados interesses a partir dos anos 1980. Seu objetivo final era transpor, para o ambiente educativo, aquela motivação e engajamento próprios de uma partida de *videogame*. Não mais *Pacman*, mas *Professor Pacman*.

Aconteceu com o rádio, o cinema, a televisão, e voltaria a ocorrer com a informática que se popularizava: o encantamento provocado pela nova mídia promoveu uma entusiasmada busca pelo seu aproveitamento educativo (especialmente por meio da fusão de conteúdos escolares com os jogos eletrônicos), seguindo-se por um previsível desapontamento. Percebeu-se que não bastava transportar mecanicamente os textos didáticos para o formato *videogame* para tornar as crianças tão interessadas em decorar as Capitanias Hereditárias quanto o eram em derrotar os invasores alienígenas em *Space Invaders*. O *boom* do chamado *"Edutainment"* nas décadas de 80 e 90 do século passado produziu, com poucas exceções, jogos digitais educativos pouco desafiadores, com atividades repetitivas e, em sua maioria, fundamentados em uma forte concepção behaviorista de aprendizagem (Gee, 2003).

Porém, nos últimos anos, a informatização da sociedade só se viu ampliar. O aumento da capacidade de processamento de computadores, *videogames* e, recentemente, equipamentos portáteis como *tablets* e telefones celulares; a incrível penetração da internet na sociedade, particularmente entre crianças e jovens; o avanço irresistível das redes sociais com seu consequente compartilhamento de fotos, músicas, vídeos, experiências – são todos fatores que impulsionaram novas pesquisas e experiências de integração entre o mundo multimidiático da informática à educação.

6.1.1 Tecnologia e poder público no Brasil

Os primeiros programas públicos brasileiros de incentivo à integração da informática nas escolas surgiram em 1983, com o Educom – Educação e computador –, seguido, entre 1987 e 1989, pelo Formar – Formação de Recursos Humanos – e, enfim, pelo Proninfe, em 1989, que visavam à construção de projetos-piloto e à capacitação de professores para a utilização de computadores com fins educacionais.

Instituído como Programa Nacional de Informática na Educação, o ProInfo surgiu em 1997, com a "finalidade de disseminar o uso pedagógico das tecnologias de informática e telecomunicações nas escolas públicas de ensino fundamental e médio pertencentes às redes estadual e municipal" (Brasil, 1997). Atuando ainda na atualidade, fornece às escolas públicas laboratórios de informática, além de atendimento à manutenção dos computadores, capacitação dos agentes pedagógicos, equipamentos como *tablets*, bem como fornecimento de conteúdos educacionais.

A realidade das escolas públicas brasileiras, porém, é ainda de intensa disparidade em relação à presença da informática como ferramenta educativa cotidiana. Não apenas há uma desigualdade entre escolas públicas e privadas, mas, também, entre diferentes regiões do país e, na média, há cerca de 30 alunos por computador, o que é claramente inadequado para que funcione de maneira efetiva enquanto ferramenta pedagógica. Além disso, menos da metade das escolas públicas brasileiras possui laboratórios de informática, e menos da metade dos professores se utiliza de computadores para suas aulas (Brasil, 2014a). E, ainda que o Governo Federal tenha mantido, nos últimos anos, certo investimento na busca pela informatização escolar, o processo é ainda bastante lento e um obstáculo bastante importante na real utilização dessas ferramentas tecnológicas na educação como um todo e nas aulas de história em particular.

Os livros didáticos de História, por sua vez, ajudam pouco nessa integração. Para os últimos anos do ensino fundamental, os editais lançados pelo Governo Federal para o Programa Nacional do Livro

Didático têm incentivado a produção de materiais informatizados que acompanhassem o Manual do Professor. Porém, trata-se de uma integração ainda muito incipiente.

Além disso, o Ministério da Educação publicou, entre 2009 e 2013, um "guia de tecnologias", para, segundo sua descrição, auxiliar "na aquisição de materiais e tecnologias para uso nas escolas públicas brasileiras" (Brasil, 2013). Trata-se, porém, de *sites* defasados, muitos já sem funcionamento, portais inadequados, além de recursos que não são propriamente tecnologias, mas produtos físicos anunciados em *sites* para serem comprados e utilizados pelos estudantes.

Considerando-se esse quadro sucinto, pode-se constatar que o panorama geral para professores de História em relação à tecnologia, particularmente em relação às escolas públicas, não é muito promissor. Para as escolas particulares, o quadro é bastante diferente: laboratórios de informática são bem mais comuns, e cerca de 80% possui acesso à internet via banda larga, algo inexistente em mais da metade das escolas públicas (Moreno; Fajardo, 2016). De toda forma, as escolas privadas também sofrem com certos problemas, como a da ausência de integração entre livros didáticos e tecnologia (problema que, como vimos, é compartilhado com as públicas) e ausência de tecnologias educativas nacionais, particularmente em História, que sejam de qualidade.

Todo trabalho com os recursos audiovisuais informatizados, seja por meio de consoles de *videogames*, computadores ou aparelhos portáteis, precisam dos próprios equipamentos e, cada vez mais, de acesso à internet. E, dentro do mundo informatizado e conectado em que vivemos, são equipamentos e estruturas que não se configuram como acessórios, mas condições básicas para uma adequada formação.

De certa maneira, este capítulo trata dos recursos audiovisuais a partir de circunstâncias ideais: acesso a equipamentos e internet, disponibilidade para preparação das atividades, apoio da diretoria da escola para a implementação de atividades diferenciadas. E se a realidade muitas vezes se apresenta da maneira diversa, nossa discussão deve considerar um tipo de ensino que julgamos ser adequado, ainda que as condições ideais possam, eventualmente, estar um pouco distantes. Não diz o ditado que o arqueiro deve sempre mirar um pouco mais alto a fim de acertar o alvo?

6.1.2 O ENSINO DE HISTÓRIA E OS COMPUTADORES NA EDUCAÇÃO

Os *games* comerciais com temas históricos sempre foram muito populares. Entre os títulos atuais mais vendidos no mercado nacional e internacional, um jogador pode escolher participar da Primeira Guerra Mundial (*Battlefield I*, da empresa Ea Dice, de 2016), sobreviver como um *cowboy* em plena expansão americana para o Oeste (*Red Dead Redemption*, Rockstar, 2010), participar da Revolução Americana ou da Revolução Francesa (série *Assassin's Creed*, Ubisoft).

O aumento da capacidade de processamento de dados, especialmente os gráficos, por parte de computadores e consoles tem permitido representações cada vez mais realistas de cenários, eventos e movimentos dos personagens. São, portanto, cada vez mais precisos na recriação de ambientes do passado e, com isso, na sensação de imersão do jogador naquele enredo particular. É a união entre a ótima qualidade visual e uma jogabilidade atrativa que tornam esses jogos sucessos comerciais. E, como acontece com a televisão e o cinema, também os *videogames* acabam por ensinar história a nossos alunos: e é nosso papel compreender esses modelos e utilizá-los em sala de aula.

Porém, os recursos audiovisuais informatizados que podem ser integrados às aulas de História vão além dos jogos comerciais. Existem os *softwares* educativos (incluindo jogos), além de simuladores, nos quais os alunos experimentam determinada realidade do passado – como visitar a tumba da *Rainha Nefertari* (PatolaGames, 2011) – ou ter contato com tecnologias que não mais existem, como pilotar virtualmente aviões da Primeira Guerra Mundial ou utilizar a máquina nazista de encriptação de informações Enigma.

Já a informática aliada à internet permite que os alunos visitem virtualmente locais historicamente relevantes, como a Capela Cistina ou o interior do Coliseu romano, e passeiem por museus como o Louvre ou o Museu Britânico. Pode-se, ainda, acessar diretamente fontes escritas, sonoras, visuais e audiovisuais, de diferentes tempos e lugares, às quais, em outros tempos, ou sob diferentes condições, não se teria acesso. Além das redes sociais, que permitem o contato com pessoas de diferentes regiões, idades, experiências, de modo a ampliar seu conjunto de informações sobre o mundo, e construir uma visão mais plural a respeito da realidade.

A principal característica comum a todos esses exemplos é a interação: a possibilidade de fornecer informações aos programas e receber determinadas respostas por meio das quais os alunos podem perceber o impacto de suas análises e decisões.

> ## *Softwares* educativos em história
>
> No início dos anos 2000, a possibilidade da multimídia nos computadores fez surgir uma série de *softwares* educativos, inclusive enciclopédias, que procuravam integrar animações, sons, imagens e textos, de modo a tornar o conteúdo mais interessante e didático. Programas direcionados à história, como atlas históricos, bancos de imagens com sons e vídeos antigos, e mesmo coletâneas de documentos escritos tornaram-se comuns.
>
> O desenvolvimento da internet fez com que muitos desses programas acabassem por se tornar obsoletos. Afinal, professores e pesquisadores passaram a poder encontrar *on-line*, com facilidade, atlas, documentos históricos, tutoriais e explicações, jogos e simuladores, além de uma infinidade de informações enciclopédicas.

> Ainda existem bons *softwares* educativos dedicados à história, sejam gratuitos, sejam pagos, e é necessário saber avaliá-los em suas potencialidades para a utilização em sala de aula. Ao final do capítulo, proporemos uma atividade que envolve a escolha e avaliação desses programas.

Nas próximas páginas, procuraremos discutir alguns desses recursos, bem como estratégias adequadas para melhor utilizá-los como instrumentos de aprendizado para as aulas de História.

(6.2)
JOGOS DIGITAIS E HISTÓRIA

Após os ataques terroristas de 11 de setembro de 2001 nos Estados Unidos e a invasão ao Iraque que ocorreu dois anos depois, vários *videogames* com temáticas ligadas a conflitos bélicos passaram a ser ambientados no Oriente Médio. Muitos desses jogos apresentavam valores nacionalistas estadunidenses, procuravam justificar suas ações militares e desumanizavam o inimigo. Tome-se, por exemplo, *Full Spectrum Warrior*, de 2004 (*Guerreiros completos*, em português), que se passa na região fictícia de "Zekistão", em uma clara referência a países muçulmanos como Afeganistão e Paquistão. Nele, os soldados estadunidenses, controlados pelo usuário, são representados como disciplinados, tecnologicamente superiores, e imbuídos de missões humanitárias: "essas pessoas [os habitantes de Zekistão] sabem que viemos ajudá-las, certo?" (Full Spectrum Warrior, 2004), pergunta um dos personagens, logo no início do jogo. Já seus inimigos, controlados pelo computador, são apresentados como estereótipos de árabes muçulmanos fanáticos e que, segundo nos informa o próprio jogo, estariam realizando uma "limpeza étnica e ações terroristas patrocinadas pelo ditador Mohammad Jabbou Al-Afad" (Full Sprectrum Warrior, 2004).

Já autorrepresentações árabes ou muçulmanas em *videogames* não são tão comuns, em virtude do pouco desenvolvimento da indústria de jogos digitais nos vários países. De toda forma, nos poucos títulos que existem, a maneira como representam a si mesmos e aos outros parte também de um ponto de vista que os vê como heróis combatendo inimigos desumanizados. O jogo sírio *Tahta al-Hisar* (Cercados), de 2005, por exemplo, retrata os palestinos como combatentes valorosos, apresenta seus ideais como legítimos e em atitudes heroicas diante da superioridade bélica inimiga. O computador controla os israelenses, representados de maneira estereotipada e como pessoas violentas: em uma das cenas do jogo, uma criança é alvejada pelas costas por um soldado que atira de dentro de seu tanque; como a percebe ainda viva, o soldado de Israel aparece assassinando a criança esmagando sua cabeça com uma pedra.

> **Jogos educativos e representações da realidade**
>
> Ambos os jogos são difíceis de serem obtidos, mas é possível utilizar outros recursos para analisá-los em sala de aula. Você pode, por exemplo, estabelecer uma **comparação entre a capa de ambos**[1], destacando com seus alunos os diferentes significados dados aos protagonistas: um grupo altamente armado no primeiro, e uma pessoa, utilizando-se de um estilingue, no outro. Os títulos dos jogos também são significativos: enquanto os soldados estadunidenses são classificados como "guerreiros" (*warriors*), os protagonistas do jogo sírio estão "cercados".
>
> Pode-se, ainda, utilizar vídeos dos jogos. No caso de **Full Spectrum Warrior**, os primeiros minutos já contrastam a representação dos soldados individualizados e altamente treinados, por um lado, e os terroristas sem nome, desorganizados e violentos, por outro. No caso de **Tahta al-Hisar**, o contraste fica marcado pela violência e força do inimigo, diante da inocência e fragilidade dos palestinos.

---

1 Os elementos destacados no livro podem ser acessados em *recursosaudiovisuais.com.br*. Nesse site, você encontrará links para as capas de ambos os jogos.

Como demonstrado pela comparação entre o jogo produzido nos Estados Unidos e na Síria, os *videogames* são produtos culturais e, como ocorre com outras mídias de massa, caracterizam-se por ecoarem determinados aspectos de concepções de mundo, cotidiano, medos, preconceitos, ideais. Os temas que escolhem representar, as maneiras como personagens e tramas são construídos, as tecnologias utilizadas, o mercado em que se inserem, são algumas das maneiras pelas quais os jogos entram em contato com outros aspectos da sociedade, e com o qual se relacionam.

Mais do que isso, os *videogames*, em suas várias formas, estão presentes no cotidiano de nossos alunos. Sem dúvida, não são todos que têm condições de adquirir os consoles de última geração e os títulos mais avançados, mas não apenas existem opções mais baratas e inclusive gratuitas, como os jogos disponibilizados pelas redes sociais como Facebook têm se tornado cada vez mais populares. Sendo uma das mais rentáveis indústrias de entretenimento do planeta, alguns de seus títulos se tornaram conhecidos a ponto de romperem os limites da própria mídia, tornando-se temas de livros, recriados em filmes, e tendo inclusive competições transmitidas ao vivo pela televisão.

Infelizmente, a importância dos jogos eletrônicos no cotidiano de nossos alunos não é proporcional à maneira como são estudados em sala de aula. Algumas das razões que explicam a dificuldade de sua adoção nas escolas estão na ausência de debates teóricos sobre o assunto, nos custos de seus títulos, bem como na própria resistência de educadores e alunos. Além disso, não são poucos os professores que se sentem inseguros em utilizar uma ferramenta tecnológica que não dominam completamente. A esse conjunto de fatores deve-se somar a pouca oferta de títulos apropriados ao uso em sala de aula, considerando-se a adequação do conteúdo do jogo ao currículo, ao tempo disponível pelo professor, aos equipamentos dos laboratórios de informática etc.

Particularmente para as aulas de História, os *videogames* permitem a imersão dos alunos em contextos diferentes, incentivam a exploração de diferentes cenários, a partir do próprio interesse e curiosidade do aluno, assim como desenvolvem, por meio da vivência de realidades simuladas, a capacidade de experimentação, tão comum em outras disciplinas e praticamente ausente do ensino de História. Os jogos, ainda, têm condições de instigar os alunos a questionar o sentido de autoridade dado pelos textos dos livros didáticos. Justamente por estimularem a curiosidade e o engajamento dos alunos na descoberta, estimula-os a explorar conceitos a partir de sua curiosidade e a pensar em soluções por meio de hipóteses.

Os jogos e abordagens das páginas seguintes procuram sugerir alguns primeiros passos da utilização nas aulas de História dessa mídia tão interessante, mas tão pouco presente em sala de aula (ainda que ativa na vida da maioria de nossos alunos). A grande maioria dos jogos aqui apresentada é gratuita; apenas em alguns casos serão sugeridos títulos obtidos apenas por meio de compra. E é importante frisar que esses *games* são grátis porque não são mais, em sua maioria, interessantes comercialmente: por serem mais antigos, não atraem mais compradores e, assim, acabaram sendo disponibilizados *on-line* por suas respectivas produtoras.

Por fim, quando utilizamos *videogames* para as aulas de História, advertências que discutimos para outras mídias continuam válidas: não se trata de recriações da realidade, mas de representações que devem ser interpretadas; seu objetivo primeiro, na maior parte dos casos, é o da comercialização, por isso o elemento divertido será sempre preferido em detrimento do historicamente correto ou preciso; ecoam concepções de seus criadores, por vezes reforçam estereótipos e são importantes para compreendermos a cultura que os produziu, além do tema que abordam; contam com um determinado desenvolvimento, que envolve mudanças tecnológicas, ampliação do mercado, descoberta de novas e diferentes formas de jogabilidade.

E mesmo sob o risco de parecer repetitivo, convém reforçar, mais uma vez, o cuidado que nós, professores, devemos ter na escolha dos jogos para uso em sala de aula. Por um lado, não devemos colocar nossos alunos em bolhas e evitar discussões sobre violência, preconceitos, sexualidade ou qualquer outro tema. Por outro, não podemos tratar sobre esses e outros assuntos de maneira leviana, sem apropriadas discussões prévias e adequação à faixa etária, maturidade e objetivos a serem atingidos. Atente a essas questões, no momento da escolha dos jogos e preparação de suas aulas.

> **Dica** ⇨ Poucos são os títulos de jogos nacionais (alguns serão elencados a seguir) interessantes para as aulas de História. É por isso que para que possamos utilizar *videogames* em nossas salas de aula, precisamos organizar atividades interdisciplinares com a disciplina de inglês. A maioria dos jogos que discutiremos é nessa língua. Em geral, um conhecimento mais básico do idioma é suficiente, entretanto, por vezes termos e expressões mais complexas podem surgir. O obstáculo da língua tende a ser superado se os alunos estão interessados em resolver os desafios propostos pelos jogos.

6.2.1 SUGESTÕES DE JOGOS POR TEMAS

Assim como ocorre como programas de televisão ou filmes cinematográficos, também os jogos podem ser utilizados em sala de aula tanto para entendermos a realidade que retratam quanto para estudarmos temas específicos e sua relação com a sociedade. Podemos tomar, novamente, *Full Spectrum Warrior* como exemplo: é tanto uma fonte de discussão interessante sobre os conflitos bélicos dos Estados

Unidos no Oriente Médio quanto um objeto de estudo sobre o nacionalismo estadunidense após os eventos de 11 de setembro de 2001.

Começaremos, neste item, por esse segundo modelo de abordagem. Iremos considerar os jogos em sua relação com a sociedade e utilizá-los para que possamos discutir temas amplos que são importantes dentro dos estudos históricos. Porém, devemos esclarecer que a seleção apresentada a seguir é, em vários sentidos, arbitrária. Em sendo praticamente infinitos os temas lançados pelos *videogames*, serão igualmente infindáveis os assuntos disponíveis. Procuramos unir no seguinte conjunto de sugestões temas caros à história e a escolha de jogos eletrônicos significativos.

História e estereótipos: uma forma interessante de iniciar atividades com jogos de computador é tomar determinados títulos que representam períodos históricos de maneira altamente estereotipada como instigador de debates. Ou, dizendo-se de outra forma, estimular os alunos a encontrarem erros de representação histórica óbvios em alguns títulos de *videogames*.

> **Dica** ⇨ No debate em sala de aula é comum os alunos se lembrarem de representações presentes em outros jogos, mais familiares a eles. Deve-se estimular essas contribuições e, inclusive, incentivar pesquisas para que os alunos comecem a se atentar para os problemas de representação histórica existentes nessa mídia. Um dos nossos objetivos é estimular a interpretação ativa e perspicaz de seus significados pelos alunos.

- **Prehistorik 2**, 1992: para discutir as ideias socialmente aceitas a respeito de "pré-história" e "homem pré-histórico". Os alunos devem comandar um pequeno "homem das cavernas" para atingir seus objetivos. Identifique, junto com seus alunos, as más representações, as imprecisões, os erros presentes no jogo (Prehistorik, 1992).

- **The Lost Vikings**, versão "Demonstração" (*Os vikings perdidos*), 1993: para abordar os estereótipos comuns na representação de "*vikings*", como seus capacetes com chifres, suas vestimentas, seu comportamento violento (The Lost Vikings, 1993).
- **Prince of Persia** (*Príncipe da Pérsia*), 1994: jogo sem pretensões históricas, interessante para ser utilizado para estimular discussões sobre o imaginário a respeito do Oriente, região tida como fabulosa e exótica, e que está presente também nos *games*. Em um cenário marcado por uma arquitetura que evoca os contos das *Mil e uma noites*, o herói, branco, deve salvar a princesa, também branca, do maldoso Vizir Jaffar (Prince of Persia, 1994).

As representações do desenvolvimento histórico: por suas próprias características, *videogames* possibilitam que se trabalhe com os alunos temas históricos que são naturalmente abstratos, mas que se tornam mais concretos dentro do contexto de um jogo.

- **Where in time is Carmen Sandiego?** (*Onde, no tempo, está Carmen Sandiego?*), de 1989, é um bom exemplo de como os *videogames* podem ajudar a construir conceitos históricos. Para que possam efetivamente descobrir infratores que se escondem em diferentes épocas e sociedades do passado, os alunos devem conseguir manejar adequadamente linhas do tempo. A partir desse jogo, portanto, debates sobre cronologia, mudanças sociais no tempo e especificidades culturais podem ser iniciados.
- **Civilization IV**, versão "Demonstração" (*Civilização IV*), 2005: a função dos jogadores aqui é desenvolver um determinado povo, desde o seu surgimento até o auge de sua civilização, por meio de negociações, tratados e, inclusive, guerras (Civilization IV, 2005). São vários os conceitos que podem ser discutidos com base nos jogos, a começar pela própria ideia de "civilização"

presente no título. Quais as ideias "desenvolvimento" e "evolução" que o jogo transmite? Que condições são necessárias para que uma sociedade avance? As maneiras do jogo representar esse desenvolvimento são iguais às das sociedades reais? Quem, no jogo, parece ser responsável pelas mudanças? E nas sociedades reais, existe alguém responsável ou se trata de ações coletivas?

- **Age of Empires**, versão "Demonstração" (*Era dos impérios*), 1999: semelhante a *Civilization*, os jogadores aqui também devem desenvolver o próprio povo, fazendo evoluir a religião, a tecnologia, a população (Age of Empires, 1999). Em *Age of Empires*, porém, pode-se aprofundar o tema do uso de recursos naturais de que uma sociedade precisa para se desenvolver. Podem ser discutidas as relações com o meio ambiente e as condições materiais necessárias para sua transformação. Lembrando que são temas que devem **partir** do jogo, e aprofundados em discussões e leituras. Tanto os alunos quanto nós, professores, devemos corrigir as informações imprecisas, e usualmente simplificadas, apresentadas pelo videogame.

- *Assassin's Creed* (*O credo dos assassinos*): lançada entre 2007 e 2016, essa coleção de jogos parte da premissa de que existe uma disputa secular entre Assassinos, que defendem a liberdade, e os Templários, que buscam o controle social (Assassin's Creed, 2007-2017). Mais do que jogar um título em específico, recomenda-se pesquisar cada um dos jogos da coleção para identificar o período, e os personagens, que são considerados "históricos". A partir dessa definição, pode-se discutir com os alunos as razões das escolhas: quais são os fatos ou eventos históricos definidos pelo jogo? Por que são importantes? Outros poderiam ser selecionados? De qual país é a empresa que os produz? A ideia é trabalhar com os alunos a concepção de que fatos históricos são escolhas, fundamentadas a partir de princípios, mas não dados naturais e óbvios.

> **Dica** ⇨ Pode-se sugerir que os alunos criem uma trama de um jogo histórico semelhante a *Assassin's Creed*. Dependerá deles a escolha de uma época, a definição dos fatos históricos, a escolha dos personagens principais e seus papéis.

As representações de gênero: se o mundo dos *videogames* já foi território preponderantemente masculino, atualmente, a totalidade de jogadores é dividida quase que igualmente entre os gêneros. Porém, há indícios de uma diferença nos tipos de jogos preferidos: eles preferem consoles, enquanto elas, jogos disponibilizados em redes sociais. Trata-se, portanto, de um primeiro campo de investigação que você pode realizar entre seus alunos, percebendo diferenças de gênero em tipos diferentes de *videogames*.

Além disso, *games* podem ser estudados para compreende as representações de homens e mulheres. Por exemplo: títulos bastante populares como *Donkey Kong* (1981), *Super Mario Bros.* (1985), *The Legend of Zelda* (*A lenda de Zelda*, 1986), *Prince of Persia* repetem o tema do herói que deve vencer os obstáculos para salvar a amada, frágil e indefesa. Ao mesmo tempo, é comum a apresentação de heroínas erotizadas, como é o caso da série *Tomb Raider* (*Caçadora de tumbas*).

Além de ocupados em resgatar suas princesas, os homens também dispõem de outras representações nos jogos de *videogames*, sendo uma das mais comuns a do combatente valoroso, honrado, fisicamente forte, ligado em armas, como aparecem em jogos como *Duke Nukem* (1991) ou *Wolfenstein 3D* (1992), ou nos populares jogos ambientados em guerras.

6.2.2 Sugestões de jogos por locais, períodos ou eventos históricos

Jogos podem ser mais ou menos fiéis a fatos, eventos e ambientes do passado. Determinados títulos defendem a precisão histórica como argumento de venda: a equipe envolvida na produção de *Medal of Honor: Allied Assault* (*Medalha de honra: ataque aliado*, de 2002), contou com especialistas em história da Segunda Guerra Mundial da Congressional Medal of Honor Society, além de consultores médicos e militares (IMDB, 2002). Ainda assim, são jogos comerciais, e as imprecisões e preconcepções estarão, em maior ou menor medida, presentes. Vale aqui o que já dissemos no Capítulo 4 sobre o cinema: é impossível a recriação do passado "como realmente aconteceu".

A seguinte seleção, agrupando jogos por épocas e eventos históricos, visa tornar mais concretos determinados termos, eventos e realidades do passado para os alunos. Sem dúvida, nós, professores, sempre teremos a necessidade de efetuar correções e complementações. Note, por exemplo, que a maioria dos títulos aqui apresentada vê a história a partir da política e das ações militares, que é uma concepção socialmente compartilhada, ainda dos dias de hoje, a respeito do que seria a história.

Jogos para abordar a Antiguidade:

- **Wrath of the Gods** (*A ira dos deuses*), 1994: trata-se de uma trama interativa que se passa na Grécia Antiga, e interessante de ser utilizada para discutir aspectos do cotidiano dos gregos, mas, especialmente, elementos de sua mitologia (Wrath of Gods, 1994). Existe uma versão em português desse jogo, embora não disponível *on-line*.
- **Acropolis: Build a Temple** (*Acrópoles: construa um templo*): jogo bastante simples criado pelo Museu Britânico, que tem como

objetivo construir um templo para a deusa Atenas. No processo de decisão de como será construído, os alunos entram em contato com detalhes e características arquitetônicas dos templos gregos.

- **Centurion: Defender of Rome** (*Centurião: defensor de Roma*), 1990: o jogador começa gerenciando uma única província romana e tem como objetivo conquistar as províncias adjacentes. Além disso, deve considerar os povos vizinhos, administrar a própria região, cobrar impostos, promover festas. Vários aspectos da economia e política romanas, e inclusive elementos de seu cotidiano, podem ser estudados a partir desse jogo (Centurion: Defender of Rome, 1990).

Jogos ambientados na Europa Medieval:

- **The Battle of Hastings Game** (*O jogo da Batalha de Hastings*): jogo bastante simples desenvolvido pela emissora de rádio e televisão do Reino Unido BBC sobre a Batalha de Hastings, ocorrida no século XI entre os exércitos franco-normando de Guilherme II, Duque da Normandia, e o anglo-saxão de Haroldo Godwinson.
- **Castles II: Siege & Conquest** (*Castelos II: cercar e conquistar*), 1992: um pouco lento para os padrões atuais, é um jogo interessante para que os alunos discutam a importância das negociações políticas, as relações tensas com o papado, a importância dos acordos econômicos, na Europa da baixa Idade Média (Castles II: Siege and Conquest, 1992).
- **Medieval: Total War**, versão "Demonstração" (*Guerra total medieval*), 2002: esse jogo de ação apresenta de maneira algo fantasiosa as táticas e os equipamentos militares medievais europeus. Ainda assim, é interessante como um primeiro contato dos alunos com diferentes tecnologias e estratégias de guerra, e sua importância na baixa Idade Média (Medieval: Total War, 2002).

Jogos ambientados na Europa Moderna:

- **Colonization** (*Colonização*), 1994: os jogadores tomam o papel de vice-reis de uma colônia americana que devem desenvolver economicamente, por meio da exploração de recursos naturais, além de contatos e trocas com populações nativas (Colonization, 1994). Os alunos podem utilizar o jogo tanto para refletir sobre as questões econômicas envolvidas na colonização europeia dos séculos XV ao XVII, quanto para discutir os estereótipos e as simplificações, especialmente das populações nativas americanas, presentes no jogo.
- **Versailles 1685**, versão "Demonstração" (*Versalhes, 1685*), 1997: Trata-se de um jogo de suspense, ambientado na França do século XVII. Procurando resolver um assassinato, os jogadores são colocados diante de ambientes, objetos, além de pinturas e músicas do período. Interessante para discutir aspectos da política francesa e da vida cotidiana de sua elite no período (Versailles 1685, 1997).

Jogo ambientado na Revolução Francesa:

- **Tríade**, 2008: trata-se de um jogo brasileiro educativo e, por isso, é acompanhado por um material pedagógico, embora com poucas orientações de como deva ser usado em sala de aula. Por mais que seja "educativo", tenha pretensões pedagógicas e que historiadores tenham participado de seu processo de produção, nem por isso é expressão da verdade e, mesmo, isento de erros. No entanto, traz questões importantes sobre o Iluminismo e o Absolutismo e, é claro, a Revolução Francesa (Tríade, 2008).

Jogo ambientado na Revolução Industrial:

- **Industriali**, 2014: jogo educativo brasileiro, que objetiva discutir a Revolução Industrial, apresentando-a como se fosse resultado de um desenvolvimento centrado na tecnologia, isento de conflitos e naturalizado. A passagem da agricultura às oficinas, e destas para as indústrias, é apresentada sob um ideal evolutivo de progresso que se desenvolvia independentemente da vontade dos indivíduos. Torna-se um jogo interessante, portanto, para que os alunos confrontem essa visão histórica com fontes primárias e secundárias, como o próprio livro didático. Os alunos podem, inclusive, pensar em modelos para um jogo que esteja mais adequado à realidade histórica (Industriali, 2014).

Jogos ambientados na Primeira e Segunda Guerras Mundiais:

- **Trench Warfare** (*Guerra de trincheiras*): nesse simples jogo produzido pela BBC, o foco está nos equipamentos de guerra. Levados a escolher os armamentos a serem utilizados, os alunos são confrontados com as consequências militares de suas decisões.

- *Batllefield I (Campo de batalha I)*, 2016: destaca-se tanto pelas cuidadosas representações de uniformes e equipamentos próprios da Primeira Guerra Mundial quanto pela preocupação em representar a guerra a partir de diferentes perspectivas nacionais e cenários de guerra (Battlefield, 2016). O uso dos equipamentos, a ação dos combates, a tecnologia envolvida podem ser comparados com imagens e descrições do período, para que os alunos percebam as diferenças entre representações do jogo e as impressões de quem participou dos combates.

- **Medal of Honor: Allied Assault**, versão "Demonstração", 2002: trata-se de um dos mais famosos jogos ambientados na Segunda Guerra, especialmente por sua recriação da invasão da praia de Omaha, no chamado *Dia D*, inspirada no filme *O resgate do soldado Ryan*. Infelizmente, esse evento não está presente nessa demonstração, mas ainda assim, é bastante útil analisar as representações da Segunda Guerra pelos jogos (Medal of Honor: Allied Assault, 2002). Pode-se discutir com os alunos, por exemplo, se há outras perspectivas apresentadas além da do exército estadunidense; se existem, em algum momento, discussões sobre os motivos da guerra ou sobre as maneiras pelas quais o conflito é representado. O título "medalha de honra" não deixa dúvidas da glorificação da ação dos soldados no conflito: qual a função dos personagens controlados pelos jogadores? Como são explicadas as missões em que são colocados?

Jogos ambientados nas Américas:

- **Búzios: ecos da liberdade**, 2010: jogo brasileiro ambientado no século XVIII e que procura abordar a Conjuração Baiana (1796-1799). Trata-se de um jogo interessante para que os alunos tomem um contato inicial com certos personagens e ideias da época. Deve-se cuidar com anacronismos: um exemplo é o do marinheiro que afirma tomar "limonada porque tinha Vitamina C, e prevenia escorbuto", revelando um conhecimento incompatível com alguém do século XVIII[2] (Búzios: ecos da liberdade, 2010). Além disso, é importante contextualizar certas escolhas: por que foi escolhido um protagonista negro? Quem são os financiadores do projeto que deu origem ao jogo? Deve-se problematizar, ainda, a visão dicotômica de bons contra maus.

---

2   *A Vitamina C só seria descoberta nas primeiras décadas do século XX.*

- **The Oregon Trail** (*O caminho do Oregon*), 1992: os jogadores devem superar as dificuldades comuns às viagens de expansão para o oeste dos Estados Unidos na passagem para o século XX. Os riscos da viagem, que procuram ser historicamente corretos, variam conforme a posição social dos colonos (The Oregon Trail, 1992).

- **Hidden Agenda** (*Agenda secreta*), 1988: complexo jogo que procura retratar problemas políticos que seriam específicos de países da América Latina, sintetizados em um país fictício de nome Chimerica. Além de ser interessante como fonte de discussões sobre os problemas políticos da América Latina nos anos 1970 e 1980, é também relevante para compreendermos como os produtores do jogo compreendiam e representavam aqueles temas (Hidden Agenda, 1988).

Jogo ambientado na Ásia:

- **The Cat and the Coup** (*O gato e o golpe*), 2011: aqui, os jogadores assumem o papel do gato de Mohammed Mossadegh, o primeiro-ministro democraticamente eleito do Irã, e acompanham os eventos que levaram a um golpe, em 1953, e à sua derrubada. Há uma quantidade bastante significativa de simbologias, tanto a respeito da região quanto como crítica às ações políticas dos Estados Unidos, que podem ser exploradas (The Cat and the Coup, 2011).

Jogo ambientado na Guerra Fria:

- **Red Alert** (*Alerta vermelho*), 1981: não apenas ambientado, mas produzido durante a Guerra Fria, é um jogo para fliperamas, bastante simples. Sua importância reside no fato de permitir aos alunos discutir de que maneiras os jogos ecoam preocupações e valores de uma época. O objetivo dos jogadores é se defender dos ataques de um inimigo jamais explicitamente identificado, mas que implicitamente sabe-se ser a União Soviética. As referências aos países atacados e ao agressor, o nome "perigo vermelho", as ameaças balísticas, eram alguns dos elementos culturais socialmente compartilhados no período, e reconhecidos pelos jogadores, identificados com os soviéticos (Red Alert, 1981).

- **KGB**, versão "Demonstração", 1992: nessa pequena aventura, os jogadores entram em contato com expressões que, no período em que foi lançado, eram comuns relativas à então União Soviética, como *Perestroika*. Há caricaturas, ainda, do modo de falar que seriam próprios dos soviéticos, de suas pretensões políticas, e de sua burocracia (KGB, 1992). O jogo, nesse sentido, pode ser usado para que os alunos entrem em contato com conceitos que estão relacionados ao final da União Soviética, além de permitir uma discussão sobre as visões estereotipadas, construídas no Ocidente, sobre aquele Estado. Nesse sentido, pode ser comparado com o filme *Rocky IV*, que discutimos brevemente no Capítulo 4.

Os simuladores e o ensino de História

Simuladores digitais são muito semelhantes aos *videogames*, embora se diferenciem em dois pontos fundamentais: em primeiro lugar, não apresentam um único objetivo definido, como é característica dos jogos. Em segundo, procuram ser fiéis à realidade que representam. Trata-se de uma característica importante, pois, por meio da simulação, os usuários podem entrar em contato com situações perigosas ou de difícil (quando não impossível) acesso.

Simuladores podem, por exemplo, procurar recriar eventos ou processos históricos. Isso gera uma questão teórica importante, pois inserem a pergunta "o que aconteceria se...?", nos estudos históricos. Por exemplo: tanto em **Austerlitz** (1989), que recupera uma famosa batalha de Napoleão, quanto em **Armada** (1989), que recria a batalha naval entre a marinha inglesa e a espanhola em 1588, ou em **Gold of the Americas: The Conquest of the New World** (*Ouro das Américas: a conquista todo Novo Mundo*), sobre a colonização das Américas, existem opções que permitem que o usuário tome decisões diferentes daquelas que realmente ocorreram. Essa "história alternativa" deve ser usada com cuidado em sala de aula, mas pode ser útil para o desenvolvimento do raciocínio histórico. Afinal, é uma maneira de demonstrar aos alunos o caráter aberto do passado, ou seja, a possibilidade de escolhas e mudanças.

Uma segunda forma de utilização de simuladores é por meio da reconstrução de ambientes de difícil acesso (como é o caso da tumba da **Rainha Nefertari**) ou que já não existem mais (como o Crematório II de **Auschwitz-Birkenau**). Nesses casos, os usuários – nossos alunos – têm condições de passear, mesmo que virtualmente, por esses ambientes, construindo um conhecimento mais integral sobre aquelas construções e seus significados.

Um terceiro uso útil de simuladores para o ensino de História é a recriação de tecnologias já desaparecidas ou que são de difícil acesso. Mesmo virtualmente, o aluno pode ter a experiência de voar em aviões de guerra de diferentes épocas históricas (**Air duel**, *Duelo aéreo*, 1993), gerenciar ferrovias (**Railroad Tycoon**, *Magnata de ferrovias*, 1998), comandar um submarino na Segunda Guerra (**Silent Hunter**, *Caçador silencioso*, 1996) ou criar e decifrar mensagens criptografadas com a máquina **Enigma**, usada pelos alemães durante a Segunda Guerra.

6.2.3 Como usar jogos digitais em sala de aula

Os jogos digitais são uma mídia bastante próxima do cotidiano de nossos alunos, mas, ao mesmo tempo, ainda pouco presentes em sala de aula. Tudo isso apesar tanto de sua potencialidade interativa, sua capacidade de oferecer respostas imediatas às ações dos jogadores, e de construir cenários complexos que têm condições de auxiliar o desenvolvimento do raciocínio histórico.

Porém, ao mesmo tempo, a integração desse recurso audiovisual deve vir acompanhada da consciência de seus limites. Afinal, os jogos comerciais, por exemplo, independentemente de sua preocupação com a recriação histórica, visam, em primeiro lugar, à diversão, e não ao ensino. Entre divertir e ensinar, a opção sempre penderá para o lado do entretenimento. Além disso, em geral são longos e alguns relativamente difíceis.

E mesmo jogos que se definem como educativos, alguns dos quais apresentados neste capítulo, apresentam problemas semelhantes. Não apenas pelos erros factuais e conceituais que também neles existem, mas porque foram produzidos tomando como princípio que bastaria a utilização do jogo para que se produzisse conhecimento. E, por isso, não apenas estendem-se muito além dos limites temporais de uma aula de História, como não oferecem oportunidades de construção de uma relação entre jogos, professores e alunos. Portanto, foram feitos para serem jogados sozinhos, longe da sala de aula e dos professores.

Entretanto, o jogo, sozinho, ensina muito pouco. Para que seja realmente proveitoso como recurso e efetivamente contribua para o desenvolvimento da autonomia de nossos alunos, os *videogames* só terão sentido se forem utilizados nas aulas de História a partir da mediação dos professores. Isso significa definir objetivos específicos, utilizar estratégias bem definidas, buscando apoio em outros materiais e técnicas, como textos complementares, debates e a própria aula expositiva.

Em primeiro lugar, pesquise e tome em consideração o **perfil de seus alunos**: procure descobrir se a turma está acostumada a jogar *videogames*, quais e com que frequência. É interessante procurar construir uma homogeneidade prévia, explicando que a aula utilizará jogos digitais e descrevendo, em linhas gerais, como se espera que o material seja utilizado enquanto recurso para a aula de História.

Procure esclarecer o **objetivo da aula**, bem como contextualizar o **tema aos alunos**. Deve-se ter um conhecimento prévio da história romana antes de jogar, por exemplo, *Centurion: Defender of Rome*. Afinal, o jogo é um recurso para aprofundar os estudos, e não o objetivo da aula em si. Ele será objeto de análise e fonte de reflexão, mas o objetivo é – para esse caso – estimular o raciocínio sobre aspectos da realidade romana antiga. Procure textos, vídeos, análises que tratem dos mesmos temas apresentados no *videogame*, de modo que possam ser estabelecidas, mais facilmente, relações entre o passado e sua representação digital.

Pratique o jogo, ao máximo possível, antes de apresentá-lo em sala de aula. Não apenas porque você deve conhecer os detalhes que serão utilizados (como se deve fazer, é claro, com qualquer fonte), mas também porque questões como representações da violência devem ser consideradas. E não se preocupe se descobrir que os alunos superam facilmente suas habilidades, mesmo em títulos que eles previamente não conheciam. Isso é algo comum de ocorrer, e pode ser motivo de incentivo à aula, pois os alunos podem ser estimulados a ensinar o que sabem.

Apresente a narrativa geral do jogo, ou seja, qual o contexto a que se refere, quais os objetivos que os personagens devem atingir, qual a trama central, enfim, que é apresentada. Não esqueça, também, de **apresentar o contexto de produção do jogo**, e isso significa fornecer dados como ano e local de produção, nome da empresa produtora, vinculação com instituições públicas ou privadas. *Búzios: ecos da liberdade*, por exemplo, foi financiado pelo governo do Estado da Bahia, e esse é um dado importante para a compreensão de aspectos adotados pela narrativa.

E como jogá-lo? Isso dependerá de condições como número de aulas disponíveis, estrutura do laboratório de informática, extensão do jogo escolhido, objetivos pedagógicos que foram definidos. Metodologicamente, existem várias opções: **apresente vídeos dos jogos**, caso o título seja muito longo, ou seja, de difícil obtenção (porque não são mais comercializados ou são muito custosos). Trata-se de uma solução adequada para alguns casos: por exemplo, pode-se estudar a representação da Revolução Francesa na série *Assassin's Creed* com base em vídeos de outras pessoas jogando – uma estratégia que, aliás, utilizaremos nas atividades ao final deste capítulo. E, talvez, seja a única opção possível caso não haja estrutura física para que possam ser efetivamente jogados.

Outra possibilidade é a de uma **exibição de uma única pessoa jogando**, inclusive com todos colaborando nas decisões a serem tomadas. São vantagens desse método o fato de que todos os alunos estarão sempre no mesmo nível ao mesmo tempo e que, por isso mesmo, será possível fazer discussões conjuntas com todos os alunos.

Estimule os alunos a **jogarem individualmente ou em pequenos grupos**, preferencialmente na escola. A grande vantagem desse método é que os alunos terão um maior nível de imersão no jogo e se sentirão mais responsáveis pelas decisões tomadas; e, com isso, mais capazes de argumentar sobre os significados do que estão jogando. A desvantagem é que muitos jogos exigem uma curva de aprendizado relativamente longa; além disso, especialmente quem não está familiarizado com essa mídia pode se sentir desmotivado. Isso faz com que diferentes alunos estejam em diferentes momentos do jogo, em um dado instante.

Lembre-se, ainda, de que não é necessário finalizar o jogo, mas jogá-lo o suficiente para que seja alcançada uma compreensão de seus objetivos, dos conteúdos apresentados, da mecânica utilizada. A opção "salvar" deve ser utilizada sempre que for necessário continuar o jogo em aulas diferentes.

E, finalmente, que questões devem ser lançadas aos alunos? Estimule, em primeiro lugar, a problematização dos temas: o que está sendo representado e de que forma? Quais seleções foram feitas pelos autores do jogo? O que está sendo deixado de lado ou ignorado? As coisas acontecem no jogo na mesma velocidade que acontecem na realidade? Qual é a causa dos eventos? O que está historicamente correto e o que está incorreto? Que personagens ou ações são controladas pelo jogador; e quais pelo computador?

Mas, também, procure discutir os mecanismos colocados à disposição dos jogadores. O número de opções oferecidas aos jogadores e de decisões a serem tomadas em *Colonization* é bastante grande, mas, ainda assim, há limites. Não há no jogo, por exemplo, a possibilidade de trabalho com escravos, algo fundamental no processo de colonização das Américas. *Centurion: Defender of Rome* apresenta um conjunto de decisões bem menor: definição de impostos, organização de jogos, comercialização, estabelecimento de conflitos. São grupos de decisão adequados para se entender a gestão política de uma cidade romana? Que outras decisões poderiam ser inseridas para permitir uma melhor representação do período? Já jogos de guerra como *Medal of Honor* ou *Battlefield I*, por mais tecnologicamente avançados que sejam, possibilitam limitadas opções aos jogadores: seu objetivo em geral é bastante restrito, e a capacidade de decisão individual, bastante limitada. Por que jogos de guerra são representados dessa forma? Soldados, na vida real, têm também tão poucas opções à sua disposição? Em cada título, o que os jogadores podem fazer e o que não podem?

Não se trata apenas, portanto, do conteúdo representado, mas da forma e da mecânica dos comandos à disposição dos jogadores. São todas informações importantes que devem ser exploradas para uma análise do significado dos jogos e de suas específicas formas de representação do passado.

Antonio Fontoura

(6.3)
AS POSSIBILIDADES DA INTERNET

O desenvolvimento das tecnologias do rádio, cinema e televisão foi seguido por um entusiasmo pelas suas possibilidades educativas. Para aqueles que testemunharam a ampliação dessas mídias de massa, parecia infindável a sua capacidade de democratização do conhecimento. A revolução antecipada, porém, não ocorreu. Percebeu-se que, ainda que importantes, esses meios de comunicação, isoladamente, não impactavam de forma relevante as maneiras de transmitir o conhecimento aos alunos, mas apenas quando entendidos e utilizados dentro de suas características, possibilidades e limites específicos. E, mais do que isso, sempre em colaboração com as técnicas, materiais e estratégias já existentes nas escolas.

Estamos passando por algo semelhante com a internet. Trata-se de uma estrutura tecnológica que vem revolucionando, de muitas formas, as comunicações, a integração entre as pessoas de vários países e a transmissão de conhecimento. E seu processo de desenvolvimento ainda não se esgotou, pois a capacidade de computação e a velocidade das comunicações continuam sendo ampliadas. Porém, devemos aprender com o passado e não pensarmos a internet como uma revolução que tornará obsoletas outras metodologias e tecnologias já incorporadas à educação. Mas, sim, compreender suas possibilidades, entender suas características e gradualmente incorporamos novos usos na educação.

A seguir, trataremos de algumas tecnologias particulares à internet e que podem ser incorporadas às discussões históricas em sala de aula.

6.3.1 A VIRTUALIDADE

A realidade virtual nada mais é do que um aspecto do mundo real recriado digitalmente. As formas mais populares de realidade virtual são as recriações de ambientes em três dimensões, pelos quais se pode movimentar com utilização do teclado ou de *joysticks*. São bastante comuns em *videogames*. Outro exemplo de realidade virtual, na atualidade ainda em processo de difusão e popularização, é a partir da utilização de equipamentos específicos (como os "óculos 3D"), que recriam a sensação da presença física em determinado ambiente digitalizado.

Vimos anteriormente como simuladores podem recriar determinados ambientes históricos. Porém, a realidade virtual também pode recriar digitalmente ambientes que existem na atualidade, inclusive prédios e cidades históricos, sítios arqueológicos, museus, elementos da cultura material, que podem ser virtualmente visitados por professores e alunos e incorporados ao cotidiano das aulas de História.

Nem todas as pessoas têm a possibilidade de visitar ou morar nas cidades históricas de **Diamantina** ou **Ouro Preto**, por exemplo. Porém, por meio da realidade virtual, pode-se realizar o contato de uma maneira interativa e imersiva. Enquanto nos livros didáticos é possível encontrar fotos de prédios históricos daquelas cidades, o aluno não tem condições de identificar sua localização, compreender suas dimensões, visualizar que construções são vizinhas. Em síntese, não é possível contextualizar, adequadamente, aquela construção. Isso é possível em uma visualização virtual, em que se pode não apenas observar as construções em seus contextos espaciais, mas passear pelos diversos locais, procurar informações adicionais, relacionar com o conteúdo estudado em sala de aula.

São, portanto, novas formas de entrar em contato com certos locais e ambientes que, usualmente, estão disponíveis aos alunos de maneira estática, em imagens nos livros didáticos. É bastante diferente observar uma única foto de **Pompeia** e estudar a cidade a partir de uma visita à recriação digital de seu sítio arqueológico; podem ser lidas descrições sobre o luxo da nobreza real francesa do século XVIII, mas conhecer o interior do **Palácio de Versalhes**[3] torna mais concreto aquele conteúdo histórico.

O mesmo é possível, também, com alguns museus. A partir de passeios simulados, os alunos podem encontrar um sem-número de objetos da cultura material que não são comumente representados em livros didáticos ou paradidáticos. Mais uma vez, conduzindo a sua própria curiosidade, tendem a construir, de maneira mais autônoma, seu conhecimento histórico. Entre alguns dos vários museus que disponibilizam passeios semelhantes estão o **Museu Britânico**, o **Louvre** e o **Museu Imperial de Petrópolis**.

---

3   Trata-se de alguns dos vários passeios virtuais disponibilizados pelo instituto cultural da empresa estadunidense Google (GOOGLE. *3.002 Museum Views*. Disponível em: <https://www.google.com/culturalinstitute/beta/search/streetview>. Acesso em: 20 jan. 2018).

A internet como documento histórico

As páginas *web* são uma de nossas principais fontes de recursos para utilizarmos em sala de aula. Mas os próprios *sites* podem ser utilizados como documentos históricos: algo interessante para nossos alunos perceberem que a mídia que lhes é tão comum apresenta também seu próprio desenvolvimento. O Internet Archive (no endereço archive.org) é uma organização não governamental que busca a preservação de dados provenientes da internet, pois, se uma de suas principais características é a criação constante de conteúdo, outra – prejudicial a nós, historiadores – é que muito de seu conteúdo é constantemente destruído. Porém, por meio do Internet Archive é possível, por exemplo, acessar versões antigas de *sites* populares ou mesmo páginas já apagadas há muito tempo em seus servidores originais, que podem ter um duplo uso em sala de aula: permitir aos alunos percebam a própria evolução da internet como uma linguagem de comunicação e descubram as informações e notícias fornecidas por aqueles *sites* em anos anteriores.

6.3.2 A TECNOLOGIA MÓVEL E A INTEGRAÇÃO NA ESCOLA

Em pesquisa datada de 2015, cerca de 80% dos jovens brasileiros, com idades entre 9 e 17 anos, revelaram serem usuários cotidianos da internet, sendo que a maioria absoluta utilizou dispositivos móveis, como *tablets* e telefones celulares, para acessá-la (CGI, 2016).

Os telefones celulares com significativo potencial de processamento, capacidade de acesso à internet e instalação de aplicativos – os chamados *smartphones* – tornaram-se a principal ferramenta dos jovens para compartilhar sua vida social, consumir bens culturais como músicas e vídeos (inclusive programas de televisão e filmes) e, também, estudar. É significativo que o principal uso declarado por mais de 80% dos jovens para acesso à internet foi o de "realizar trabalhos para a escola" (CGI, 2016, p. 170).

Entretanto, de que maneira incorporar os aparelhos móveis ao cotidiano da educação? Essa é uma pergunta cujas possíveis respostas definitivas ainda estão para serem descobertas, mas uma coisa ao menos é certa: devido à sua presença constante no cotidiano dos jovens e sua importância como ferramenta para obtenção de informações e exercícios de sociabilidade, também a tecnologia móvel deve ser discutida na escola.

Por exemplo: se os alunos estão utilizando a internet via aparelhos celulares ou *tablets* para servirem de auxílio às aulas, é necessário orientar onde poderão encontrar conteúdos adequados e verificáveis, além de se discutir sobre as maneiras adequadas de realizar pesquisas pela internet. Isso envolve a abordagem de questões como a privacidade *on-line*, os riscos da violência virtual, os problemas ligados à superexposição etc.

Outras maneiras de integrar a tecnologia portátil às aulas:

- É possível utilizá-la como ferramentas complementares aos laboratórios de informática: muitos dos recursos audiovisuais que, de outra forma, poderiam ser difíceis de serem trazidos para a sala de aula, podem ser compartilhados na internet.
- Muitos museus, mesmo no Brasil, utilizam aplicativos via internet, acessíveis por aparelhos móveis, para apresentar visitas guiadas. Podem ser bastante úteis, portanto, quando forem realizadas excursões com os alunos.
- Jogos, com temática histórica, também estão presentes nos dispositivos móveis. Nesse caso, pode-se estudá-los da mesma maneira que os *videogames* que vimos anteriormente.

São ainda poucos os aplicativos projetados para o ensino de história. Os que existem atualmente no Brasil são voltados especialmente a estudantes que se preparam para provas de concursos ou vestibulares.

6.3.3 AS REDES SOCIAIS

Se os aparelhos móveis são utilizados, na maioria dos casos, para a pesquisa escolar, não se pode ignorar que, também em pesquisa de 2015, 79% dos jovens afirmaram que o acesso às redes sociais era sua principal atividade na internet (CGI, 2016, p. 170), demonstrando sua incrível presença e importância na construção identitárias desses jovens. A versão virtual torna-se fundamental dentro de seus relacionamentos sociais, e as representações presentes na internet apresentam-se como versões idealizadas de suas identidades reais.

> **Dica** ⇨ Caso você acredite que seus alunos de ensino médio tenham maturidade para conteúdos desse tipo, discussões sobre a importância das redes sociais podem ser iniciadas assistindo-se a esquetes do **Webbullying** criadas pelo humorista Maurício Meirelles e disponibilizadas na internet. Nelas, Meirelles utiliza as redes sociais de um membro da plateia, apropriando-se de sua identidade. As reações nervosas e a fonte do humor dos esquetes estão, justamente, na grande importância dada pelas pessoas à sua identidade virtual. Essas reações podem ser exploradas para discussões sobre o significado dos "perfis" virtuais, a importância construída sobre eles, e seu significado.

Por se tratar de novidade, ainda não são muito numerosos os estudos, e principalmente os históricos, sobre as redes sociais. Ainda assim, alguns de seus aspectos podem ser utilizados como recursos audiovisuais:

- As redes sociais são uma fonte importante de recursos audiovisuais, sendo que muitos alunos produzem o próprio conteúdo a ser disponibilizado como imagens, sons e vídeos. A familiaridade com essa característica das redes pode ser explorada como termo de comparação com o passado, apontando-se diferenças e semelhanças.

- A construção da intimidade é o resultado de um processo histórico. Por sua vez, os usuários das redes sociais escolhem compartilhar elementos de sua intimidade por meio de textos ou imagens. O que as fotos, vídeos, descrições, relacionamentos apresentados nas redes sociais conseguem revelar sobre as pessoas? Quais são os conceitos de intimidade apresentados nesses comportamentos? Como diferem de outros tempos?
- Sabe-se que quatro entre cada dez jovens testemunham discursos de intolerância e ódio pela internet (CGI, 2016, p. 157). Sendo as redes sociais locais importantes para a ocorrência desses eventos, pode-se tomá-las como recursos para debates sobre esse tema e inclusive como parte de um alerta sobre os problemas gerados pela virtualização das relações sociais.

Síntese

Tanto a evolução da informática quanto da internet tem proporcionado o desenvolvimento de um conjunto de novos recursos audiovisuais com grande potencial para serem explorados nas aulas de história, mas ainda pouco utilizados. Por um lado, os *videogames* desempenham importante papel no cotidiano dos alunos, além de frequentemente trazerem temas históricos como pano de fundo para suas tramas, razões suficientes para que a escola tome os jogos como tema de estudo e fonte de reflexão. Por outro, ainda estão sendo descobertos e explorados os potenciais da internet na educação histórica, e os professores devem estar atentos às novidades, bem como construir novas metodologias e práticas, que beneficiem os alunos na construção de sua autonomia na análise histórica da realidade.

Atividades de autoavaliação

1. Em 2013 era anunciada pela imprensa brasileira a presença de D. Pedro II como um dos personagens do jogo *Civlization V*. Leia, a seguir, um trecho que informa sobre o lançamento:

   O imperador Dom Pedro II e soldados brasileiros da época do império estarão na nova expansão do game de estratégia "Civilization V". Dom Pedro II é um dos nove líderes mundiais históricos que estarão na expansão. Além dele, soldados da Força Expedicionária Brasileira estarão no game, que exige que o jogador entre em batalhas, use a diplomacia e comércio para desenvolver sua sociedade. (Dom Pedro II..., 2013)

   Como a presença de D. Pedro II, como o personagem desse *videogame* pode ser estudada em sala de aula, do ponto de vista histórico?

   a) Como reflexo da realidade, pois jogos comerciais procuram recriar com precisão histórica eventos e personagens do passado, como D. Pedro II.
   b) Como uma representação, ou seja, uma determinada interpretação, construída pelo jogo, a partir de certos aspectos históricos de D. Pedro II.
   c) Como uma farsa, pois os personagens e eventos históricos presentes em jogos comerciais não têm qualquer relação com a realidade.
   d) Diante do caráter arbitrário dos objetivos dos jogos digitais, não é possível utilizar um jogo como *Civilization V* em aulas de História.

Antonio Fontoura

2. O seguinte trecho trata da utilização de jogos eletrônicos digitais em aulas de história:

   É claro que a maioria dos jogos tem finalidade comercial, é produzida em larga escala e nem sempre se preocupa com a fidelidade historiográfica. Aqueles feitos nos Estados Unidos, por exemplo, costumam trazer uma perspectiva ocidental e norte-americana da História, além de um foco majoritariamente bélico. [...]
   O jogo leva o aluno a tornar-se autor, produzir falas, conteúdos, mídias diversas e redes de socialização sobre o tema em questão. Estas características podem ser estimuladas pelo professor. Cabe a ele criar espaços que propiciem a produção do aluno, sabendo que serão produções mais livres e abertas, fruto de suas próprias escolhas. Mas altamente reveladoras de como eles percebem a História e o seu desenrolar. (Arruda, 2009)

   Sobre as várias relações que podem ser estabelecidas a partir da utilização de *videogames* nas aulas de História, é possível afirmar:

   a) Considerando que as aulas expositivas costumam ser aborrecidas, a utilização de jogos eletrônicos em sala de aula permite que os alunos se distraiam e possam se concentrar, posteriormente, nos verdadeiros conteúdos da aula.

   b) Os jogos não podem ser utilizados para ensinar história aos alunos, pois esses recursos não contam com objetivos educativos e apenas se preocupam com questões comerciais, sempre deformando a realidade.

c) Como produtos culturais, os jogos eletrônicos que utilizam temáticas históricas apresentam determinadas representações do passado, que podem ser entendidas pelos alunos a partir do estudo em sala de aula.

d) Desde os anos 1950, houve tentativas para a inserção de jogos educativos no cotidiano escolar, mas desde o final do século XX ficou demonstrado que eles não podem ser utilizados, adequadamente, nas escolas.

3. O objetivo do chamado *"Edutainment"* seria o de introduzir, no cotidiano da sala de aula, maneiras de transmissão do conhecimento que fossem inovadoras e diferentes das aulas expositivas. O termo *"Edutainment"* refere-se a:

a) "Educação diferente", condenando práticas consideradas abusivas em relação aos alunos, como questionários.

b) Implementação de laboratórios de informática nas escolas brasileiras, com foco na formação de programadores.

c) Educação com entretenimento, sendo, portanto, uma busca por tornar as aulas mais divertidas e prazerosas.

d) Políticas de restrição a *softwares* privados nas escolas e preferência a programas de computador de domínio público.

4. Por meio do ProInfo, o Governo Federal buscou, nos últimos anos, investir em tecnologias e em capacitação profissional, de modo que o uso de computadores nas aulas fosse tornada uma atividade comum. Leia, a seguir, um trecho da descrição

Antonio Fontoura

desse programa público de incentivo à implementação e uso da tecnologia da informática nas escolas:

É um programa educacional com o objetivo de promover o uso pedagógico da informática na rede pública de educação básica. O programa leva às escolas computadores, recursos digitais e conteúdos educacionais. (Brasil, 2018)

Para além de seu caráter interativo e, mesmo, divertido, por que razão é importante que as escolas, públicas e particulares, contem com equipamentos atualizados de informática, além de profissionais capacitados, além de acesso à internet?

a) Para que o Brasil possa contar, futuramente, com bons programadores, pois se trata de um mercado de trabalho promissor, para o qual o país não dispõe, na atualidade, de pessoas capacitadas.
b) Para que os alunos saibam diferenciar entre a realidade dos livros, de seu cotidiano, da família e amigos, daquela que se apresenta no computador, que é uma realidade simulada e falsificada.
c) Para que o estudo de histórico alcance o caráter de cientificidade com a qual outras ciências contam, como física, química ou biologia, que já há décadas se utilizam dos computadores em seus estudos.
d) Para que as novas tecnologias de informação e comunicação sejam, também, integradas na própria formação do educando, pois são fundamentais para a preparação cidadã na atualidade.

5. Leia, a seguir, o trecho de um relatório produzido pelo Comitê Gestor da Internet, sobre os hábitos dos jovens brasileiros em relação aos usos de redes sociais:

Com relação ao número de contatos que possuem em seu principal perfil de rede social, a TIC Kids Online Brasil aponta que quatro em cada dez crianças e adolescentes com perfil em rede social (43%) tinham 301 ou mais amigos em sua lista de contatos, proporção superior à média observada em países europeus [...]. A TIC Kids Online Brasil 2015 aponta ainda que o total de contatos cresce com a idade: metade das crianças de 9 a 10 anos (54%) tinha até 100 amigos em sua lista de contatos, enquanto mais de um terço dos adolescentes de 13 a 14 anos (42%) declarou possuir mais de 300 contatos em sua lista. (CGI, 2016, p. 173)

A respeito da presença de redes sociais no cotidiano dos alunos, e considerando o papel da escola e, particularmente, da educação histórica, é correto afirmar:

a) Devem ser estabelecidas regras rígidas contra o uso de *tablets* e telefones celulares nas escolas porque, além de não contribuírem com a educação, distraem os alunos, que devem estar focados nas orientações do professor e nos textos dos livros didáticos.

b) É função da escola fazer os alunos perceberem que esses modelos de sociabilidade são virtuais e não reais devendo, por isso, ser abandonados e substituídos por relações humanas próximas com os colegas, estas, sim, verdadeiras e significativas.

c) É função dos professores integrar os novos métodos de sociabilidade e as novas tecnologias como objeto de pesquisa e fonte de conhecimento, permitindo aos alunos construir visões mais ativas e instigadoras das mídias e ferramentas que utilizam.

d) A utilização de redes sociais em sala de aula deve ser incentivada, pois é objetivo da escola fazer com que os alunos entrem em contato com a tecnologia de sua época, e é importante que os alunos tenham destaque como participantes em novas mídias.

Atividades de aprendizagem

Questões para reflexão

1. Em 1999, dois estudantes assassinaram 13 pessoas (12 colegas e um professor) e feriram dezenas antes de cometerem suicídio, no evento que ficou conhecido como "Massacre de Columbine", nos Estados Unidos. Leia, a seguir, o trecho de uma reportagem produzida dois anos após o episódio:

   As famílias das 13 pessoas assassinadas por dois alunos numa escola secundária de Columbine, Colorado, EUA, vão processar 25 empresas de jogos de computador, argumentando que os seus produtos tiveram uma influência decisiva no massacre de Abril de 1999 [...]. A ligação entre o tiroteio de Columbine e os jogos de computador foi feita pela primeira vez depois de a equipe de investigação ter revelado que um dos adolescentes chamava à sua arma "Arlene", o nome de uma personagem do famoso jogo "Doom". (Familiares..., 2001)

Polêmica semelhante envolvendo *videogames* ocorreu no Brasil com jogos como *Carmageddon* (1997), em que o jogador toma o papel de um motorista tendo como objetivo principal atropelar o maior número possível de personagens, ou como a série *Great Theft Auto* (mais conhecida pela abreviação GTA), pelas fiéis representações de violência em seus títulos, que são sucesso comercial desde seu lançamento em 1997.

Por um lado, não existem quaisquer evidências de que os jogos digitais induzam comportamentos violentos por parte de seus usuários. Em verdade, estudos têm demonstrado o oposto (Ferguson; Olson, 2013). Aliás, historicamente foi comum que novas mídias, produtos culturais e mudanças de comportamento tenham sido apontados como causas de problemas sociais vários, como a violência: romances, filmes de ação, programas televisivos, programas de rádio, quadrinhos, filmes de ação, jogos de RPG e bandas e músicos de espectros tão distantes como os Beatles e Marilyn Mason foram todos acusados, em algum momento, de serem nocivos à sociedade.

Por outro lado, o tema da violência deve ser ponto importante dentro das discussões em sala de aula e não pode ser banalizado, ainda quando apresentado de maneira ficcional, como ocorre, por exemplo, nos *videogames*.

Considerando-se, por um lado, o medo social da relação entre violência e *videogames*, e, por outro, a falta de comprovação dessa relação, produza um texto refletindo como nós, professores, devemos trabalhar a representação da violência nas diversas mídias que utilizamos em sala de aula.

Antonio Fontoura

2. O *videogame Assassin's Creed: Unity*, lançado em 2014, tem sua trama localizada na França revolucionária do século XVIII. Produzido com alta qualidade técnica, recria, ficcionalmente, vários eventos da Revolução Francesa, nos quais o jogador passa a desempenhar determinados papéis. Algumas das cenas mais impressionantes são as das execuções pela guilhotina, não apenas pela busca pela fidelidade, mas por que possuem uma determinada interpretação da história daquele período (Assassin's Creed: Unity, 2014).
Observe cenas do jogo, em que pessoas aparecem sendo executadas e, especificamente, a **representação da execução de Luís XVI**. Lembre-se de que são imagens de caráter violento.

Leia a seguinte resenha do jogo *Assassin's Creed* para melhor contextualizá-lo:

VINHA, F. Review Assassin's Creed: Unity. **TechTudo**, Jogos, 17 nov. 2014. Disponível em: <http://www.techtudo.com.br/review/assassins-creed-unity.html>. Acesso em: 16 mar. 2018.

De posse dessas informações, compare a representação da execução de Luís XVI presente no *videogame* com a descrição realizada pelo historiador britânico Simon Schama (nascido em 1945) do mesmo evento, presente no Capítulo 15, parte V, de seu livro *Cidadãos: uma crônica da revolução francesa* (Schama, 1989). Como as representações no jogo e no livro se diferenciam? Em quais elementos concordam? Procure apontar semelhanças e diferenças. E como ambas se aproximam ou se distanciam das descrições que comumente aparecem em livros didáticos?

Segunda atividade: ao final de 2014, ano de lançamento do jogo, o político francês Jean-Luc Mélenchon (nascido em 1951) atacou o jogo *Assassin's Creed: Unity* como sendo uma "falsidade". Segundo ele, o jogo seria uma "propaganda contra o povo, o povo que é [representado como] bárbaro, selvagens sedentos de sangue", e transmitiria "uma imagem de ódio à Revolução, ódio ao povo, ódio à República" (Karmali, 2014, tradução nossa).

Partindo dessa controvérsia, produza um pequeno texto com suas reflexões sobre as relações que os *videogames* têm com a realidade e com a verdade histórica, e como devem ser abordados nas aulas de História.

Atividade aplicada: prática

1. Uma das nossas mais comuns atividades como professores é a de seleção de materiais didáticos e paradidáticos a serem utilizados em sala de aula. Definir quais livros, *softwares*, jogos devem ser incorporados ao acervo disponibilizado aos alunos requer critérios e objetivos.

   Em apostilas dirigidas à formação de técnicos ligados à educação, o Ministério da Educação oferece modelos de fichas de avaliação de *softwares*, tanto educacionais quanto de uso geral. Os elementos essenciais da ficha são apresentados a seguir.

   Sua atividade é tomar um *software*, *site* ou jogo que você deseje, e preencher a seguinte ficha.

> **IDENTIFICAÇÃO DO *SOFTWARE***
>
> 1. Nome: _____
> 2. Autor(es): _____
> 3. Empresa: _____
> 4. Tipo de software:
>   ( ) Tutorial   ( ) Gráfico   ( ) Simulação
>   ( ) Banco de Dados   ( ) Aberto   ( ) Planilha
>   ( ) Investigação   ( ) Programação   ( ) Exercitação
>   ( ) Autoria   ( ) Editor de Texto   ( ) Outros
>
> 5. Público-alvo: (faixa etária, escolaridade, outras informações)
> 6. Configuração do equipamento necessário:
>
> AVALIAÇÃO QUALITATIVA
> 1. Objetivos propostos:
> 2. Pré-requisitos:
> 3. Indicação para as disciplinas:
> 4. Exemplos de atividades que podem ser desenvolvidas com a intermediação do software:
> 5. Oferece diferentes níveis de dificuldades?
> 6. Oferece feedback?
> 7. Tempo sugerido para utilização:
> 8. É interativo?
> 9. Telas, gráficos e textos são adequados?
> 10. Comentários: _____

Fonte: Adaptado de Nascimento, 2009, p. 49.

A ficha utilizada por você foi criada pensando-se no trabalho de técnicos dentro da escola. Que mudanças você faria para que ela se tornasse específica para ser utilizada por professores de História?

Para concluir...

Alterando a letra da música "Banho de Lua", tornada famosa no Brasil na voz de Celly Campello (1942-2003), meu antigo professor de História cantava: "Institui o AI-5 / Proibindo qualquer greve / E quem for subversivo / Censurar ele se atreve / A ditadura é mais viva / Ó, com Costa e Silva". Um dos mais populares usos das músicas em aulas de História em cursinhos de preparação de alunos que desejam entrar no ensino superior se deve à sua qualidade mnemônica: diante da enormidade de dados que devem ser apreendidos em curtos espaços de tempo, é mais fácil memorizar uma canção do que o muitas vezes árido conteúdo presente nos materiais didáticos.

Trata-se de uma estratégia muitas vezes necessária: a despeito de discursos de modernização, provas vestibulares e mesmo do Enem ainda exigem que os alunos saibam uma quantidade quase infindável de fatos, datas, nomes, eventos.

Entretanto, ao se "utilizar música para ensinar história", como aquele dedicado professor de cursinho ou, da mesma forma, "passar filmes para ensinar história" ou, ainda, "usar imagens para se ensinar história", corre-se o risco de se estabelecer uma inadequada diferenciação: de que um lado ficaria a "história", algo objetivo, de existência concreta e independente; e, de outro, músicas, filmes, imagens ou programas de televisão ou rádio. E que, por meio destes, acessaríamos aquela.

Trata-se de uma separação indevida. Uma música ou um filme não são meras estratégias, pretextos ou meros caminhos para o passado, mas parte constituinte desse próprio passado. Não há "passado", de um lado, e "Banho de Lua", de outro: a história da nascente música *pop* brasileira da década de 1960 não pode ser construída sem falarmos de Celly Campello.

É por isso que a contextualização de tudo aquilo que definimos, de maneira abrangente, como "recursos audiovisuais" é tão importante. Nossos alunos devem ter claro quando e por quem aquele objeto cultural foi criado, sob quais condições e com quais intenções. E isso visando inserir esse objeto na realidade mais ampla do passado do qual era parte constituinte. Concentramo-nos em uma pincelada, com o objetivo de entender todo o quadro.

Recursos audiovisuais? Este nada mais foi que o apelido que, neste livro, escolhemos dar às fontes históricas. E é desta forma – como documentos históricos – que devem ser compreendidos e utilizados por nossos alunos.

Referências

ABREU, A. **Cartum**. Disponível em <https://baucartoon.blogspot.com.br/ 2011/04/desligue-tv-e-va-ler-um-livro.html/>. Acesso em: 7 mar. 2018.

ABSOLUTAMENTE certo. Direção: Anselmo Duarte. Produção: Cinedistri. Brasil: Cinedistri, 1957. 95 min.

ABUD; K. M.; SILVA, A. C. de M.; ALVES, R. C. **Ensino de História**. São Paulo: Cengage Learning, 2010.

ADAMS, D. Full Spectrum Warrior Review. IGN, Aug. 24th 2004. Disponível em: <http://www.ign.com/articles/2004/09/ 25/full-spectrum-warrior-review>. Acesso em: 7 mar. 2018.

ADIVINHE quem vem para o jantar. Direção: Stanley Kramer. Produção: Columbia Pictures Corporation. EUA: Columbia Pictures, 1967. 108 min.

ADORNO, T. O fetichismo na música e a regressão da audição. In: ADORNO, T. **Theodor W. Adorno**: textos escolhidos. São Paulo: Nova Cultural Ltda., 1999.

ADORNO, T. Moda intemporal: sobre o jazz. In: ADORNO, T. **Prismas**: crítica cultural e sociedade. São Paulo: Ática, 2001. p. 117-130.

ADORNO, T. W.; HORKHEIMER, M. **A dialética do esclarecimento.** Rio de Janeiro: J. Zahar Editor, 1995.

AGE OF EMPIRES. EUA: Microsoft Studios; Relic Entertainment, 1999. 1 videogame; son.: color. Microsoft Windows.

ALÔ, amigos. Direção: Wilfred Jackson; Jack Kinney. Produção: Walt Disney Productions. EUA: RKO Radio Pictures, 1942. 42 min.

ALVES, A. Mulata assanhada. Intérprete: Miltinho. In: HISTÓRIA da Música Popular Brasileira: Ataulfo Alves. São Paulo: Abril, 1970. Faixa 7.

ALVITO, M. Um pandeiro contra a República: João da Baiana batucando na cozinha. **Templo Cultural Delfos**, jun. 2016. Disponível em: <http://www.elfikurten.com.br/2016/06/um-pandeiro-contra-republica-joao-da.html>. Acesso em: 7 mar. 2018.

AMISTAD. Direção: Steven Spielberg. Produção: DreamWorks. EUA: DreamWorks, 1997. 155 min.

ANDERSON, B. **Comunidades imaginadas:** reflexões sobre a origem e a difusão do nacionalismo. São Paulo: Companhia das Letras, 2008.

ANDRIES, A. **O cinema de Humberto Mauro.** Rio de Janeiro: Funarte, 2001.

ANTUNES, A; FROMER, M; BELLOTTO, T. Televisão. Intérprete: Arnaldo Antunes. In: TITÃS. **Televisão.** São Paulo: WEA Discos, 1985. Faixa 1.

ARGO. Direção: Ben Affleck. Produção: Warner Bros.; GK Films; Smodehouse Pictures. EUA: Warner Bros., 2012. 120 min.

ARRUDA, E. História virtual. **Revista de História da Biblioteca Nacional**, Rio de Janeiro, 13 fev. 2009. Disponível em: <http://www.revistadehistoria.com.br/ secao/educacao/historia-virtual>. Acesso em: 7 mar. 2018.

ARRUDA, J.; PILETTI, N. **Toda a história**. São Paulo: Ática, 1999a.

ARRUDA, J.; PILETTI, N. **Toda a história**: Manual para o Professor. São Paulo: Ática, 1999b.

ASHCRAFT, B. A Game about Insurgency. **Kotaku**, Apr. 10th 2010. Disponível em: <https://kotaku.com/5654958/a-game-about-insurgency>. Acesso em: 7 mar. 2018.

ASSASSIN'S CREED. EUA: Ubisoft Montreal; Ubisoft Annecy; Ubisoft Sofia; Ubisoft Milan; Ubisoft Toronto; Ubisoft Quebec; Gameloft; Griptonite Games; Ubisoft Blue Byte; Climax Studios, 2007-2017. 1 videogame; son.: color. PlayStation 3, PlayStation 4, Xbox 360, Xbox One, Microsoft Windows, Mac OS X, Nintendo DS, PlayStation Portable, PlayStation Vita, iOS, HP webOS, Android, JavaOS, Nokia, Symbian, Windows Phone, Wii U.

ASSASSIN'S CREED: UNITY. EUA: Ubisoft, 2014. 1 videogame; son.: color. Microsoft Windows; PlayStation 4; Xbox One.

ASSIS, J.; GOMES, D.; MORAES, M.; SILVA, A. **Roque Santeiro**. Direção: Gonzaga Blota; Jayme Mojardim; Marcos Paulo; Paulo Ubiratan. Brasil: Rede Globo, 1985. Telenovela.

AUFDERHEIDE, P. **Documentary Film**: a Very Short Introduction. New York: Oxford University Press, 2007.

AVATAR. Direção: James Cameron. Produção: Twentieth Century Fox; Dune Entertainment; Ingenious Film Partners. Reino Unido; EUA: Twentieth Century Fox, 2009. 162 min.

AZEVEDO, G; SERIACOPI, R. **Projeto Teláris**: História – 9º ano. 2. ed. São Paulo: Ática, 2015.

A BATALHA de Argel. Direção: Gillo Pontecorvo. Produção: Casbah Film. Algéria/Itália: Magna, 1966. 121 min.

A BATALHA entre nazistas e beduínos vai ser um espetáculo, mas... todo mundo espera o duelo entre Capitão Dumont e o Sheik de Agadir. **Intervalo**, São Paulo, n. 139, 21-27 ago. 1966. Disponível em: <http://memoria.bn.br/pdf/109835/per109835_1966_00189.pdf>. Acesso em: 7 mar. 2018.

A BRUXA. Direção: Robert Eggers. Produção: Parts and Labor. EUA: Universal Pictures, 2015. 92 min.

O BARÃO Vermelho. Direção: Nikolai Müllerschön. Produção: Niama Film. Alemanha: Warner Bros., 2008. 106 min.

OS BANDEIRANTES. Direção: Humberto Mauro. Produção: Roquette Pinto. Brasil: Instituto Nacional de Cinema Educativo, 1940. 38 min.

BABO, L.; BARRO, J. de; RIBEIRO, A. Nós somos os cantores do rádio. In: ALÔ, ALÔ, Carnaval. Direção: Adhemar Gonzaga. Produção: Cinedía; Waldow Film S.A. Brasil: DFB, 1936. 75 min.

BARBOSA, B. et al. **Sinhá Moça**. Direção: André Felipe Binder; Rogério Gomes; Luís Antônio Pilar; Marcelo Travesso; Ricardo Waddington. Brasil: Rede Globo, 2006. Fotonovela.

BARBOSA, B. R.; BARBOSA, E.; BARBOSA, E. **Terra nostra**. Direção: Carlos Magalhães; Jayme Monjardim; Marcelo Travesso; Teresa Lampréia. Brasil: Rede Globo, 1999. Fotonovela.

BARGRAVE, J. **Pope Alexander the Seventh and the College of Cardinals**. Inglaterra: James Craigie Roberts, 1867.

BARRETO, L. **O cangaceiro (roteiro)**. Fortaleza: Universidade Federal do Ceará, 1984.

BASSÉRES, L. et al. **Pátria minha**. Direção: Alexandre Avancini; Dennis Carvalho; Ary Coslov; Roberto Naar. Brasil: Rede Globo, 1994. Telenovela.

BATTLEFIELD I. EUA: EA DICE, 2016. 1 videogame; son.: color. Microsoft Windows; PlayStation 4; Xbox One.

BENJAMIN, W. A obra de arte na era de sua reprodutibilidade técnica. In: BENJAMIN, W. **Magia e técnica, arte e política**:

ensaios sobre literatura e história da cultura. São Paulo: Brasiliense, 1994. p. 165-196.

BOOK DE RÁDIO. Rio de Janeiro: Kantar/Ibope, 2016. Disponível em: <https://www.kantaribopemedia.com/book-de-radio-2/>. Acesso em: 7 mar. 2018.

BORDWELL, D; THOMPSON, K. **Film Art**: an Introduction. Columbus, OH: McGraw Hill, 2008.

BOSCO, J; BLANC, A. O bêbado e o equilibrista. Intérprete: João Bosco. In: BOSCO, J. **João Bosco ao vivo**: 100ª apresentação. Rio de Janeiro: Ariola, 1983. Faixa 10.

BOSCO, J; O mestre-sala dos mares. Intérprete: João Bosco. In: BOSCO, J. **Caça à raposa**. Rio de Janeiro: RCA, 1975. Faixa 1.

BRAGA, G.; GUIMARÃES, B. **Escrava Isaura**. Direção: Milton Gonçalves; Herval Rossano. Brasil: Rede Globo, 1976. Telenovela.

BRASIL. 48% das escolas públicas brasileiras não têm computadores para os alunos. **Todos pela Educação**. 21 jul. 2014a. Disponível em: <http://www.todospelaeducacao. org.br/reportagens-tpe/ 30852/48-das-escolas-publicas- brasileiras-nao-tem-computadores-para-os-alunos/>. Acesso em: 7 mar. 2018.

BRASIL. Decreto n. 20.493, de 24 janeiro de 1946. **Diário Oficial da União**, Poder Executivo, RJ, 29 jan. 1946. Disponível em: <http://www.planalto.gov.br/CCIVIL_03/ decreto/1930-1949/D20493.htm>. Acesso em: 7 mar. 2018.

BRASIL. Conselho Superior de Censura. **Decisão do CSC pela Obrigatoriedade de Inserção de Letreiro Rotativo**. Relatora: Sandra de Toledo. 15 jun. 1988. Disponível em: <http://memoriacinebr.com.br/PDF/0210142C04601.pdf>. Acesso em: 7 mar. 2018.

BRASIL. Conselho Superior de Censura. Departamento da Polícia Federal. **Pedido de Reconsideração da Decisão Interditória ao DPF.** 4 maio 1982s. Disponível em: <http://memoriacinebr.com.br/ arquivo.asp?0210142C01401>. Acesso em: 7 mar. 2018.

BRASIL. Ministério da Educação. **Proinfo:** apresentação. Disponível em <http://portal.mec.gov.br/proinfo/proinfo>. Acesso em: 7 mar. 2018.

BRASIL. Ministério da Educação. Fundo Nacional de Desenvolvimento da Educação. Secretaria de Educação Básica. **Edital de Convocação 06/2011 – CGPLI:** Edital de Convocação para o Processo de inscrição e Avaliação de Coleções Didáticas parar o Programa Nacional do Livro Didático. PNLD 2014. Brasília: MEC/FNDE, 2011. Disponível em: <http://www.fnde.gov.br/programas/ programas-do-livro/consultas/editais-programas-livro/item/3963-pnld-2014-anos-finais-do-ensino-fundamental>. Acesso em: 7 mar. 2018.

BRASIL. **Edital de Convocação 02/2015 – CGPLI:** Edital de Convocação para o Processo de Inscrição e Avaliação de Obras Didáticas para o Programa Nacional do Livro Didático. PNLD 2017. Brasília: MEC/FNDE, 2015. Disponível em: <http://www.fnde.gov.br/programas/ programas-do-livro/consultas/editais-programas-livro/ item/6228-edital-pnld-2017>. Acesso em: 7 mar. 2018.

BRASIL. Ministério da Educação. Secretaria da Educação Básica. **Guia de Tecnologias Educacionais da Educação Integral e Integrada e da Articulação da Escola com seu Território.** Brasília: MEC/SBE: 2013. Disponível em: <http://portal.mec.gov.br/index.php?option= com_docman&view=download& alias=14545-guia-tecnologias-20130923- pdf&category_slug= novembro-2013 -pdf&Itemid=30192>. Acesso em: 7 mar. 2018.

BRASIL. Ministério da Educação e do Desporto. Portaria. n. 522, de 9 de abril de 1997. **Diário Oficial da União**, Poder Executivo, Brasília, 11 abr. 1997.

BRASIL. Ministério da Justiça. Departamento de Polícia Federal. Divisão de Censura de Diversões Públicas. **Parecer de Censura n. 4.212**, de 8 de agosto de 1980. Relatora: Maria Angélica R. de Rezendo. Disponível em: <http://www.recordarproducoes.com.br/PDF/0080060C00501.pdf>. Acesso em: 7 mar. 2018.

BRASIL. **Parecer n. 3.393, de 8 de setembro de 1981**. Relatora: Jussara França Costa. Disponível em: <http://www.recordarproducoes.com.br/ PDF/0130098C00201.pdf>. Acesso em: 7 mar. 2018.

BRASIL. Presidência da República. Secretaria de Comunicação Social. **Pesquisa Brasileira de Mídia 2015**: Hábitos de Mídia pela População Brasileira. Brasília: Secom, 2014b.

BRIGGS, A; BURKE, P. **Uma história social da mídia**. 2. ed. Rio de Janeiro: Zahar, 2006.

BROTHERS, P. H. Japan's Nuclear Nightmare: How the Bomb Became a Beast Called "Godzilla". **Cineaste**, v. 36, n. 3, p. 36-40, 2011.

BUARQUE, C. Pelas tabelas. Intérprete: Chico Buarque. In: BUARQUE, C. **Chico Buarque**. Rio de Janeiro: Barclay/Polygram/Philips, 1984. Faixa 1.

BUARQUE, C; BOAL, A. Mulheres de Atenas. Intérprete: Chico Buarque. In: BUARQUE, C. **Meus caros amigos**. Rio de Janeiro: Phonogram Philips, 1976. Faixa 2.

BUARQUE, C; GIL, G. Cálice. Intérprete: Chico Buarque e Milton Nascimento. In: BUARQUE, C. **Chico Buarque**. Rio de Janeiro: Phillips, 1978.

BURKE, P. **História e teoria social**. São Paulo: Unesp, 2002.

BURKE, P. **Testemunha ocular**. Bauru: Edusc, 2004.

BÚZIOS: ECOS DA LIBERDADE. Brasil: Universidade do Estado da Bahia, 2010. 1 videogame; son.: color. PC.

CABRAL, I. **Sorriso pensante**: charge do dia, 2016. Disponível em: <ivancabral.com>. Acesso em: 7 mar. 2017.

CABRAL, S. **No tempo de Ari Barroso**. Rio de Janeiro: Lumiar, 1993.

CAMINHA, P. **A carta**. Belém: Nead, S.d.

CAMPOS, L.; FERES JR., J. **Televisão em cores?** Raça e sexo nas telenovelas "globais" (1984-2014). Texto para discussão. Rio de Janeiro: Gemaa, 2015.

CARANDIRU. Direção: Hector Babenco. Produção: BR Petrobras; Columbia TriStar Filmes do Brasil; Globo Filmes. Brasil: Columbia TriStar, 2003. 145 min.

CARRIÉRE, J. **A linguagem secreta do cinema**. Rio de Janeiro: Nova Fronteira, 1985.

CARTAZ de "O Descobrimento do Brasil". In: **Jornal do Brasil**, Rio de Janeiro, p. 30, 4 dez. 1937.

CASSIANO, C. C. de F. **O mercado de livro didático no Brasil**: da criação do Programa Nacional do Livro Didático (PNLD) à entrada do capital internacional espanhol (1985-2007). 252 f. Tese (Doutorado em Educação) – Pontifícia Universidade Católica de São Paulo, São Paulo, 2007. Disponível em: <https://tede2.pucsp.br/bitstream/handle/10614/1/ Celia%20Cristina%20 de%20Figueiredo%20Cassiano.pdf>. Acesso em: 7 mar. 2018.

CASTELS II: SIEGE AND CONQUEST. EUA: Quicksilver Software, 1992. 1 videogame; son.: color. Macintosh, MS-DOS; FM Towns; NEC PC-9801; Amiga CD32.

CASTILHO, A.; GORDURINHA. Chiclete com banana. Intérprete: Jackson do Pandeiro. In: JACKSON DO PANDEIRO. **Jackson do Pandeiro**. Rio de Janeiro: Philips, 1959.

CASTRO, J. **Estudos sociais:** 5ª série. São Paulo: Ibep, 1979.

CATTAN, B.; ALCÁNTARA, C.; BARBOSA, B. R. **Simplesmente Maria**. Direção: Walter Avancini; Benjamin Cattan. Brasil: TV Tupi, 1970. Telenovela.

CAYMMI, D.; AMADO, J. Retirantes. Intérprete: Dorival Caymmi. In: ESCRAVA Isaura. Rio de Janeiro: Som Livre, 1976. Faixa 3.

CENTURION: DEFENDER OF ROME. EUA: Bits of Magic, 1990. 1 videogame; son.: color. MS-DOS, Amiga, FM Towns, NEC PC-9801, Sega Genesis.

CGI – Comitê Gestor da Internet. **TIC Kids Online Brasil**: Pesquisa sobre o Uso da Internet por Crianças e Adolescentes no Brasil. São Paulo: Comitê Gestor da Internet no Brasil, 2016. Disponível em: <https://cgi.br/media/docs/publicacoes/2/ TIC_Kids_2015_LIVRO_ELETRONICO.pdf>. Acesso em: 7 mar. 2018.

CHOMSKY, N. **Media Control**. New York: Seven Stories, 1997.

CIDADE de Deus. Direção: Fernando Meirelles. Produção: O2 Filmes; VideoFilmes; Globo Filmes. Brasil: Imagem Filmes, 2002. 130 min.

CIVILIZATION IV. EUA: Firaxis Games, 2005. 1 videogame; son.: color. Windows, Macintosh.

COLONIZATION. EUA: MicroProse, 1994. 1 videogame; son.: color. Amiga, DOS, Windows, Macintosh, Linux.

CORAÇÃO valente. Direção: Mel Gibson. Produção: Mel Gibson. Estados Unidos: Paramount Pictures, 1995. 178 min.

COTRIM, G; RODRIGUES, J. **Historiar:** 8º ano. São Paulo: Saraiva, 2015.

CROSBY, A. **The Measure of Reality.** Cambridge, UK: Cambridge University Press, 1997.

O DESCOBRIMENTO do Brasil. Direção: Humberto Mauro. Brasil: Distribuidora de Filmes Brasileiros, 1937a. 60 min.

"O DESCOBRIMENTO do Brasil" amanhã no Palácio. **Jornal do Brasil**, Rio de Janeiro, p. 42, 7 dez. 1937b.

O DIA em que a Terra parou. Direção: Robert Wise. Produção: Twentieth Century. EUA: Twentieth Century Fox, 1951. 92 min.

DANTON: o processo da revolução. Direção: Andrzej Wajda. Produção: Gaumant; F1 Films Production. França/Polônia: Gaumont, 1983. 136 min.

DE ROSSI, G. G. Carolus Epus Ostien Sacri Colegii Decanus S.R.E.Card.Medices.Floren. II.Decemb. MDCXV. 1658. 1 gravura, 19,4 × 14 cm. In: DE ROSSI, G. G. **Effigies nomina et cognomia S.D.N Alexandri papae VII et R.R.D.D.S.R.E Cardd nunc viventium.** Roma: Jo Jacobus de Rubeis Typographicus, 1658.

DE VOLTA à luz: fotografias nunca vistas do imperador. São Paulo: Instituto Banco Santos/Rio de Janeiro: Fundação Biblioteca Nacional, 2003.

DER EWIGE Jude. Direção: Fritz Hippler. Produção: Deutsche Film Gesellschaft. Alemanha: Deutsche Film Gesellschaft, 1940. 62 min.

DESCOBRIMENTO do Brasil. Direção: Humberto Mauro. Produção: Instituto Brasileiro de Cacau. Rio de Janeiro: Distribuidora de Filmes Brasileiros, 1937. 60 min.

DEUS e o Diabo na Terra do Sol. Direção: Glauber Rocha. Produção: Banco Nacional de Minas Gerais; Copacabana Filmes; Luiz Augusto Mendes Produções Cinematográficas. Brasil: Copacabana Filmes, 1964. 120 min.

DINIZ, A.; CUNHA, D. **A república cantada**. Rio de Janeiro: Zahar, 2014.

DISTRITO 9. Direção: Neill Blomkamp. Produção: TriStar Pictures; Block/Hanson; WingNut Films. África do Sul/EUA/Nova Zelândia/Canadá: TriStar Pictures, 2009. 112 min.

DOM PEDRO II e soldados brasileiros estão em expansão de 'Civilization V'. **G1**, Rio de Janeiro, 25 mar. 2013. Disponível em: <http://g1.globo.com/tecnologia/games/noticia/ 2013/03/dom-pedro-ii-e-soldados-brasileiros- estao-em-expansao-de-civilization-v.html>. Acesso em: 7 mar. 2018.

EISNER, W. **Quadrinhos e arte sequencial**. São Paulo: M. Fontes, 1999.

ELES não usam black-tie. Direção: Leon Hirszman. Produção: Embrafilme; Leon Hirszman Produções Cinematográficas. Brasil: Embrafilme, 1981. 120 min.

ESTA É DE VULTO. **Jornal do Recife**, Pernambuco, 6 fev. 1878.

EUGÊNIO, A. **Fragmentos de liberdade**. Rio de Janeiro: E-papers, 2010.

FACHINE, Y. Performance dos apresentadores dos telejornais: a construção do éthos. **Famecos**, Porto Alegre, v. 15, n. 36, ago. 2008. Disponível em: <http://revistaseletronicas.pucrs.br/ojs/ index.php/revistafamecos/article/view/4417>. Acesso em: 7 mar. 2018.

FAMILIARES das vítimas de Columbine processam empresas de jogos de computador. **Público**, Lisboa, 25 abr. 2001. Disponível em: <https://www.publico.pt/2001/04/25/sociedade/ noticia/familares-das-vitimas-de-columbine-processam-empresas-de-jogos-de-computador-20434>. Acesso em: 7 mar. 2018.

FEBVRE, L. **Combates pela história**. Lisboa: Editorial Presença, 1989.

FERGUSON, C. J.; OLSON, C. Video Game Violence Use Among 'Vulnerable' Populations: the Impact of Violent Games on Delinquency and Bullying Among Children with Clinically Elevated Depression or Attention Deficit Symptoms. **Journal of Youth and Adolescence**, v. 43, n. 1, Aug. 24th 2013. Disponível em: <https://www.ncbi.nlm.nih.gov/pubmed/23975351>. Acesso em: 7 mar. 2018.

FERNANDES JR., R.; LAGO, P. **O século XIX na fotografia brasileira**. Rio de Janeiro: Francisco Alves, 2002.

FERRÉS, J. **Vídeo e educação**. 2. ed. Porto Alegre: Artes Médicas, 1996.

FILADÉLFIA. Direção: Jonathan Demme. Produção: TriStar Pictures. EUA: TriStar Pictures, 1993. 125 min.

FOGO! Direção: James Williamson. Reino Unido: Williamson Kinematograph Company, 1901. 5 min.

FONTOURA, A. **Introdução ao estudo da história**. Curitiba: Fael, 2016a.

FONTOURA, A. **Teoria da história**. Curitiba: Intersaberes, 2016b.

FONTOURA, A. **Teorias da história**. Curitiba: Fael, 2016c.

FULL SPECTRUM WARRIOR. Estados Unidos: Pandemic Studios, 2004. 1 videogame; son.: color. Xbox; PlayStation 2; Microsoft Windows; Telefone celular.

FUSCO, L. C. et al. **Fera radical**. Direção: Gonzaga Blota; Denise Saraceni. Brasil: Rede Globo, 1988. Telenovela.

OS GRITOS do silêncio. Direção: Roland Joffé. Produção: Goldchrest Films International. Reino Unido: Flashstar, 1984. 141 min.

GABRIEL O PENSADOR. Lôraburra. Intérprete: Gabriel o Pensador. In: GABRIEL O PENSADOR. **Gabriel o Pensador**. Rio de Janeiro: Sony, 1993. Faixa 3.

GALVÃO, M.; SOUZA, C. Cinema brasileiro: 1930-1964. In: PIERUCCI, A. F. et al. **O Brasil republicano**: economia e cultura (1930-1964). 3. ed. Rio de Janeiro: Bertrand Brasil, 1995. p. 465-497.

GEE, J. P. **What Video Games Have to Teach us About Learning And Literacy**. New York: Palgrave Macmillan, 2003.

GIL, G.; TORQUATO NETO. Geleia geral. Intérprete: Gilberto Gil. In: VELOSO, C. et al. **Tropicalia ou panis et circensis**. Rio de Janeiro: Philips, 1968. Faixa 6.

GINZBURG, C. **Mitos, emblemas e sinais**. São Paulo: Companhia das Letras, 1989.

GOMBRICH, E. **Arte e ilusão**. São Paulo: M. Fontes, 1995.

GONÇALO JUNIOR. **A guerra dos gibis**: a formação do mercado editorial brasileiro e a censura aos quadrinhos – 1933-64. São Paulo: Companhia das Letras, 2004.

GOULART, F. Marchinhas politicamente incorretas estão na mira dos blocos do Rio. **CBN**, Rio de Janeiro, 24 jan. 2017. Disponível em: <http://cbn.globoradio.globo.com/editorias/cultura/ 2017/01/24/MARCHINHAS-POLITICAMENTE-INCOR RETAS- ESTAO-NA-MIRA-DOS-BLOCOS-DO-RIO.htm>. Acesso em: 7 mar. 2018.

GRANDE sucesso em todo o mundo: a maravilha das invenções. **A República**, Curitiba, p. 1, 2 dez. 1900.

GUIA de mercado: confira dados que irão ajudar a alavancar seus negócios. **Globo.com**, 29 junho 2015. Disponível em: <http://redeglobo.globo.com/redeamazonica/comercial/noticia/2015/06/guia-de-mercado-confira-dados-que-irao-ajudar-alavancar-seus-negocios.html>. Acesso em: 7 mar. 2018.

GUIMARÃES, B. et al. **Escrava Isaura**. Direção: Emílio Di Biasi; Herval Rossano. Brasil: Record, 2004. Telenovela.

O HOMEM que não vendeu sua alma. Direção: Fred Zinnemann. Produção: Highland Films. Reino Unido: Columbia Pictures, 1966. 120 min.

HAMBURGER, E. Diluindo fronteiras: a televisão e as novelas do cotidiano. In: SCHWARCZ, L. (Org.) **História da vida privada no Brasil**. São Paulo: Companhia das Letras, 1998. p. 489-559. v. 4.

HAMBURGER, E. Beto Rockfeller, a motocicleta e o Engov. **Significação: revista de cultura audiovisual**. São Paulo, v. 41, n. 41, 2014. Disponível em: <https://www.revistas.usp.br/significacao/article/view/83419/86404>. Acesso em: 18 jan. 2018.

HAMBURGER, E; THOMAZ, O. R. Em preto e branco. **Folha de S. Paulo**, 27 nov. 1994. +mais! Disponível em: <http://www1.folha.uol.com.br/fsp/1994/11/27/mais!/5.html>. Acesso em: 7 mar. 2018.

HANS Staden. Direção: Luís Alberto Pereira. Produção: Ipaca; Jorge Neves Produção Audiovisual; Lapfilme. Brasil: RioCine; Versátil Home Vídeo, 1999. 92 min.

HENDY, D. **Noise**. United Kingdom: Profile Books, 2013.

HIDDEN AGENDA. EUA: TRANS Fiction System, 1988. 1 videogame; son.: color. Macintosh, MS-DOS.

HILLS, E. From 'Figurative Males' to Action Heroines: Further Thoughts on Active Women in the Cinema. **Screen**, v. 40, n. 1, p 38-50, 1999.

HONNECOURT, V. de. **Portfolio of Villard de Honnecourt**. ca. 1235. Manuscript.

HOTEL Ruanda. Direção: Terry George. Produção: United Artists. Reino Unido/África do Sul/Itália: 2004. 121 min.

IMDB – Internet Movie Data Base. **Medal of Honor:** Allied Assault – Full Cast and Crew 2002. Disponível em: <http://www.imdb.com/title/tt0275511/fullcredits?ref_=tt_ov_st_sm>. Acesso em: 7 mar. 2018.

INDEPENDÊNCIA ou morte. Direção: Carlos Coimbra. Produção: Cinedistri. Brasil: Cinedistri, 1972. 108 min.

INDUSTRIALI. Brasil: Uneb, 2014. 1 videogame; son.: color.

INTERVALO. São Paulo: Abril, 21 a 27 de agosto de 1966, n. 139. Capa.

O JOVEM tataravô. Direção: Luiz de Barros. Produção: Cinédia. Brasil: DFB, 1936. 80 min.

O JULGAMENTO de Nuremberg. Direção: Stanley Kramer. Produção: Roxlom Films Inc. EUA: Warner Home Video, 1961. 186 min.

JUVENAL. **Sátiras.** Espanha: Bartolomé Segura Ramos, 1996.

KARMALI, L. Ex-French Presidential Candidate Slams Assassin's Creed Unity. **IGN News**, 19 nov. 2014. Disponível em: <http://www.ign.com/articles/2014/11/18/ex-french-presidential-candidate-slams-assassins-creed-unity>. Acesso em: 7 mar. 2018.

KELLNER, D. **A cultura da mídia.** Bauru, SP: Edusc, 2001.

KGB. EUA: Cryo, 1992. 1 videogame; son.: color. MS-DOS; Amiga.

KIRRIEMUR, J.; MCFARLANE, A. **Literature Review in Games and Learning.** NESTA Futurelab series. Bristol: NESTA Futurelab, 2004.

KROSSA, S. L. **Braveheart Errors:** an Illustration of Scale. 2008. Disponível em:<http://medievalscotland.org/scotbiblio/bravehearterrors.shtml>. Acesso em: 7 mar. 2018.

A LISTA de Schindler. Direção: Steven Spielberg. Produção: Universal Pictures. EUA: Universal Home Video, 1993. 195 min.

O LEÃO no inverno. Direção: Anthony Harvey. Produção: Haworth Productions. Reino Unido: New Line, 1968. 134 min.

LAGO, B. C. do; LAGO, P. C. do. **Coleção Princesa Isabel:** fotografia do século XIX. Rio de Janeiro, 2008.

LENHARO, A. **Cantores do rádio:** a trajetória de Nora Ney e Jorge Goulart e o meio artístico de seu tempo. Campinas, SP: Ed. da Unicamp, 1995.

LINHARES, R. et al. **A indomada**. Direção: Ricardo Naar; Marcos Paulo; Luiz Henrique Rios; Paulo Ubiratan. Brasil: Rede Globo, 1997. Telenovela.

A MARCHA dos pinguins. Direção: Luc Jacquet. Produção: National Geographic Films. França: Buena Vista International, 2005. 80 min.

MACEDO, J. **Lições de história do Brasil**. Rio de Janeiro: H. Garnier, 1907.

MACHADO, D. **Cartum do Correio Popular**. Disponível em: <http://dalciomachado.blogspot.com.br>. Acesso em: 7 mar. 2018.

MACHADO, I. (Org.) **Semiótica da cultura e semiosfera**. São Paulo: Annablume, 2007.

MANDLER, P. **The English National Character**. New Have, CT: Yale University Press, 2006.

MARCUS, A. et al. **Teaching History with Film**. EUA: Routledge, 2010.

McCLUHAN, M. The Media is the Message. In: McCLUHAN, M. **Understanding media:** the Extensions of Man. Cambridge, Massachusetts: MIT Press, 1994. p. 7-21.

MEDAL OF HONOR: ALLIED ASSAULT (WAR CHEST) – OMAHA BEACH ON D-DAY. Redwood City: Electronic Arts, 2002. 1 videogame; son.: color. Microsoft Windows; Mac OS X; Linux.

MEDIEVAL: TOTAL WAR. EUA: The Creative Assembly, 2002.

MILLER, G. **Fred Zinnermann**: Interviews. Jackson, MS: University Press of Mississipi, 2005.

MISCELÂNEA científica. **Jornal do Comércio**, Rio de Janeiro, 22 abr. 1878.

MORAES, D. D. C. D. de. **Visualidade do livro didático no Brasil**: o design de capas e sua renovação nas décadas de 1970 e 1980. 182 f. Dissertação (Mestrado em Linguagem e Educação) – Universidade de São Paulo, 2010. Disponível em: <http://www.teses.usp.br/teses/disponiveis/48/48134/tde-11062010-131616/pt-br.php>. Acesso em: 7 mar. 2018.

MOREIRA, R. R. Inútil. Intérprete: Roger Rocha Moreira. In: ULTRAJE A RIGOR. **Inútil/mim quer tocar**. Rio de Janeiro: WEA, 1983. Faixa 1.

MORENO, A.; FAJARDO, V. 43% das escolas públicas têm banda larga, contra 80% das privadas. **G1**, 7 jan. 2016. Disponível em: <http://g1.globo.com/educacao/noticia/2016/01/43-das-escolas-publicas-tem-banda-larga-contra-80-das-privadas.html>. Acesso em: 7 mar. 2018.

MUNIQUE. Direção: Steven Spielberg. Produção: DreamWorks. França/Canadá/EUA: Universal Pictures, 2005. 164 min.

NAPOLITANO, M. **Como usar a televisão em sala de aula**. São Paulo: Contexto, 2003a.

NAPOLITANO, M. **Como usar o cinema em sala de aula**. São Paulo: Contexto, 2003b.

NAPOLITANO, M. **História e música**: história cultural da música popular. Belo Horizonte: Autêntica, 2002.

NASCIMENTO, J. **Informática aplicada à educação**. Brasília: UnB, 2009.

NOTÍCIAS científicas. Fotografia. **Jornal do Comércio**, Rio de Janeiro, 17 jan. 1840, p. 1.

O QUE É ISSO, companheiro? Direção: Bruno Barreto. Produção: Columbia Pictures Television Trading Company; Filmes do Equador; Luiz Carlos Barreto Produções Cinematográficas. Brasil: Columbia TriStar, 1997. 110 min.

OS INCONFIDENTES. Direção: Joaquim Pedro de Andrade. Produção: Filmes do Serro, Grupo Filmes, Mapa Filmes. Brasil: Servicine, 1972. 100 min.

OS ÓCULOS do vovô. Direção: Francisco dos Santos. Produção: Guarany Fábrica de Fitas Cinematográficas. Brasil: 1913.

ODAIR JOSÉ. Uma vida só (Pare de tomar a pílula). Intérprete: Odair José. In: ODAIR JOSÉ. **Odair José**. Rio de Janeiro: Polydor, 1973. Faixa 6.

OLÈRE, D. **Witness**: Images of Auschwitz. Estados Unidos: WestWind Press, 1998.

OLGA. Direção: Jayme Monjardim. Produção: Carlos Eduardo Rodrigues. Rio de Janeiro: Globo Filmes, 2004. 141 min.

OLIVEIRA, D. (Org.). **O túnel do tempo**: um estudo de história & audiovisual. Curitiba: Juruá, 2010a.

OLIVEIRA, D. Narrativas fílmicas da Segunda Guerra Mundial. **TV UFPR**, 25 mar. 2010b. Programa Scientia. Entrevista.

PARRA, N.; PARRA, I. **Técnicas audiovisuais de educação**. 5. ed. São Paulo: Pioneira, 1985.

PEDROSO, B.; ARAÚJO, E.; MARCOS, P. **Beto Rockefeller**. Direção: Lima Duarte; Walter Avancini. Brasil: TV Tupi, 1968. Telenovela.

PIXOTE: a lei do mais fraco. Diretor: Hector Babenco. Produção: Embrafilme. Brasil: CIC Vídeo, 1981. 128 min.

PRÁ FRENTE, Brasil. Direção: Roberto Farias. Produção: Embrafilme, Produções Cinematográficas R. F. Farias Ltda. Brasil: Embrafilme, 1982. 105 min.

PREHISTORIK 2. EUA: Titus Software, 1992. 1 videogame; son.: color. DOS, Super Nintendo Entertainment System, Game Boy, Amstrad CPC, MS-DOS.

PRINCE OF PERSIA. EUA: Broderbund, 1994. 1 videogame; son.: color. MS-DOS, Mac OS, SNES.

A QUEDA! As últimas horas de Hitler. Direção: Oliver Hirschbiegel. Produção: Constantin Film. Alemanha: Constantin Film, 2004. 156 min.

QUEM SOMOS. **Som Livre**. Disponível em: <http://www.somlivre.com/quem-somos>. Acesso em: 7 mar. 2018.

A RADIOTELEFONIA e sua vulgarização. **Eu sei tudo**. Rio de Janeiro, Companhia Editora Americana, jul. 1923. n. 74, ano VII.

O RESGATE do soldado Ryan. Direção: Steven Spielberg. Produção: DreamWorks; Paramount Pictures. EUA: Paramount Pictures, 2003. 169 min.

RÁDIO Amplion. **Eu sei tudo**. Rio de Janeiro: Editora Americana, n. 92, ano VIII, jan. 1925.

RÁDIO Victor. **O Cruzeiro**, Rio de Janeiro, ano III, n. 5, 6 dez. 1930.

RAMBO II. Direção: George P. Cosmatos. Produção: Anabasis N.V. EUA: Carolco Pictures, 1985. 96 min.

RAMINELLI, R. **Imagens da colonização**. Rio de Janeiro: J. Zahar, 1996.

RAMOS, P. **A linguagem dos quadrinhos**. São Paulo: Contexto, 2009.

RED ALERT. EUA: Irem, 1981. 1 videogame; son.: color. Arcade: Irem-M-27.

REVISTA CINELÂNDIA. Rio de Janeiro: Rio-Gráfica Editora, set. 1966, n. 314. Capa.

RIBEIRO, I. **A viagem**. Direção: Atílio Riccó; Edison Braga. Brasil: TV Tupi, 1975. Telenovela.

ROBERTO CARLOS; ERASMO CARLOS. Debaixo dos caracóis dos seus cabelos. Intérprete: Roberto Carlos. In: **Roberto Carlos**. Rio de Janeiro: EMI, 1971. Faixa 8.

ROCKY IV. Direção: Sylvester Stallone. Produção: United Artists, Metro-Goldwyn-Mayer (MGM). EUA: 20th Century Fox, 1985. 91 min.

RÖDER, D. Smartphone Apps: their Use of History and Use for History Teaching. In: WOJDON, J. **E-teaching History**. UK: Cambridge Scholars Publishing, 2016. p. 141-152.

ROSEN, M. "Méliès, Georges". In: WAKEMAN, J. **World Film Directors**: Volume I, 1890-1945, EUA: The H. W. Wilson Company, 1987. p. 747-765.

ROSSI, G. **Efigis nomina et cognomina**: S.D.N. Alexandri Papae VII ET RR. DD. S.R.E Card. Itália, 1658. Disponível em: <https://archive.org/details/effigiesnominaet00ross>. Acesso em: 7 mar. 2018.

RUSSO, R. Que país é este? Intérprete: Renato Russo. In: RUSSO, R. **Que país é este?** Rio de Janeiro: EMI, 1987.

O SHOW de Truman. Direção: Peter Weir. Produção: Paramount Pictures, Scott Rudin Productions. EUA: Paramount Pictures, 1998. 103 min.

SCHAMA, S. **Cidadãos**: uma crônica da Revolução Francesa. São Paulo: Companhia das Letras, 1989.

SCHNEIDER, I. An instrument of intuiton. **Los Angeles Times**. 17 jan. 1993.

SILVA, B. da. Malando é malandro, mané é mané. Intérprete: Bezerra da Silva. In: **Malandro é malandro e mané é mané**. São Paulo: Atração, 2000. Faixa 8.

SILVA, H. **O filme nas telas**: a distribuição do cinema nacional. São Paulo: Ecofalante, 2010.

SILVA, J. **Minha pátria**: 3º ano. São Paulo: Siqueira, 1930.

SPENCE, J. **O palácio da memória de Matteo Ricci**. São Paulo: Companhia das Letras, 1986.

STRATEN, R. **Introduction to Iconography**. EUA: Taylor & Francis, 2007.

SUPER-HOMEM. Direção: Richard Donner. Produção: Dovemead Films. EUA: Warner Bros., 1978. 143 min.

TAHTA al-Hisar. Síria: Afkar Mecha, 2005. 1 videogame; som: color. Microsoft Windows.

TAYLOR, A. World War II: The Holocaust. **The Atlantic**, 16 out. 2011. In Focus. Disponível em: <https://www.theatlantic.com/photo/2011/10/world-war-ii-the-holocaust/100170/>. Acesso em: 7 mar. 2018.

TEIXEIRA FILHO. **Toninho on the rocks**. Direção: Lima Duarte. Brasil: TV Tupi, 1970. Telenovela.

TERRA em transe. Direção: Glauber Rocha. Produção: Mapa Filmes. Brasil: 1967. 101 min.

THE CAT AND THE COUP. EUA: Peter Brinson; Kurosh ValaNejad, 2011. 1 videogame; son.: color. Microsoft Windows.

THE LOST VIKINGS. EUA: Silicon and Synapse, 1993. 1 videogame; son.: color. Super Nintendo Entertainment System, Mega Drive.

THE OREGON TRAIL. EUA: MECC, 1992. 1 videogame; son.: color. Windows, Apple II, Commodore 64, Macintosh, DOS, Java ME, iOS, BlackBerry, Windows Mobile, WiiWare, DSiWare, Windows Phone 7, Android, Facebook.

THIEL, G.; THIEL, J. C. **Movie takes**: a magia do cinema em sala de aula. Curitiba: Aymará, 2009.

THOMPSON, E. **Costumes em comum**. São Paulo: Companhia das Letras, 1998.

TJ-RJ DEVE rejulgar caso sobre danos a guerrilheiro. **Consultor Jurídico**, São Paulo, 11 maio 2012. Disponível em: <https://www.conjur.com.br/2012-mai-11/tj-rj-rejulgar-danos-guerrilheiro-filme>. Acesso em: 7 mar. 2018.

TODOS OS HOMENS do presidente. Direção: Alan J. Pakula. Produção: Warner Bros., Wildwood, Wildwood Enterprises. EUA: Warner Bros., 1976. 138 min.

TRÍADE. Brasil: Uneb, 2008. 1 videogame; son.; color.

UNITED NATIONS HUMAN RIGHTS. **Report of the Commission of Inquiry on Human Rights in the Democratic People's Republic of Korea**. United Nations Human Righhts, 2015.

VALE, J. R. A.; ROCHA, D. da S. **Decisão n. 147, 15 de dezembro de 1982**: "Prá Frente, Brasil". Disponível em: <http://www.recordarproducoes.com.br/ PDF/0210142C02701.pdf>. Acesso em: 22 jan. 2018.

VAINFAS, R. et al. **História.doc**: 9º ano. São Paulo: Saraiva, 2015.

VERSAILLES 1685. EUA: Cryo Interactive, 1997. 1 videogame; son.: color. Windows.

VIETRI, G. **A fábrica**. Direção: Geraldo Vietri. Brasil: TV Tupi, 1971. Fotonovela.

VIETRI, G.; NEGRÃO, W. **Antônio Maria**. Direção: Geraldo Vietri. Brasil: TV Tupi, 1968. Telenovela.

VICENTINO, C. **Projeto mosaico**: história – 6º ano. São Paulo: Scipione, 2015.

VINHA, F. Review Assassin's Creed Unity. **TechTudo**, São Paulo, 17 nov. 2014. Disponível em: <http://www.techtudo.com.br/review/assassins-creed-unity.html>. Acesso em: 7 mar. 2018.

WHERE IN TIME IS CARMEN SANDIEGO? EUA: Broderbund, 1989. 1 videogame; son.: color. Amiga, Apple II, Commodore 64, MS-DOS, NES, Super NES, Genesis.

WRATH OF GODS. EUA: Luminaria, 1994. 1 videogame; son.: color. Windows; Mac OS.

WURMAN, R. **Information Anxiety**: 2. Estados Unidos: Que, 2001.

Bibliografia comentada

BURKE, P. **Testemunha ocular:** história e imagem. Bauru: Edusc, 2004.

Nessa obra, o historiador britânico Peter Burke discute as várias formas pelas quais as imagens podem ser utilizadas como fontes históricas, levando-se em consideração o contexto de sua produção, bem como a tradição estética em que está inserida.

GONÇALO JUNIOR. **A guerra dos gibis:** a formação do mercado editorial brasileiro e a censura aos quadrinhos – 1933-64. São Paulo: Companhia das Letras, 2004.

Esse livro trata dos momentos iniciais da introdução das revistas em quadrinhos, os "gibis", no Brasil. Importante para que se possa perceber como os produtos culturais de massa mantêm estreitas relações com a moral, a legislação e a política, bem como com os certos valores considerados ideais em uma sociedade.

NAPOLITANO, M. **História e música:** história cultural da música popular. Belo Horizonte: Autêntica, 2002.

Ainda que de caráter introdutório, essa obra do historiador brasileiro Marcos Napolitano apresenta uma importante discussão sobre a importância da música para os estudos históricos e as formas pelas quais devem ser consideradas como documentos para o estudo do passado.

Respostas

Capítulo 1

1. a
2. a
3. d
4. b
5. b

Capítulo 2

1. d
2. c
3. b
4. a
5. d

Capítulo 3

1. c
2. a
3. c
4. a
5. c

Capítulo 4

1. d
2. d
3. b
4. d
5. a

Capítulo 5

1. d
2. a
3. a
4. c
5. a

Capítulo 6

1. b
2. c
3. c
4. d
5. c

Sobre o autor

Antonio Fontoura é licenciado e bacharel em História pela Universidade Federal do Paraná – UFPR (1996) e doutor e mestre em História pela mesma instituição. É autor de livros didáticos de Estudos Sociais (para o ensino fundamental) e História (para o ensino fundamental e médio), bem como de jogos educativos digitais em história. É autor, entre outras obras, de *Teoria da história*, pela Editora InterSaberes, e *Introdução aos estudos históricos*, pela Fael.

Os papéis utilizados neste livro, certificados por instituições ambientais competentes, são recicláveis, provenientes de fontes renováveis e, portanto, um meio responsável e natural de informação e conhecimento.

MISTO
Papel | Apoiando o manejo florestal responsável
FSC® C103535

Impressão: Reproset